La cura para el alcoholismo y las adicciones

La cura para el alcoholismo y las adicciones

Chris Prentiss

Traducido por: Graciela Frisbie

Grupo Editorial Tomo, S.A. de C.V.,
Nicolás San Juan 1043,
03100, México, D.F.

1a. edición, julio 2012.

© *The Alcoholism and Addiction Cure*
Copyright © 2007 by Chris Prentiss
Power Press
6428 Meadows Court.
Malibu, CA 90265

© 2012, Grupo Editorial Tomo, S.A. de C.V.
Nicolás San Juan 1043, Col. Del Valle. 03100, México, D.F.
Tels. 5575-6615 • 5575-8701 y 5575-0186
Fax. 5575-6695
http://www.grupotomo.com.mx
ISBN-13: 978-607-415-401-6
Miembro de la Cámara Nacional
de la Industria Editorial No. 2961

Traducción: Graciela Frisbie
Diseño de portada: Karla Silva
Formación tipográfica: Armando Hernández
Supervisor de producción: Leonardo Figueroa

Este libro se publicó conforme al contrato establecido entre
Power Press, Yorwerth Associates y *Grupo Editorial Tomo, S.A. de C.V.*

Impreso en México - *Printed in Mexico*

Contenido

Conozco tu lucha, conozco tu dolor.
He visto familias divididas, su sufrimiento,
sus finales trágicos, y he visto la maravilla
de trascender todo esto.

Dedico este libro a todos ustedes,
los que están tratando de liberarse
de las dependencias o de liberar
de ellas a un ser amado.

Chris

Reconocimientos

DESEO RECONOCER EL PRODIGIOSO ESFUERZO que invirtieron en este libro Nigel J. Yorwerth y Patricia Spadaro, de Publishing-Coaches.com en Bozeman, Montana. Su meticuloso trabajo editorial, de revisión de texto y de organización del material, impulsando este libro a través de sus diversas etapas fue ejemplar en todos sentidos. Aportaron su propia sabiduría con delicadeza y respeto, y estoy muy agradecido por eso.

Deseo dar las gracias también a Jessica Cail por sus diligentes esfuerzos en cuanto a la investigación y por proporcionar evidencias que comprobaran la validez de la información y los hechos que se presentan en este libro.

Además deseo reconocer el esfuerzo editorial de Mónica Faulkner por darle a cada escritor la categoría de un profesional.

Agradezco también a Robert S. Tinnon por la precisión de su trabajo de diseño en el interior del libro.

Asimismo doy las gracias a Nita Ybarra por la sencillez y claridad de su diseño de la portada.

Doy gracias a los maravillosos terapeutas del Passages Addiction Cure Center [Centro Passages para la Curación de Adicciones] por su dedicación a la curación, por aportar lo mejor de sí mismos y por su lealtad y su destreza. Agradezco también a los médicos y terapeutas que colaboraron tan maravillosamente con este libro.

Y por último, le doy las gracias a Pax. Sin él nada de esto habría ocurrido. Él es un recordatorio constante para todos los que vienen a Passages y para todos los que leen este libro del potencial de crecimiento y grandeza que existe al interior de toda dependencia. Séneca, un filósofo romano que vivió en el primer siglo de la era cristiana dijo: "El oro se templa en el fuego, y el fuego ciertamente acaba con todo aquello que no es puro. Lo que queda es un ejemplo del potencial que tenemos cada uno de nosotros para superar hasta las mayores adversidades".

Capítulo 1

Mi promesa para ti

curar 1) recuperar la salud.
2) sanar.

En el interior de este libro te mostraré cómo puedes curar tu alcoholismo o tu adicción. Aquí, al inicio, quiero que notes que no ando con rodeos. No digo "sin embargo", "tal vez" "aunque", "quizás", ni uso otros términos o condiciones. Al leer este libro *aprenderás* a curar tu alcoholismo o tu adicción.

Esa afirmación se basa en los resultados que tenemos en el Passages Addiction Cure Center [Centro Pasajes para la Curación de Adicciones] en Malibú, California, el centro más eficaz del mundo para tratar el abuso de sustancias. En Passages, todos los días ayudamos a las personas a curarse. *Nosotros* no las *curamos*; les ayudamos a curarse a sí mismas. Al aprender a activar tus recursos físicos y mentales y al recibir ayuda de personas calificadas, también puedes curarte o ayudar a producir una cura en una persona que amas.

Observación: Escribí *La cura para el alcoholismo y las adiciones* como si tú fueras la persona que está buscando una cura, aunque tal vez estés leyendo este libro para aprender a curar a un ser amado.

Aunque tú y yo no nos hemos visto cara a cara y no nos conocemos personalmente, te considero mi amigo. Si nos conociéramos, descubrirías que compartimos experiencias similares, en especial en lo que concierne a las adicciones. Tú o la persona que amas están recorriendo el mismo camino que yo recorrí con mi hijo Pax, que fue adicto a la heroína, a la cocaína y al alcohol durante diez años.

Tú y yo hemos sentido la misma desesperación, hemos sufrido las mismas dificultades, hemos experimentado las mismas pérdidas, hemos visto las mismas rupturas entre amistades y familias, hemos visto a nuestros seres amados caer en una espiral descendente; nuestros corazones han quedado destrozados y nuestros espíritus se han hecho añicos. La diferencia entre nosotros, si es que hay una diferencia, es que Pax ha salido por el otro extremo sano y salvo; ha sanado, se ha curado, mientras que tú o tu ser amado todavía están atrapados en las garras de un poderoso torbellino que desgasta el alma, el torbellino de la dependencia a las drogas adictivas y al alcohol o el torbellino del comportamiento adictivo.

Pax empezó a usar mariguana cuando tenía quince años, y de vez en cuando tomaba una cerveza. Hice lo que pude para alejarlo de ese comportamiento, pero él continuó. En ese entonces, yo no sabía que ese comportamiento aparentemente inocuo podía degenerar y convertirse en el uso de drogas de alto riesgo. Cuando Pax tenía dieciocho años, un día llegó a casa de la escuela y empezó a llorar. Me dijo que era adicto a la heroína.

Durante los siguientes seis años, luché contra la heroína y por la vida de mi hijo Pax. Él quería dejarla, pero no podía. No sabía cómo hacerlo. Fue a programas de treinta días, a programas de sesenta días, y a programas de noventa días. Nada funcionó. Estuvo limpio cuarenta veces o más. Siempre reincidía y yo le preguntaba por qué. Cada vez que se lo preguntaba, él me decía que no lo sabía; sólo decía que tenía que ver con lo que sentía estando drogado. Era como si no pudiera resistir la tentación. Yo nunca sabía si lo volvería a ver al día siguiente, y constantemente temía perderlo. Varias veces casi lo perdí.

Fuimos con terapeutas especializados en drogas, con terapeutas especializados en alcohol, con psicólogos, psiquiatras, especialistas en adicciones y asesores de todo tipo. Cuando recuerdo esas sesiones, recuerdo que me preguntaba por qué ninguno de ellos buscaba la razón por la que Pax estaba usando heroína y otras drogas. Todos tenían sugerencias para su rehabilitación, reuniones, programas de doce pasos, más sesiones, pero ninguno de ellos inició una investigación sobre lo que podría ser una causa probable de su abuso de sustancias. Casi en cada caso, sus sugerencias se concentraban en crear un entorno donde él pudiera reducir su tendencia a usar la heroína, y me aconsejaron que lo castigara por su mal comportamiento. Pero aprendí de primera mano que el castigo no funciona como medio para corregir el abuso de sustancias, aunque alguien se esté enfrentando a la muerte.

En un punto durante la odisea de Pax, una banda de narcotraficantes se lo llevó al desierto para asesinarlo porque les había robado drogas. Lo obligaron a cavar su propia tumba. De alguna manera los convenció de que podía conseguir el dinero. Al día siguiente de esa experiencia tan desgarradora, sufrió una doble fractura de mandíbula y fue necesario sujetársela con alambres, pues otro narcotraficante lo golpeó porque quería sacarle dinero. Llegó a casa del hospital, sus dientes se proyectaban en todas direcciones y casi no podía hablar. Comía con dificultad… pero seguía fumando heroína y usando cocaína. Llegó un momento en que decidí acabar con ese ciclo de abuso de drogas, y me lo llevé a una cabaña solitaria en las montañas Big Sur, en la costa de California. Lo mantuve absolutamente limpio a lo largo de nueve meses. Una semana después de regresar de Big Sur, él usó heroína, cocaína y alcohol.

Llegué a creer que Pax recurría a la heroína por alguna razón. Yo no conocía esa razón, pero creía que esa razón existía. Antes de que empezara a depender de las drogas, él era atlético, extrovertido, feliz y era un buen estudiante, incluso ganó un premio como mejor estudiante del mes. Pax quería dejar de usar la heroína y la cocaína y volver a su vida normal, pero no podía hacerlo. El día en que Pax descubrió la "razón" que estaba detrás de su dependencia fue el último día en que utilizó drogas o alcohol. En ese momento, pudo liberarse de sus adicciones.

Hoy en día, Pax tiene una vida plena en todos los aspectos: es saludable, feliz, próspero; tiene claridad mental, está completamente curado y está ayudando a otros a alcanzar la misma libertad que él ha alcanzado. Abrir el Centro Passages para la Curación de Adicciones fue idea de Pax. Dijo: "Mira, sabemos cómo hacerlo, hagámoslo". Juntos, Pax y yo fundamos Passages y ahora somos codirectores del centro; trabajamos lado a lado todos los días. Lo veo y estoy orgulloso de él, de lo que ha logrado y está logrando. Ha sido rescatado de la tierra de los muertos, de una adicción al alcohol y a drogas adictivas tan poderosas que en ocasiones parecía imposible salvarlo. Pero lo salvamos. Todo el crédito es suyo y de la generosidad y amor del Universo del que todos nosotros somos parte.

Así que siento que estoy muy cerca de ti aunque no nos conozcamos. Yo no tengo un interés personal en esto, no tengo una agenda oculta. Quiero ayudarte. Puedo ayudarte, si me lo permites. Pero para hacerlo debes llegar a verme como un amigo que se preocupa por lo que más te interesa: un amigo que ha recorrido el mismo camino que tú o el de alguien que tú amas y que ha llegado al mejor destino posible: una vida completamente recuperada.

Compartir

En nuestro trayecto de ida hasta el infierno y luego de regreso, Pax y yo aprendimos muchas cosas sobre el mundo del alcoholismo y la adicción. Investigamos todo lo que pudimos encontrar sobre programas de tratamientos, sobre los temas del alcoholismo y la adicción, y a través de la experiencia descubrimos qué cosas lograban y no lograban una recuperación duradera, tanto en la vida de Pax, como en la vida de otras personas que estaban en tratamiento. Cuando nada más funcionó, creamos un programa holístico y personalizado que salvó la vida de Pax. En el Centro Passages para la Curación de Adicciones, él y yo usamos lo que aprendimos al curarlo para ayudar a otros a descubrir la raíz de sus adicciones o de su alcoholismo y liberarse de ellos.

Escribí este libro para darte esperanza y para compartir contigo lo que funciona. Siguiendo los principios que se presentan en estas páginas, que son los mismos que usamos en Passages, verás el alcoholismo y la adicción desde una nueva perspectiva y podrás diseñar tu propio programa holístico de tratamiento personalizado con el apoyo de profesionales de la salud en la zona que vives.

Quiero que sepas que yo me involucro íntimamente en la vida de las personas que vienen a Passages, buscando ayuda; que me comprometo con las personas que como tú han caído en una dependencia de las drogas, del alcohol y en otras adicciones. Mientras están recibiendo atención en Passages, me familiarizo con su vida. Hablo con ellas sobre sus sueños perdidos y sus vidas hechas pedazos, y les hablo sobre la posibilidad de regresar a los buenos tiempos. Les aseguro que lograrán curarse por completo. Les pregunto cómo se sienten, si duermen bien y si tienen preocupaciones o inquietudes. Nos hacemos amigos.

También hablo todos los días con los miembros de nuestro equipo de terapeutas. Les pregunto sobre el progreso de cada paciente, sobre los que necesitan más atención, sobre los que tienen preocupaciones que deban atenderse y sobre los que han dado el salto al hiperespacio, creyendo que están curados.

Cada jueves participo en la reunión semanal con el equipo de tratamientos en la que hablamos del progreso de cada paciente y decidimos cuáles son los pasos más importantes para los siguientes siete días. Decidimos metas a corto plazo y a largo plazo. Planificamos con cuidado, sabiendo que la vida de nuestros pacientes está en riesgo. Todos los terapeutas llegan a conocer íntimamente a cada paciente, y todos tenemos la misma meta: descubrir la causa de su dependencia para poder ayudarles a sanar.

Nos involucramos con los aspectos más profundos de la psique de nuestros pacientes. Llegamos a conocer sus miedos ocultos, su dolor, sus esperanzas, sus penas, sus pérdidas, sus tristezas más profundas, lo que los avergüenza, sus traumas, las ocasiones en que fueron víctimas de una violación, de una golpiza; las ocasiones en que se les humilló, se les obligó a someterse a actos contrarios a la naturaleza, se les mintió, se les traicionó, y las mil y una tribulaciones y dolores que todos sufrimos. Llegamos a saber lo que ellos les han hecho a otros, sus culpas, sus remordimientos y el dolor que llevan consigo. Les ofrecemos un pasaje hacia el otro lado de la culpa y el remordimiento, hacia el lugar donde podrán sanar. Por eso nuestro centro lleva el nombre de Passages [Pasajes].

También respondo a todas las llamadas telefónicas de las personas que desean asistir a nuestro programa o que tienen un ser querido al que quieren mandar a Passages para que se les ayude a sanar. Les hablo de nuestro programa. Me cuentan la historia de su vida o de la vida de sus seres queridos. Les pregunto cómo era su mundo antes de que los opresivos efectos de las drogas adictivas y el alcohol destrozaran su vida. Entonces me entero de los buenos tiempos, antes de que sus seres queridos cayeran en la dependencia de las drogas adictivas o del alcohol. Si estoy hablando con la persona que ha caído en una dependencia, la escucho hablar de su anhelo de volver a ser como era antes de abusar de las sustancias. Si estoy hablando con alguien que tiene un ser querido que ha caído en esa dependencia, lo escucho hablar sobre su anhelo de recuperar a ese ser querido. Eso es lo que todos desean: recuperar a la persona que está perdida en una dependencia o, si la persona que vino a verme es adicta, que desea volver a un estado de normalidad.

Una señora cuyo hijo hizo el programa de Passages hace aproximadamente tres años, dijo que durante los doce años en que él abusó del alcohol, lo único que ella deseaba era recuperar a su hijo. En la ceremonia de graduación en Passages, cuando hablan los padres de familia y los amigos de quienes se gradúan, el comentario más común es: "Gracias por devolverme a la persona que amo". Eso es lo que mejor hacemos en el Centro Passages para la Curación de Adicciones. Es por lo que se nos conoce; hacemos que las personas vuelvan a la condición en la que estaban antes de usar drogas adictivas o alcohol, libres de las condiciones subyacentes que causaron que recurrieran a esas sustancias en primer lugar. En la mayoría de los casos, su condición es mejor de lo que era antes.

Cómo resurgir después de una experiencia larga y oscura

En vista de que muchas personas han llegado a convencerse de que la vida es difícil, de que los sueños no pueden hacerse realidad y de que la tragedia asola su existencia; en vista de que quizás les han dicho una y otra vez que el alcoholismo y la adicción son enfermedades incurables, y en vista de que constantemente han tenido recaídas, no creen que sea posible lograr una curación completa. Durante sus primeros días en Passages puedo verlos avanzar cautelosamente hacia esa creencia, como si estuvieran entrando poco a poco a un estanque congelado donde el hielo podría no sostener su peso. Tienen dudas, casi temen creer que volverán a estar bien.

A medida que el tratamiento avanza, aumenta su confianza gracias a los terapeutas y a sus compañeros que han estado un poco más de tiempo en el programa, y el cambio es más evidente. Hablan conmigo porque confían en mí y saben que quiero ayudarles. Conservo en mi mente la imagen de lo que ellos eran en sus mejores momentos, antes de ser dominados por las drogas adictivas o el alcohol. La conservo con fuerza, ellos perciben esa visión y empiezan a creer que podrán volver a esa condición.

Desde el momento en que entran por la puerta, tengo en mi mente la clara intención de que ellos vuelvan a tener un estado de equilibrio perfecto, de salud excelente y de una renovada energía para vivir. Los veo transformarse mientras trabajan con nuestro equipo de terapeutas, cada uno de los cuales tiene la misma visión de una curación completa. Veo el cambio milagroso, casi increíble, a medida que resurgen de ese largo y tenebroso periodo de dependencia.

Asesoro un grupo de metafísica todos los jueves por la mañana; hablamos de espiritualidad y de crecimiento personal. Les hablo de nuestro propio universo, de cómo funciona y de nuestro lugar en él. Les hablo de la ley universal y de cómo los afecta. Aprenden que sus pensamientos y emociones no sólo afectan su cuerpo, sino que de hecho crean su cuerpo, su salud y su vida misma. Aprenden que en realidad ellos son el universo, que son parte de él y que como el universo es eterno, ellos también lo son. En un estado mental de relajación, se les introduce a su autoimagen perfecta. Empiezan a verse en forma diferente. Pierden esa horrible imagen de sí mismos como alcohólicos o adictos que padecen enfermedades incurables y la remplazan con una imagen pura, brillante, virtuosa, plena, saludable y libre por siempre de las drogas adictivas y del alcohol.

Veo cómo empiezan a sonreír a medida que su confianza crece; a medida que entienden una nueva forma de vivir y trascienden todo aquello que les estaba impidiendo vivir con sobriedad, vivir con felicidad y hacer realidad sus sueños. Veo cómo se llenan de tranquilidad a medida que aprenden a ver bajo una nueva luz todas las heridas del pasado: ahora las violaciones, el incesto, la traición, los traumas físicos y mentales, y todas las demás atrocidades a las que se les ha sometido empiezan a tener un significado diferente. Ellos empiezan a ubicar estas experiencias en el lugar que les corresponde: en el pasado, y aunque fueron dolorosas e incluso desastrosas, fueron una parte esencial de su vida y pueden aprender algo de ellas y crecer. Veo cómo a la luz de una nueva visión van desapareciendo las heridas de esas ofensas personales, del enojo, la ira, la tristeza y la humillación.

Doy consultas personales a quienes desean tenerlas o creen que las necesitan. Conforme pasan las semanas, puedo ver cómo muestran que están de acuerdo con lo que digo cuando describo la forma en que se relacionan con el universo y digo que lo que les ha pasado era parte de un desarrollo natural que a la larga será benéfico para ellos. Hablo con ellos después de que tienen una sesión muy provechosa con alguno de los terapeutas, y puedo ver la forma en que van despertando, en que reaparecen sus sonrisas, en que ellos levantan la cabeza, se enderezan y recuperan la determinación.

También hablo con ellos cuando están listos para graduarse, después de que han logrado sanar. Observo cómo resurgen y entran al aire limpio y a la brillante luz solar de la libertad, a medida que recuperan una sobriedad total sin temor a reincidir. Escucho la profunda gratitud y el asombro de sus voces cuando se preparan para salir del centro. Hablo con los consejeros que hablan con ellos después de su salida y cuando ya están de nuevo en su casa. A veces los llamo por teléfono o ellos me escriben, me mandan mensajes por correo electrónico o me llaman por teléfono. Escucho en sus voces el orgullo que sienten en su nueva vida. Los escucho afirmar:

"Todo es exactamente como usted y el equipo me dijeron que sería".

Recibí esta nota de un hombre cuya esposa terminó el programa de Passages: "Las palabras no pueden expresar la gratitud que siento hacia usted y su personal en Passages. Me han devuelto a mi esposa que estuvo perdida en el alcohol durante esos trágicos años. Todavía me cuesta trabajo creerlo. Cuando la inscribí, no tenía esperanzas, a pesar de que ustedes me aseguraron que todo estaría bien. Mi esposa sólo ha estado en casa seis meses, pero es como si hubiera vuelto a nacer; no tengo palabras para expresar mi gratitud".

La esposa de otro graduado nos escribió esta nota a Pax y a mí desde Inglaterra: "Escribo para decirles que Clarence está maravillosamente bien. Ojalá tuviéramos Passages en Inglaterra, pero no lo tenemos. Creo que no hay ningún lugar como Passages en ninguna parte del mundo. Les doy las gracias en nombre de toda mi familia. Clarence estuvo perdido para nosotros durante muchos años. Es un milagro. Pasó de la muerte a la vida. Está alegre, feliz y disfrutamos mucho su compañía. Sus borracheras son cosa del pasado. No sé cómo lo lograron, pero lo hicieron. Los quiero mucho por lo que hicieron por mi amado esposo en Passages. Ya hace un año que regresó, y confiamos que su pasado permanezca en el pasado y nunca vuelva para asolarnos en el futuro. Por favor díganles a sus maravillosos terapeutas que los queremos mucho".

Escribí sobre la forma en que me involucro con los clientes del Centro Passages para la Curación de Adicciones porque quiero que sepas que estoy a la vanguardia, que estoy en la trinchera con los demás terapeutas. Es esencial, vitalmente esencial, que creas en lo que voy a escribir sobre sanar tu dependencia porque ése es el factor primordial para lograr que sanes. Tu éxito dependerá de tu fe. Tus pensamientos, tus emociones y lo que crees serán los factores clave para que recuperes un estado total de sobriedad y puedas hacer realidad los sueños que has tenido toda la vida. No sólo se trata de curar tu dependencia, sino de hacer realidad tus más caros deseos y lograr que lleves a feliz término el trayecto de tu alma.

Sugiero que leas este libro en su totalidad antes de utilizar el programa de tres pasos que te curará de tu dependencia. Abre tu mente y tu corazón al contenido de estas páginas, pues ellas contienen las palabras que te guiarán o que guiarán a alguien que amas hacia una vida completamente libre de dependencia del alcohol o de drogas adictivas. Confía en estas palabras, pues han guiado a miles de personas como tú y como Pax hacia una cura completa.

Capítulo 2

Cómo sanar las causas subyacentes

He visitado muchas reuniones de doce pasos donde los alcohólicos y adictos que se están recuperando se acompañan y apoyan mutuamente. En esas reuniones, cuando los miembros del grupo esperan su turno para hablar con sus compañeros, escucho en sus discursos y conversaciones las luchas de los miembros que sólo tienen un año o dos de sobriedad. En la última reunión a la que asistí, uno de ellos recibió un distintivo por haberse mantenido sobrio durante doce meses, y presentó un breve discurso ante las ciento cincuenta personas que asistieron a la reunión. Fue un discurso lleno de emoción y gratitud en el que describió apasionadamente cómo se había mantenido sobrio día tras día.

"Cuando despierto cada mañana", dijo, "lo primero que hago es caer de rodillas y suplicarle a Dios que me conceda otro día de sobriedad. Lo segundo que hago es llamar a mi patrocinador para que me de el programa de actividades del día. Llamo a mi patrocinador cinco veces más durante el día y después de la cena voy a una reunión de AA. Lo último que hago antes de acostarme es caer de rodillas y darle gracias a

Dios por otro día de sobriedad. Todo el día me esfuerzo por mantenerme sobrio".

Me conmovió su pasión, su sinceridad y la fuerza de su impulso. Sentí un enorme respeto por ese valeroso joven que estaba ganando la batalla de permanecer sobrio. Sin embargo, no pude evitar pensar: "¡Ese muchacho necesita tratamiento!". ¿Estaba llevando una vida relajada, tranquila, libre del miedo a reincidir? Cada día, cada hora de cada día, estaba luchando por permanecer sobrio, y el tenebroso espectro de la reincidencia se cernía sobre él como las alas de una fuerza maligna.

En contraste con la condición de este joven, pensé en dos graduados de Passages con quienes había yo hablado esa mañana. Uno había cumplido cuatro meses de sobriedad y el otro acababa de cumplir dos años y medio y hacía poco se había casado. Ambos llamaron para saludar y para volver a estar en contacto con nosotros. Ambos vivían en sus comunidades y ayudaban a otros que todavía estaban luchando para estar sobrios. Ambos dijeron que se habían vuelto más productivos que nunca en su trabajo. Ninguno de los dos estaba luchando por permanecer sobrio. Estar sobrio era una parte natural de su vida. Son el producto de un punto de vista completamente nuevo en cuanto a la terapia y el tratamiento, un nuevo paradigma.

Un nuevo paradigma

Un paradigma es un sistema, un modelo, una pauta o un ejemplo. En este caso, el paradigma tiene que ver con un sistema de creencias sobre el alcoholismo y la adicción; un sistema que abarca todo lo que por lo general se considera verdadero en este campo y que uno podría considerar cierto.

A lo largo de los siglos, la creencia fundamental en las culturas civilizadas era que el alcoholismo era una falla moral o se debía a una posesión diabólica. La sociedad rechazaba a aquellos que bebían tanto alcohol que interfería con su trabajo y su vida social. Naturalmente, la respuesta para quienes no bebían tanto era la moderación en cuanto a beber. Creían que quienes no eran capaces de abstenerse, demostraban claramente una debilidad moral. En gran medida, los alcohólicos eran, y siguen siendo, el blanco de las burlas y el desprecio. Las mentiras, engaños, desilusiones y angustias que rodean a la súplica del alcohólico: "Dame otra oportunidad, la próxima vez será diferente", han existido a lo largo de los siglos.

Gran parte del mundo sigue luchando, basándose en estos conceptos. En 1784, Benjamín Rush fue el primero en describir el alcoholismo como una enfermedad. En 1935, dos pioneros en el campo del alcoholismo dieron los primeros pasos para crear una sociedad en la que los alcohólicos pudieran apoyarse mutuamente para lograr una recuperación. Con el interés primordial de mantener su recién adquirida sobriedad y ayudar a otros a hacer lo mismo, Bill Wilson y el Dr. Robert Smith fundaron Alcohólicos Anónimos.

El novedoso concepto de Wilson y Smith se relaciona con el aspecto biológico del alcoholismo; lo describieron como una *alergia* del cuerpo. Uno de sus primeros éxitos fue cambiar la visión común del alcoholismo, haciendo que ya no se viera como una falla moral, sino como una enfermedad. Así como la gente no era responsable, desde un punto de vista moral, por contraer tuberculosis o cáncer, tampoco era moralmente responsable de su alcoholismo. El problema es, y sigue siendo, que aunque AA hizo algo maravilloso al eliminar el degradante concepto de que el alcohólico es un *pecador*, lo remplazó con el concepto, igualmente degradante, de que es un *alcohólico*.

En 1956, la Asociación Médica Americana (AMA) determinó que el alcoholismo es una enfermedad. Hoy en día, en todo el mundo, el paradigma primordial que existe sobre el

alcoholismo y las adicciones no es sólo que son enfermedades, sino que son incurables. Se nos dice que aunque dejára-
mos de abusar de las sustancias, la enfermedad continuaría,
pues seríamos adictos o alcohólicos por siempre. Esta creencia es primordialmente responsable del estancamiento que
ha existido a lo largo de los últimos setenta años en el tratamiento del alcoholismo y la adicción. Ese paradigma es el que
ha dado vida a esos dos terribles lemas falsos: "Una vez que alguien es alcohólico o adicto, lo será por siempre" y "La reincidencia es parte de la recuperación".

Mi intención es cambiar ese paradigma en tu mente, y tal
vez en todo el mundo. En cualquier campo, los innovadores
que han logrado cambios revolucionarios informan que es muy
difícil erradicar esos paradigmas de larga duración y remplan-
zarlos con paradigmas nuevos. Sin embargo, debemos erradi-
carlos y remplazarlos si queremos sobrevivir.

A principios del siglo xx, había un paradigma sobre correr
una milla en cuatro minutos. Se decía, y casi todo el mundo
lo creía, que era imposible que un ser humano corriera una
milla en menos de cuatro minutos. Los médicos de esa época
decían que la fisiología humana tendría un colapso y causaría
la muerte de un corredor antes de alcanzar esa velocidad. Los
ingenieros decían que la aerodinámica del cuerpo humano
hacía imposible que alguien corriera una milla en menos de
cuatro minutos.

Parecía que esa creencia era verdad era porque a pesar de
que miles de corredores lo habían intentado, nadie lo había
logrado. Ése es el poder de un paradigma. Inmoviliza a todos los
que creen en él y hace que parezca imposible superarlo. Pero el
6 de mayo de 1954, Roger Bannister corrió una milla en 3 minutos 59.4 segundos. Venció al paradigma existente. Seis semanas
después, John Landy, un australiano, corrió una milla en 3 minutos 58 segundos, y para fines de 1957, otros dieciséis corredores habían corrido una milla en menos de cuatro minutos.

Hoy en día, muchos corredores corren una milla en menos de cuatro minutos, y uno de ellos, John Walker, lo ha hecho más de cien veces. El record mundial actual es de 3 minutos 43.13 segundos, y lo tiene el marroquí Hicham el Guerrouj, quien lo estableció el 7 de julio de 1999. Una vez que el antiguo paradigma se hizo pedazos y se creó un nuevo paradigma, correr una milla en menos de cuatro minutos llegó a ser común. No es que los corredores sean más rápidos o más fuertes; es que saben que puede hacerse. Eso es lo que le pasa a un paradigma cuando se perfora un hoyo en él; todos pasan a través de él y tienen una nueva manera de pensar.

Ahora es tu turno de acabar con un paradigma existente de pensamiento relacionado con el alcoholismo, con las adicciones y contigo. *Tú no eres un alcohólico o un adicto. No tienes una enfermedad incurable. Sólo te has vuelto dependiente de sustancias o de un comportamiento adictivo para enfrentar condiciones subyacentes que ahora vas a curar; en cuanto lo hagas, tu dependencia cesará por completo y para siempre.*

El alcoholismo y la adicción no son enfermedades

Cuando Pax y yo estábamos haciendo lo que tú estás haciendo ahora, buscando ayuda desesperadamente, hablamos con psicólogos, psiquiatras, intervencionistas y consejeros en el campo de las drogas y el alcohol. Nos decían esas tonterías de que el alcoholismo y las adicciones eran incurables. Al principio, confiamos en su juicio porque ellos eran los expertos, y como resultado Pax y yo sufrimos una gran desesperanza y desesperación (aunque en mi corazón nunca lo creí, y le decía a Pax que estaban equivocados porque yo no quería que él sintiera que no había esperanza). Al paso de los años llegué a tener más discernimiento, información y experiencia con Pax y con otros que tenían adicciones; llegué a entender que el alcoholismo y la adicción no eran enfermedades, sino respuestas a condiciones subyacentes. Después, cada vez que escuchaba que alguien mencionaba eso de la "enfermedad", me enojaba tanto que sentía ganas de ahorcarlos.

Después de varios años de escucharlo, sentía ganas de levantarme y sacudir a la gente que repetía esas afirmaciones y pedirles que despertaran y pensaran. Escuchábamos lo mismo prácticamente de cualquier persona con la que hablábamos. Era como si todos hubieran asistido a la misma escuela y lo hubieran aprendido del mismo maestro. Hacían que sintiera como si hubiera regresado a la época del oscurantismo y que lo siguiente que me recomendarían como remedio sería un sangrado.

Hoy en día, he curado a miles de personas como tú y como Pax. Puedo escribir con toda certeza que el alcoholismo y la adicción no son enfermedades.

Si el alcoholismo y la adicción no son enfermedades, ¿qué son? La respuesta breve es que son nombres que se usan para describir los estados en que nos encontramos después de usar el alcohol o drogas adictivas durante un periodo tan largo que hemos desarrollado una dependencia, lo que significa que no podemos dejar de usarlos sin sufrir severos síntomas de abstinencia.

El alcohol y las drogas no son el problema; son lo que la gente usa para ayudarse a enfrentar los problemas. Esos problemas siempre tienen componentes físicos y psicológicos; cualquier cosa desde anemia, hipoglicemia o una tiroides lenta, hasta un trastorno de déficit de atención, desequilibrios en los patrones de las ondas cerebrales o un profundo dolor emocional. Más tarde vas a leer sobre los pasos hacia la recuperación que abordan estas causas, pero algo fundamental en relación con todas ellas es esta premisa clave: *cuando los problemas subyacentes se descubren y se curan, la necesidad de tomar alcohol o drogas desaparece.*

Me gustaría que la palabra *alcoholismo* se eliminara del idioma, y que desaparecieran las etiquetas de *alcohólico* y *adicto*.

Hay un estigma ligado a ellas. Hay todo un mundo de significado sombrío relacionado con la palabra *alcoholismo* en sí. Se nos ha inundado con estudios sobre alcoholismo, teorías sobre el alcoholismo, discursos sobre el alcoholismo, historias sobre el alcoholismo y ensayos sobre el alcoholismo, cuando lo único que ha pasado es que las personas se han vuelto dependientes del alcohol para poder enfrentar condiciones subyacentes.

El alcohol simplemente es una forma rápida y fácil de cambiar una realidad ordinaria y cotidiana de modo que deje de ser insoportable y se vuelva soportable. Lo único que se necesita es una breve visita a una licorería y beber unos cuantos tragos. Las personas que son dependientes sólo están usando el alcohol como una muleta para poder pasar el día. Pero los médicos y los científicos siguen tratando el "alcoholismo" como si ése fuera el problema, cuando no tiene nada que ver con el problema. Bien podrían estar estudiando el "comezonismo" en las personas que tienen picazón crónica.

Supongamos que tienes una picazón crónica y te rascas con frecuencia durante el día. ¿Tendrías "comezonismo"? ¿Serías "comezon-ólico"? Claro que no. Qué pasaría si tuvieras un dolor de cabeza constante y para poder soportarlo tomaras aspirinas varias veces al día. ¿Sufrirías de "aspirinismo" y se diría que eres "aspirinólico"? Algo más importante, si buscaras ayuda para tratar estos males, ¿se te trataría por "comezonismo" o "aspirinismo"? Claro que no; se te tratarían las condiciones subyacentes que hicieron que te rascaras o que tomaras aspirinas; tal vez la picazón se debe a la hiedra venenosa y el dolor de cabeza se debe al estrés.

Toda dependencia es un síntoma, no es un problema

Es mucho más fácil curar a alguien de una dependencia que tratar de curar a un "alcohólico" que tiene "la enfermedad incurable del alcoholismo". Lo mismo puede decirse de curar a un "adicto". Una mujer australiana vino a vernos con un problema severo de bebida. Mientras estuvo en tratamiento, supimos que su esposo la había obligado a participar en prácticas sexuales extrañas y degradantes y que en algunas de esas prácticas él la golpeaba. Su autoestima había sido pisoteada, ella se había desmoralizado, se había sentido humillada, y no sabía que hacer. Empezó a beber demasiado y en varias ocasiones tuvo que ser hospitalizada. Su psiquiatra sugirió que la llevaran a un centro de tratamiento. Como ella era una figura prominente en Australia, buscaron un centro fuera del país y encontraron Passages.

Después de varias advertencias y sondeos sutiles, pudimos encontrar la causa de su tristeza y vergüenza. También pudimos ayudarle a encontrar el valor para decidir que nunca volvería a permitir que su esposo abusara de ella. Luego hicimos venir a su esposo para asesorarlo y descubrimos que él de hecho había creído que ella disfrutaba en secreto esas prácticas sexuales y el abuso físico. Cuando descubrió que eso no era cierto, se sintió avergonzado por lo que había hecho, y como en realidad amaba a su esposa, prometió que nunca volvería a lastimarla, ni a someterla a comportamientos extraños. Ambos son más felices que nunca antes y ninguno de los dos toma alcohol.

Recibí esta carta un año después de que ella estuviera en tratamiento:

Querido Chris:

Han pasado doce meses desde que regresé a Australia después de estar en Passages, doce meses benditos de paz y amor. Varios años antes de ir a Passages había pensado que la vida me había hecho una mala jugada, que no valía la pena vivir y pensé que quitarme la vida sería una forma de acabar con mi desgarradora situación. Soy una figura tan prominente en Australia, que no pude arriesgarme a buscar ayuda aquí, y ésa resultó a ser mi mayor bendición. En Australia no hay un lugar que ofrezca ni siquiera un pequeño porcentaje de lo que tú y Pax tienen en Malibú. Tu personal no tiene punto de comparación. No puedo imaginar cómo pudiste reunirlos bajo el mismo techo. Yo no soy una persona muy religiosa, pero soy profundamente espiritual, y lo cierto es que si existe un Dios, sospecho que vive en Malibú y los protege a ustedes y a su maravilloso centro.

Los terribles sucesos de mi pasado no han vuelto a ocurrir, y eso no es todo; mi esposo se ha esforzado mucho para demostrarme que realmente me quiere. Habla de Passages con reverencia, como si él hubiera sido el que estuvo allá durante un mes y no yo. No puedo expresar mi gratitud con palabras... ninguna sería adecuada, pero es suficiente decir que pienso en ti y en tu personal todos los días. Estoy en contacto constante con ocho de los once compañeros de mi grupo, y dos de ellos han venido a visitarme. Todos sentimos lo mismo de ti y de Passages. Tú y Pax son nuestros héroes personales. Aprecio su dedicación en cuanto a crear y mantener la mejor organización del mundo, y nosotros creemos que eso es exactamente lo que ustedes han hecho. Con esta carta te mando mi amor. Por favor saluda de mi parte a todos allá. Estaré con ustedes en la reunión de julio.

Tu amiga, Emily

Si fuera yo a crear una palabra que describiera con mayor exactitud el alcoholismo y la adicción, diría que esa palabra sería *dependencismo*. Parece una tontería, ¿no es así? Pero no hay nada más absurdo que la palabra *alcoholismo*. La razón de que la palabra *alcoholismo* ya no te parezca absurda es que estás acostumbrado a escucharla, a leerla y a pensar en ella. La razón de que la palabra *dependencismo* nos parezca absurda es que ésta es la primera vez que ha aparecido impresa.

Imagina esta conversación:

"¿Qué te pasa?".

"Ah, tengo *dependencismo*".

"¿Dependencismo? ¿Qué es eso? ¿Es contagioso?".

A partir de este momento, verás que yo con frecuencia me refiero al alcoholismo y a la adicción como una "dependencia". Puede haber dependencia al alcohol, a drogas adictivas que se consiguen en la calle, a fármacos adictivos que prescriben los médicos, o incluso a ciertos comportamientos. No voy a hablar de la dependencia al sexo, a los juegos de azar, a la comida, a las cortadas, ni a cualquier otro comportamiento que podrías elegir para ayudarte a enfrentar la vida, pero prácticamente en cada caso, lo que se aplica a la dependencia a las drogas y al alcohol, también se aplica a otras dependencias.

Leer este libro abrirá tu mente a nuevas formas de pensar que harán que veas tu dependencia, y tal vez toda tu vida, bajo una luz totalmente nueva. Te ayudará a comprender que *una dependencia es un síntoma, no un problema*. Ver tu dependencia bajo esa nueva luz hará posible que sanes con mayor rapidez y con mayor eficacia que nunca antes, y que sanes permanentemente.

El síndrome del autocastigo

La siguiente historia sobre Carla es un buen ejemplo de que detrás de las dependencias hay problemas fundamentales. Carla, una hermosa joven de veinte años, tenía dependencia al alcohol y a las drogas y regularmente se hacía cortadas en el cuerpo. Antes de salir de Passages estaba completamente curada. Su curación se inició cuando yo le dije por qué lo estaba haciendo. Le expliqué que siendo muy jóvenes aprendemos a lograr que las cosas salgan bien para nosotros mismos. Cuando éramos niños y hacíamos algo malo nos castigaban, y luego la persona que nos castigaba nos decía que cuando pagáramos nuestra culpa, todo estaría bien. Además, el castigo hacía que sintiéramos que en cierta forma habíamos compensado el mal que habíamos hecho.

También le dije a Carla que a veces, si hacemos algo malo por lo que nos arrepentimos y no hay nadie cerca que nos castigue, nos castigamos a nosotros mismos. Repetimos el patrón que aprendimos; nos dañamos para sentirnos bien. Algunos de nosotros incluso nos seguimos castigando para sentirnos bien mucho después de que el incidente haya terminado. Cuando la mayoría de las personas le hacen algo malo a alguien, sólo se sienten mal durante un rato y después de "compensar" su mala acción en cierta forma o después de prometer que nunca volverán a hacerlo, no sienten que tengan que seguirse castigando. Sin embargo, algunas personas siguen llevando consigo el dolor y se siguen castigando durante muchos años, especialmente las personas que sienten que son responsables de haber dañado seriamente a otros. Quizás estas personas han olvidado por completo el incidente original, pero el castigo continúa, y su dependencia de sustancias y su comportamiento aberrante empiezan como una manera de castigarse y en esa forma volver a sentirse bien.

Supe, por el equipo de tratamiento, que Carla le había hecho algo a alguien hacía años y que ella creía que eso había orillado a esa persona a suicidarse. Carla todavía estaba sufriendo por eso, así que le pregunté por qué se hacía cortadas.

"No lo sé", respondió.

"¿Te duele?".

"Sí, y tengo miedo porque recientemente he sentido que quiero hacerme cortadas más profundas con la navaja de rasurar".

"Carla", le dije, *"lo estás haciendo para poder sentirte bien"*.

"¡Eso es una estupidez!", exclamó de inmediato.

"¿Cómo te sientes después de cortarte?", le pregunté.

"¿Qué quieres decir?".

"Sólo eso. Después de que te cortas y pasan unos minutos, ¿cómo te sientes?".

"Siento alivio. Me siento mejor".

"Bueno, piensa en esa respuesta a la luz de lo que te dije sobre cortarte para poder sentirte bien. Recuerda que te dije que en nuestros primeros años aprendemos a hacer que las cosas estén bien".

Durante unos minutos, ella pensó en lo que le dije. Me quedé sentado con ella sosteniéndole la mano. Luego sonrió, pude ver que se estaba dando cuenta de que en realidad se estaba castigando para poder sentirse bien. Luego hice algo que ha sido mágicamente eficaz en casos como éste. Dije: "Carla, te perdono por lo que hiciste hace tantos años".

Ella se sorprendió. "¿Puedes hacer eso?".

"No sólo puedo", le aseguré. "Acabo de hacerlo". Ella empezó a llorar, no de dolor, sino de alivio y de alegría.

Ése no fue el final de la historia. El hecho de que yo la perdonara por el mal que había hecho hacía tantos años sólo abrió la puerta para que los otros terapeutas pudieran ayudarle a pasar a través de la culpa y el remordimiento que sentía. Cuando Carla salió del Centro Passages para la Curación de Adicciones, se veía diferente, actuaba diferente y se sentía libre por primera vez desde que su amiga se había suicidado. No sólo dejó de hacerse cortadas, sino que dejó de depender de las drogas y el alcohol. Eso fue hace un poco más de dos años. Ahora se ha convertido en una actriz muy exitosa y está libre de lo que la había atormentado durante tantos años.

A menudo la solución no es fácil, pero de vez en cuando sí lo es. Y en ese momento todos nos vamos a casa sintiéndonos muy bien. Los centros de tratamiento en los que Carla había estado antes de venir a Passages habían estado tratando su alcoholismo, su adicción y su hábito de mutilación como si fueran su problema. Aunque parece obvio hacerlo, nadie pensó jamás en explorar y descubrir la razón de su comportamiento.

Dependencia, tolerancia y abstinencia

Antes de seguir adelante en nuestro viaje de sanación, es importante establecer algunas definiciones básicas y entender cierta terminología elemental. En primer lugar, debido al uso de ciertas drogas que tienen cualidades adictivas, podemos desarrollar una dependencia a esas drogas. Entre ellas está el alcohol, la morfina, la cocaína, la metadona, las anfetaminas, la nicotina, la heroína, la oxicodona (como el OxyContin, el Percodan y el Percocet), la hidrocodona (como el Vicodin y el Lorcet), los barbitúricos (como el Nembutal y el Seconal), y las benzodiacepinas (como el Xanax y el Valium).

Adicción se define como la necesidad compulsiva y fisiológica de usar una sustancia que forma hábito. Se caracteriza por la tolerancia y por síntomas fisiológicos bien definidos en la abstinencia. Todas las drogas adictivas producen un sistema de recompensas en el cerebro. Usar drogas adictivas nos da una sensación de bienestar y alivia los malos sentimientos. Después de usar una droga durante cierto periodo, las personas con frecuencia desarrollan una tolerancia a la droga (necesitan más de la sustancia para obtener la misma sensación que tenían cuando empezaron a usarla). Se cree que este efecto se relaciona con los mecanismos homeostáticos del cuerpo. La homeostasis es un estado de equilibrio relativamente estable (un equilibrio fisiológico y psicológico). La homeostasis es el estado óptimo de funcionamiento del cuerpo y los mecanismos homeostáticos son la forma en que nuestro cuerpo alcanza ese equilibrio. Nuestros cuerpos mantienen este estado ideal neutralizando cualquier fuente de detrimento.

Por ejemplo, cuando comemos un caramelo, el nivel de azúcar de nuestra sangre sube y el páncreas libera insulina para ayudarnos a metabolizar los carbohidratos y equilibrar los niveles de glucosa. Si hacemos ejercicio y nuestro cuerpo entra en calor, se libera sudor para volver a reducir la temperatura. Mediante el mismo proceso, si tomamos un estimulante como una anfetamina, nuestro cuerpo contrarresta ese cambio, produciendo sustancias químicas de tipo sedante para hacer que volvamos a la normalidad. Sin embargo, a medida que nuestro cuerpo se vuelve más hábil para contrarrestar los efectos perjudiciales de la droga, experimentamos cada vez menos los efectos de la droga porque en esencia nuestro cuerpo está aprendiendo a cancelar muchos de esos efectos. El problema es que quienes usan esas drogas no suelen decir en ese punto: "Bueno, la droga ya no está haciendo mucho por mí, así que dejaré de usarla". En lugar de eso, consumen dosis cada vez mayores y más frecuentes para conseguir el mismo alivio en lo que concierne a sus problemas subyacentes.

Ese proceso es trágico. Cuando introduces en tu cuerpo una sustancia que lo saca de su rango de funcionamiento óptimo, tu cuerpo aprende a contrarrestar ese daño y debes tomar más y más de esa sustancia, lo que se convierte en una terrible carrera contigo mismo. Si esta carrera continúa durante suficiente tiempo, tu cuerpo cometerá un acto desesperado de autoprotección. Se "acostumbrará" a la droga; es decir, cambiará de un funcionamiento normal a un nuevo nivel de tolerancia. En cuanto tu cuerpo se acostumbra a vivir con la droga, el hecho de carecer de ella se sentirá como un trastorno. Así que ahora, si no tienes la droga, sentirás los síntomas de abstinencia. En cuanto cambias a este nuevo nivel de tolerancia, descubrirás que consumes la sustancia para poder evitar los síntomas de abstinencia.

Las distintas drogas adictivas tienen diferentes síntomas de abstinencia. Pueden incluir nauseas, ojos llorosos, mareo, desmayos, espasmos musculares, ataques, dolores de huesos, dolores musculares, dolores de cabeza, retortijones intestinales, moqueo nasal, pérdida de apetito, insomnio, carne de gallina, sudor, alucinaciones, irritabilidad, diarrea, temblores, pánico, escalofríos, paranoia, enojo, convulsiones, palpitaciones, dificultad para respirar, taquicardia (aceleración del ritmo cardiaco), apatía (falta de energía y entusiasmo), delirio, dolor, depresión, desorientación, fatiga, periodos de sueño excesivos, e incluso psicosis (un estado mental en el que la persona pierde contacto con la realidad). En algunos casos, puede presentarse la muerte. El tiempo que se requiere para desarrollar una dependencia que lleve a la persona a sentir el síndrome de abstinencia es diferente para cada droga y para cada persona que consume la droga.

Por lo general, unas cuantas semanas de abstinencia son suficientes para que desaparezcan los síntomas de abstinencia, pero después de que desaparecen, experimentamos un regreso de los síntomas de la condición subyacente que la droga estaba enmascarando. Si no se tratan esas condiciones subyacentes, el regreso de esos síntomas puede producir tanta incomodidad que volveremos a usar las drogas adictivas o el alcohol para sentir alivio. Ésa es la razón primordial de la alta tasa de reincidencia entre las personas que dependen del alcohol o de drogas adictivas. La reincidencia no tiene mucho que ver con el alcohol o con la adicción en sí, y casi todo tiene que ver con las causas originales que crearon la dependencia. Hemos desarrollado una línea de complementos para contrarrestar los efectos de la depresión que sigue a la abstinencia de sustancias (para leer más sobre ellos, visita www.passagesmalibu.com).

Los efectos desastrosos del etanol

Antes de seguir adelante, revelaremos la verdad sobre el alcohol. El alcohol es la droga conocida como etanol. Son lo mismo. También se conoce como alcohol etílico o alcohol de grano. Es un compuesto químico. A menudo se añade etanol a la gasolina que usamos en nuestros coches. La próxima vez que vayas a la gasolinera, lee la etiqueta de la bomba y es probable que veas las palabras "contiene etanol". Algunos automóviles pueden funcionar con etanol puro. El etanol también se usa como solvente.

En California, cuando tienes ocho centésimas partes de uno por ciento (.08) de etanol en la sangre, se considera que estás legalmente ebrio porque tu tiempo de reacción ante una emergencia ha empezado a ser más lenta y se te considera peligroso. Cuando tienes la décima parte de uno por ciento (.10) de etanol en la sangre, empiezas a perder un poco el equilibrio y tu tiempo de reacción es aún más lento. Cuando tu sangre contiene quince centésimas partes de uno por ciento (.15) de etanol en la sangre, empiezas a arrastrar las palabras al hablar y tu tiempo de reacción es todavía más lento. Cuando tienes cuatro décimas partes de uno por ciento (.40) de etanol en la sangre, lo más probable es que estés inconsciente, y si puedes llegar a tener la mitad de uno por ciento (.50) de etanol en la sangre lo más probable es que estés muerto.

El etanol es lo que la gente busca cuando consume bebidas alcohólicas. Eso es lo que produce la sensación de euforia, y es lo que están vendiendo los fabricantes de bebidas alcohólicas. Ponen colores en sus productos de etanol para darles un aspecto diferente, agregan aditivos para que tengan diferentes sabores, agregan aromas para darles olores distintos, y los presentan en todo tipo de envases para que sean atractivos. También varía el contenido de etanol para que sean más o menos eficaces en cuanto a producir la euforia que se espera de ellos. Los fabricantes anuncian sus productos de tal manera que parezca maravilloso beberlos. No importa que den a sus productos nombres elegantes como Cabernet Sauvignon o Pinot Noir, o si agregan burbujas a un producto de etanol y lo llaman champaña o cerveza... todos están vendiendo etanol. Y eso es lo que buscas cuando tomas vino, cerveza, *whisky*, vodka, tequila o cualquier bebida alcohólica. Si crees que esto no es cierto, elimina el alcohol de una botella de vino y dime si pagarías sesenta dólares por una botella de jugo de uva fermentado.

El etanol literalmente produce quemaduras y cicatrices en el hígado. La causa de la cirrosis, un endurecimiento irreversible del hígado, es el tejido de las cicatrices que se forman debido a las quemaduras que el etanol produce en el hígado. La Clínica Mayo describe la cirrosis como sigue: "La cirrosis es una condición que produce cicatrices irreversibles en el hígado. Conforme el tejido de cicatrices remplaza al tejido normal, el flujo de sangre en el hígado se afecta, haciendo que sea cada vez más difícil que el hígado lleve a cabo funciones que son esenciales para la vida y la salud. Entre sus tareas más importantes, el hígado elimina sustancias dañinas, purifica la sangre y fabrica nutrimentos de vital importancia". Como el hígado no percibe la sensación de las quemaduras, literalmente puedes beber hasta morir. Nunca es una muerte tranquila porque te envenenas gradualmente debido a las toxinas que el hígado ya no puede filtrar y eliminar. Si pudieras sentir el dolor del hígado al quemarse, nunca beberías una segunda copa.

La dependencia al alcohol y la dependencia psicológica

La dependencia al alcohol se caracteriza por la ansiedad, la pérdida de control, la tolerancia, la dependencia física y/o psicológica, y la producción de síntomas de abstinencia. Como en el caso de la tolerancia que puede desarrollarse al consumir drogas, el hecho de desarrollar una "tolerancia" al alcohol no significa que no podamos emborracharnos, sino que necesitamos tomar más alcohol para llegar a estar borrachos que cuando empezamos a beber. (De nuevo, aunque menciono las drogas y el alcohol por separado, son la misma cosa, ya que el alcohol es la droga llamada etanol.) Uno de los aspectos más insidiosos (lenta y sutilmente destructivos) del alcohol es que desgasta nuestros "mecanismos para detenernos", o nuestra capacidad para dejar de beber. El proceso ocurre en forma tan lenta y sutil que no nos damos cuenta de que nuestros mecanismos para detenernos se están desgastando. Esto se vuelve obvio cuando tratamos de detenernos y no podemos.

Hay muchas otras sustancias que son adictivas y pueden producir síntomas de abstinencia cuando tratamos de dejar de usarlas. La cafeína, por ejemplo, es moderadamente adictiva, y dejar de tomar café, té, refrescos de cola, chocolate y otros productos que contienen cafeína, puede crear síntomas de abstinencia como dolores de cabeza, irritabilidad, fatiga y depresión. Muchas personas de hecho son adictas a productos como el café, el té y los refrescos de cola debido a la cafeína que contienen. En Estados Unidos, del 80 al 90 por ciento de los adultos admiten que usan cafeína con regularidad.

La cafeína, como todos los estimulantes, da azotes al cuerpo. Es como golpear a un caballo cansado, y puede tener muchos efectos colaterales potencialmente peligrosos, como las arritmias cardiacas, en las que el corazón late en forma irregular. Si se permite que el cuerpo saludable utilice sus propios recursos, produce un flujo constante de energía natural que lo sostiene a lo largo del día. Usar cafeína en la mañana obliga al cerebro a producir un alto nivel de energía que nos da un impulso, pero nos roba la energía que necesitamos más tarde en el día, lo que produce en nosotros la necesidad de tomar más cafeína. La cafeína también debilita al hígado. Quienes practican la medicina china dicen que la cafeína acaba con el *qi* (o *chi*) del hígado, es decir, su energía o fuerza vital. No estoy sugiriendo que dejes de tomar cafeína (por ahora es suficiente acabar con tu dependencia a otras drogas adictivas, incluyendo el alcohol, o con tu dependencia a comportamientos adictivos), pero éste es otro ejemplo de los efectos que ciertas sustancias tienen en el cuerpo.

Además de la dependencia física, podemos desarrollar una dependencia psicológica. La "necesidad psíquica" es la necesidad que se percibe de usar cierta sustancia para enfrentar sentimientos desagradables como el desaliento, la tristeza, la ansiedad, el estrés o la depresión. Aliviar algo desagradable es una especie de recompensa que se conoce como "reforzador negativo". El ciclo empeora a causa de molestias físicas y psicológicas que se sienten durante la abstinencia. Cuando dejamos de usar las drogas adictivas o el alcohol que hemos estado usando para poder enfrentar los sentimientos desagradables, esos sentimientos regresan, al igual que un fuerte deseo de volver a las sustancias que hicieron posible que los enfrentáramos. Eso es lo que caracteriza a la dependencia psicológica.

Cómo saber si tienes una dependencia

Algunas personas se preguntan cómo pueden saber si tienen una dependencia. Ésta es la prueba: Si puedes dejar de usar sustancias o dejar tu comportamiento adictivo durante periodos largos sin sentir ansiedad, no tienes una dependencia. La tienes sólo si no puedes detenerte sin sentir angustia física o psicológica (tienes síntomas de abstinencia desagradables en lo físico o en lo psicológico) o si dejas de usarlas y luego reincides. La manera más fácil de saber si te has vuelto dependiente es dejar tu comportamiento adictivo. Si te es difícil permanecer libre de las sustancias o del comportamiento, tienes una dependencia a ellos.

Algunas personas pueden liberarse de sustancias adictivas, pero todavía presentan las características de alguien que es dependiente. Tal vez hayas escuchado la frase "alcohólico abstinente". Significa que alguien ya no está abusando del alcohol, ni lo está usando, pero sigue teniendo las características de un alcohólico, como la ira, la depresión, el insomnio, la irritabilidad, el hábito de mentir, estar emocionalmente distante, tener baja autoestima, negar su condición y mostrar falta de madurez, inseguridad, ansiedad y otros comportamientos emocionales que están fuera del rango normal. Lo mismo puede pasar con los adictos; tal vez ya no estén abusando de las drogas adictivas, pero siguen mostrando las características de un adicto, que en su mayoría son las mismas que las de un alcohólico. Ésos son los síntomas que observamos cuando nuestros clientes dejan de usar las drogas o el alcohol, pero todavía no han llegado a la causa de su dependencia.

Cuando no tratas los verdaderos problemas que están detrás de la dependencia, podrías ver otro síntoma revelador: podrías acabar cambiando una adicción por otra. Hemos descubierto que si las personas usan su fuerza de voluntad para obligarse a abstenerse de drogas adictivas o del alcohol sin sanar las causas y condiciones subyacentes que crearon su dependencia, es muy probable que esas causas y condiciones empeoren y se manifiesten en otra forma. Tal vez se vuelvan adictos al trabajo o desarrollen un tic nervioso, una irritación en la piel o un trastorno alimenticio; o quizás cambien su adicción por una adicción al café, a las golosinas, al sexo o a las apuestas; o tal vez enfermen o desarrollen otra tendencia indeseable. Eso sucede porque de una u otra forma, nuestro cuerpo siempre está tratando de avisarnos, a través de nuestro comportamiento y de nuestros sentimientos, que algo está mal y necesita sanarse.

Una epidemia en cuanto al abuso de fármacos prescritos

Cuando hablamos de adiciones, no sólo estamos hablando del abuso del alcohol o de las drogas ilícitas. En un informe dado a conocer en julio de 2005, el Centro Nacional de Adicciones y Abuso de Sustancias [Center on Addiction and Substance Abuse (CASA)] de la Universidad de Columbia, menciona que el abuso de fármacos prescritos por médicos muestra un ascenso alarmante. Dice: "Nuestra nación está sumida en una epidemia de abuso y adicción en lo que concierne a fármacos controlados que prescriben los médicos". El informe admite que es probable que las cifras que presenta (y que se basan en datos tomados de informes personales)[1] sean significativamente bajas y que la verdadera extensión de la epidemia incluso podría ser peor.

Éstas son algunas estadísticas alarmantes que revela el informe:

- De 1992 a 2003, el número de estadunidenses que admitían haber abusado de fármacos controlados prescritos por médicos casi se duplicó, pasando de 7.8 millones a 15.1 millones.
- La tasa de incremento entre los adolescentes ha sido aún más rápida. De 1992 a 2003, se triplicó el número de adolescentes de doce a diecisiete años que admiten haber usado fármacos controlados que prescriben los médicos.
- El número total de personas que abusan de fármacos prescritos es mayor al número *combinado* de quienes admiten haber abusado de la cocaína (5.9 millones), de los alucinógenos (4 millones), de los inhalantes (2.1 millones) y de la heroína (.3 millones).
- Entre 1992 y 2003, el abuso de fármacos controlados prescritos ha aumentado dos veces más que el abuso de la mariguana, cinco veces más que el abuso de la cocaína, y sesenta veces más que el abuso de la heroína.[2]

Éstas son algunas cifras adicionales relacionadas con la dependencia y las prescripciones de fármacos adictivos que nos ayudan a tener un panorama completo:

- Según la Asociación Nacional de Cadenas de Farmacias [National Association of Chain Drug Stores], el número de prescripciones (recetas médicas) que se escriben en Estados Unidos aumentó de dos billones, en 1994, a tres billones, en 1999, y superó los cuatro billones a fines de 2004. Cuando se toma en cuenta que la población de Estados Unidos es de 194 millones de habitantes, eso represente 13.6 prescripciones para cada persona al año. Como las empresas farmacéuticas recientemente han empezado a abrumar a los consumidores con anuncios en todos los medios, esa enorme cifra va a mostrar un aumento dramático.
- En lo que concierne a la tendencia de los médicos a prescribir fármacos en forma inapropiada, de los 2.1 millones de adultos que recibieron tratamiento mental entre el año 2000 y 2001, 79% recibieron prescripciones para enfrentar sus problemas mentales o emocionales. Es aún más perturbador que el 40% de esos 21.1 millones sólo recibieron los fármacos que se les prescribieron, sin recibir una terapia complementaria.[3]
- Según el Departamento de Salud y el Centro de Servicios Humanos para la Prevención del Abuso de Sustancias en Estados Unidos, para 2003 había aproximadamente 800 000 sitios web que enviaban fármacos adictivos para los que se requiere receta médica sin hacer preguntas.[4] Sin duda esa cifra ha aumentado en gran medida a partir de entonces.
- Un informe del Instituto Nacional sobre Abuso de Drogas [National Institute on Druge Abuse (NIDA)] afirma que el 40% de los médicos informaron que les es difícil tratar el tema del abuso de sustancias con sus pacientes. Por el con-

trario, a menos del 20% les es difícil tratar el tema de la depresión.[5]

El círculo vicioso de intentos y errores, prescripciones y adicciones

Casi todas las dependencias a los fármacos adictivos que se prescriben pueden atribuirse a los médicos. Existe una palabra para describir esto: *iatrogénico*, que significa: síntoma, condición o enfermedad que ha sido causada inadvertidamente por un médico o un tratamiento o procedimiento médico. En este caso significa: "adicción inducida por un médico". El médico esperaba aliviar un síntoma mediante un fármaco, y el paciente que tomó el fármaco adictivo que se le prescribió, y lo tomó de acuerdo a las instrucciones que se le dieron, acabó siendo adicto a ese fármaco. Es interesante que haya estudios que muestran que los errores médicos (o causas iatrogénicas) están entre las nueve causas más frecuentes de muerte en Estados Unidos. Según algunas estadísticas, es posible que tengan el tercer lugar como causa de muerte, inmediatamente después de los males cardiacos y el cáncer. Y ésas son las muertes, sin mencionar todos los demás males que causan.

Voy a explicar más a fondo cómo pueden ocurrir las adiciones inducidas por los médicos, y cómo una situación que ya de por sí es compleja puede llegar a ser un círculo vicioso. En la medicina, una dolencia se define como "una desviación del funcionamiento físico normal, que puede medirse". Un hombro dislocado se define por el hecho de que su posición es diferente a la posición normal de la articulación. Una infección por estreptococos (amigdalitis) se define mediante anomalías físicamente observables de la garganta (inflamación, rojez) así como por la presencia de las bacterias que la causan. Cuando vas a ver al médico porque tienes una dolencia, él normalmente determinará lo que está mal haciéndote preguntas, examinando tu cuerpo o la parte del cuerpo que te está causando molestias, y hará exámenes de sangre, cultivos celulares, rayos X o ecografías para medir tus funciones físicas con objetividad. Si cualquiera de esos exámenes muestra una desviación de lo "normal", eso confirma que tienes una dolencia y el médico tendrá una forma de medir y evaluar si el tratamiento funciona o no, una vez que se inicie.

Los trastornos psicológicos, por otra parte, se diagnostican utilizando el *Manual Diagnóstico y Estadístico de Trastornos Mentales* (*DSM* por sus siglas en inglés: *Diagnostic and Statistical Manual of Mental Disorders*). El *DSM* es un libro que incluye una serie de listas de comportamientos para cada trastorno. Por ejemplo, si fueras a ver a un psicólogo porque te sentiste "triste" durante cierto periodo, él hablaría contigo y te observaría o escucharía para detectar síntomas de comportamiento, como el hecho de que disfrutes menos tus actividades o sientas que no vales nada. Entonces verificaría esos comportamientos en las listas y eliminaría otros diagnósticos posibles hasta que sólo quedara el diagnóstico más *probable*, tal vez una forma de depresión.

Aunque ayuda tener un sistema estandarizado para identificar los trastornos psicológicos, los comportamientos no son indicadores perfectos de un trastorno. No hay un cultivo celular para la depresión. No puedes verla en una ecografía o en una radiografía. No todas las personas que sufren de depresión tienen los mismos síntomas en el comportamiento. Y tampoco puede esperarse que el mejor médico capte todos los indicadores del comportamiento que podrían presentarse en una sesión de cincuenta minutos cada semana. Por lo tanto, diagnosticar trastornos psicológicos es inherentemente más subjetivo que un diagnóstico médico. Además, como los trastornos psicológicos no pueden definirse mediante mediciones que indiquen cuánto se aleja una persona de lo "normal", a menudo no hay manera de verificar con exactitud qué trastorno presenta, ni existen formas objetivas de determinar si un tratamiento está funcionando, excepto preguntarle al paciente cómo se siente.

No es sorprendente, entonces, que elegir un fármaco para el tratamiento de un malestar psicológico se base en gran medida en intentos y errores. Un paciente se queja de que se siente nervioso o temeroso. Estas sensaciones y comportamientos indican que el paciente sufre un trastorno de ansiedad, y el médico prescribe el fármaco que es *más probable* que funcione en un trastorno de ansiedad. Aunque el médico haya hecho un diagnóstico correcto, existen muchas variables en relación con la clase de fármaco (por ejemplo, fármacos para combatir la ansiedad en contraposición con antidepresivos) al que responderá un individuo, y qué fármaco dentro de esa clase (por ejemplo Prozac o Zoloft) funcionará mejor. Si el primer fármaco no funciona, el médico pondrá a prueba el siguiente fármaco de la lista y así sucesivamente, lo que retrasa el éxito del tratamiento y complica el proceso debido a un enfoque tipo "combinar y conciliar". Lo peor es que muchos médicos simplemente prescriben un fármaco en lugar de averiguar lo que está causando los sentimientos negativos para poder tratarlos adecuadamente.

Apilar fármacos

Cuando el primer fármaco que prescribe un médico no funciona y el médico prescribe el segundo, y tal vez el tercero y el cuarto, surgen otros problemas. Estos problemas brotan del hecho de que cada fármaco permanece en nuestro cuerpo durante cierto periodo, que difiere en el caso de cada medicamento. Cuando hablamos de la duración de los efectos de un fármaco, hablamos en términos de su "periodo de semidesintegración". Es el tiempo que tarda un fármaco en alcanzar el 50% de su concentración original. Si un fármaco tiene un periodo de semidesintegración de dos días, por ejemplo, tarda dos días en desgastar la mitad de su potencia original. El Valium tiene uno de los periodos de semidesintegración más largo de todos los fármacos que hay en el mercado, aproximadamente seis días. Eso significa que cada seis días el fármaco baja a un 50% de su potencia, hasta que sale del cuerpo.

Normalmente, siete periodos de semidesintegración son suficientes para liberar al cuerpo de casi todos los efectos de un fármaco. Por lo tanto, si el Valium tarda seis días en llegar a su primer periodo de semidesintegración, y se requieren siete periodos de semidesintegración para sacarlo de nuestro sistema, el Valium permanece en nuestro cuerpo durante aproximadamente cuarenta y dos días desde el momento en que se ingiere. Todo el Valium que tomamos en cada periodo de cuarenta y dos días se acumula en nuestro cuerpo. Al final de cuarenta y dos días, tenemos dentro una gran cantidad de Valium, un fármaco altamente adictivo.

Considera este escenario: El primer día voy a ver al médico. Me quejo de ansiedad y él prescribe diez miligramos de Valium dos veces al día. Siguiendo esa prescripción, tomo dos tabletas, o veinte miligramos, el primer día. Tomo dos el segundo día, dos el tercer día, dos el cuarto día, dos el quinto día, y dos el sexto día… "tal y como se me prescribió". Pero el segundo día, la dosis del primer día todavía está en mi cuerpo y está funcionando a más del 90% de su potencia original. El tercer día, las dosis que tomé el primer día y el segundo día todavía están en mi cuerpo con una potencia considerable. Lo mismo pasa el tercer, el cuarto, el quinto día, y así sucesivamente. El sexto día, la dosis que tomé el primer día todavía está en mi cuerpo con un 50% de su concentración original, y permanecerá en mi cuerpo reduciéndose lentamente durante aproximadamente cuarenta y dos días. Eso significa que cada día, a lo largo de cuarenta y dos días, voy a estar aumentando la cantidad de Valium en mi cuerpo.

Puedes ver que después de tres o cuatro semanas de tomar Valium, podría sentirme un poco atontado. Tal vez sienta que no es precisamente el fármaco que necesito porque no me siento muy bien tomándolo. (¿Puedes imaginar por qué?) Así que regreso con el médico y le digo que el Valium no me cae bien. ¿Me dice que espere cuarenta y dos días para que la última tableta de Valium que tomé salga de mi sistema? Probablemente no. Casi siempre el médico dice: "Muy bien, prueba esto". Y me receta otro fármaco. Si el nuevo fármaco no funciona, me recetará otro. (En el caso del Valium, recuerda que no puedes simplemente dejar de tomarlo sin precauciones. Hay muchos casos en que el paciente sufre un ataque por dejar de tomar Valium, que es una benzodiacepina, porque el médico no recetó un medicamento para evitar el ataque, como el Neurontin.)

He visto personas que vienen a Passages y que han tomado hasta dieciocho medicamentos diferentes. Esto es "apilar drogas". Los médicos apilan fármacos sobre nosotros, uno sobre otro, sin esperar que los primeros salgan de nuestro cuerpo, sin mencionar el hecho de que algunos de los fármacos hacen exactamente lo opuesto de lo que hacen otros fármacos, como en el caso de los estimulantes y los sedantes.

Las drogas inhiben nuestro sistema natural de alarma

Una de las razones clave por la cual el uso de drogas psicológicas adictivas sigue en aumento es que las drogas adictivas no curan; sólo modifican los sentimientos. Si se retira la droga, los síntomas que impulsaron al paciente a usar la droga volverán a surgir de inmediato, mostrando que la droga no ha hecho nada para sanar la verdadera causa de los síntomas. En esencia, esa clase de drogas inhiben el sistema de alarma del cuerpo que te dice, por lo mal que te sientes, que algo está mal. Tu sistema de alarma te está advirtiendo que debes poner atención porque algo ha perdido su equilibrio o porque una enfermedad o malestar está presente o está a punto de presentarse.

Inhibir el sistema de alarma es una forma poco satisfactoria de resolver tus problemas. Tal vez alivie tus síntomas, pero sin importar cuál sea el malestar que esté provocando que te sientas deprimido, ansioso o con dolores, ese malestar todavía está presente. Lo más peligroso de inhibir el sistema natural de alarma, es que lo que está mal casi siempre está empeorando. Es como si la casa se estuviera quemando y nos despierta la alarma, pero en lugar de llamar a los bomberos, sólo apagamos la alarma y nos volvemos a dormir. El hecho es que tu cuerpo te está diciendo: "¡Oye! ¡Despierta! ¡Tengo un problema!". Al usar drogas para inhibir el sistema de alarma del cuerpo, tu respuesta es: "¡Cállate! ¡No me molestes!".

Aquí el mensaje es: *cuídate de los médicos que prescriben medicamentos sin primero tratar de descubrir la causa de tu malestar o desequilibrio.* Esos médicos han abandonado la profesión de la salud y la medicina y se han convertido en "cazadores de clientes" para las empresas farmacéuticas.

Desafortunadamente, las empresas farmacéuticas hacen que parezca que está bien usar fármacos adictivos (de hecho, cualquier tipo de fármacos) siempre y cuando un médico los prescriba. Pero muchos médicos nos están usando como conejillos de indias. No saben de primera mano el efecto que tienen los fármacos y las drogas. Confían en lo que les dicen los vendedores, confían en la literatura que proporcionan las empresas farmacéuticas con sus muestras gratuitas, y en el hecho de que un fármaco esté aprobado por la FDA (Administración de Alimentos y Fármacos en Estados Unidos). En lo que concierne a la FDA, ellos no investigan por su cuenta, sino que confían en las pruebas clínicas de las empresas farmacéuticas. ¿Puedes imaginar algo peor?

Según un informe de Investigaciones y Fabricantes Farmacéuticos de América [Pharmaceutical Research and Manufacturers of America], sus empresas miembros gastaron 25.3 *billones* de dólares en la mercadotecnia y promoción de sus fármacos sólo en 2003.[6] Y las empresas farmacéuticas afirman que los altos precios de los fármacos son el resultado del creciente costo de la investigación y el desarrollo. Un informe de la Facultad de Salud Pública de la Universidad de Boston muestra que de 1995 a 2000, las empresas farmacéuticas de marca aumentaron el número de su personal en las *divisiones de mercadotecnia* en un 59%, mientras que su personal de investigaciones se redujo en un 2%.[7]

Ésta es la clase de escenario que me preocupa: Digamos que un vendedor de medicamentos visita el consultorio de un médico y le presenta el fármaco más reciente de la empresa farmacéutica contra la ansiedad. El vendedor convence al médico de que el fármaco protege contra la ansiedad, y el médico acepta ponerlo a prueba en algunos de sus pacientes. La próxima vez que vas a ver a ese médico y te quejas de ansiedad, él te prescribe el nuevo fármaco contra la ansiedad, basándose en las investigaciones de la empresa farmacéutica y en la aprobación de la FDA. Sin embargo, ese fármaco es el tipo de droga que altera el estado de ánimo y no hace nada para eliminar las causas de la ansiedad del paciente; simplemente oculta los efectos de la ansiedad; inhibe tu sistema de alarma, en lugar de descubrir la causa de tu ansiedad.

La droga modifica tu estado de ánimo, bloqueando los receptores de tu cerebro. Como la droga no cura la causa de tu ansiedad, sino que sólo bloquea sus efectos, debes seguirla usando para sentir alivio. Si estás buscando una calma artificial que sea permanente, seguirás tomando la droga, a menudo aumentando la dosis. Es común que las personas que están en esa situación busquen a otros médicos y obtengan múltiples prescripciones que recetan el mismo medicamento; ahora muchas personas compran drogas por Internet.

Al paso del tiempo, te conviertes en una persona con una adicción psicológica que se volvió dependiente del alivio mental que produce la droga. Eso es maravilloso para la empresa farmacéutica, pero es terrible para ti. Como algunos fármacos tienen cualidades que producen adicciones físicas, los problemas se complican cuando también tienes una adicción física. Cuando eso sucede, experimentas síntomas de abstinencia cuando tratas de dejar la droga. Eso es incluso mejor para la empresa farmacéutica y mucho peor para ti.

A menudo, cuando un médico respetable que prescribe un fármaco se da cuenta de que el paciente se ha vuelto adicto, se negará a volver a prescribir ese fármaco. Si el paciente no desea dejar la droga o no es capaz de hacerlo, podría buscar otro médico e iniciar de nuevo un proceso de diagnóstico y prescripción, o podría salir "a la calle" para conseguir la droga ilegalmente. Por desgracia, muchos médicos siguen proporcionando el fármaco, aunque se den cuenta de que el paciente se ha vuelto adicto. El médico, en esencia, se convierte en un traficante de drogas para el paciente.

Un ejemplo de la buena disposición que tienen los médicos de la nación para proporcionar drogas sobre las que no saben nada personalmente, sino que confían por completo en los informes de las empresas farmacéuticas y en la aprobación de la FDA, es el escándalo que se centró en el fármaco Vioxx, que usaron veinte millones de personas. Incluso después de que la FDA y Merck, la empresa que fabricaba el fármaco, recibieron informes provenientes de todo el mundo, a lo largo de varios años, relacionados con las cualidades del fármaco sobre que eran una amenaza contra la vida, no hicieron nada al respecto. Merck retiró voluntariamente el producto del mercado cuando un estudio mostró que el analgésico podía duplicar el riesgo de ataques cardiacos o derrames cerebrales si se tomaba durante dieciocho meses o más. Se calcula que a lo largo de los cinco años que transcurrieron entre 1999 y 2003, los médicos escribieron 92.8 millones de recetas médicas prescribiendo Vioxx.

Me asombran profundamente algunos de los maravillosos medicamentos que las empresas farmacéuticas han desarrollado. Son un enorme beneficio para todos nosotros. Nos producen alivio cuando sufrimos dolores y en algunos casos producen curas maravillosas. A lo que me opongo es al uso indiscriminado de fármacos por parte de algunos médicos que recurren a esas sustancias para hacerse cargo de todo tipo de condiciones mentales y físicas, en lugar de averiguar las causas de nuestros males y luego ayudar a nuestro sistema inmune a curarnos.

Identificar los verdaderos problemas

¿Cuál es la solución del círculo vicioso entre la prescripción y la adicción? ¿Qué debería hacer un médico competente en esas circunstancias? *En primer lugar, el médico debería realizar pruebas para determinar la causa del malestar.* Todos los problemas de salud, incluyendo los más comunes relacionados con la ansiedad y la depresión, tienen raíces bioquímicas, fisiológicas o psicológicas, además de tener como causa las condiciones de estrés en el hogar, en el área del trabajo o en situaciones del pasado. Podría determinarse que el origen de muchas enfermedades es una mala dieta, problemas para dormir, malos hábitos de salud, falta de ejercicio, un mal estilo de vida, y las mismas cuatro causas que están detrás de todas las dependencias; hablaré sobre estas causas en el Capítulo Cinco.

Por ejemplo, la causa de la ansiedad podría ser una deficiencia de vitamina B1 y de magnesio, o un desequilibrio hormonal. A menudo la causa del insomnio es falta de calcio, magnesio o potasio, hipoglucemia o problemas de la tiroides o adrenales. La fatiga y los bajos niveles de energía pueden ser el resultado de infecciones virales crónicas, anemia, debilidad y bajos niveles en las funciones endocrinas, infección por levaduras, bajos niveles de azúcar en la sangre, sensibilidad química, mala digestión o una dieta deficiente. A menudo se considera que existe un vínculo entre los dolores de cabeza y los mareos con la toxicidad del hígado, la deshidratación, problemas relacionados con los niveles de azúcar en la sangre, baja función tiroidea, hipertensión o alergias a algunos alimentos.

La causa de la depresión podrían ser bajos niveles en la función endocrina, deficiencias nutricionales, problemas relacionados con los niveles de azúcar en la sangre, alergias alimenticias o infecciones sistémicas por levaduras. La depresión también podría ser el resultado de enfermedades médicas como derrames cerebrales, ataques cardiacos, cáncer, mal de Parkinson y trastornos hormonales. Su causa también podría ser una pérdida severa, una relación difícil, un problema financiero, o cualquier cambio de vida que cause estrés o que la persona no acepte de buena gana. Incluso la causa de la depresión podría ser un cambio deseado en el estilo de vida o en los sucesos de la vida. Muy a menudo, lo que genera un trastorno depresivo es una combinación de factores genéticos, psicológicos y ambientales.

Lo que se necesita es una evaluación objetiva de las funciones antes de recurrir a una droga (y esa evaluación no puede llevarse a cabo en una visita de veinte minutos al consultorio de un médico); después se requiere de una continua observación mientras la persona toma el medicamento y en periodos en que no lo toma. Una de las primeras acciones que llevamos a cabo en Passages es un escrutinio implacable, bajo la supervisión y cuidado de un médico, de la necesidad específica de cualesquier medicamento capaz de alterar la mente o el estado de ánimo que nuestros pacientes estén tomando. En cuanto las drogas no esenciales quedan fuera de su sistema, vuelven a surgir los sentimientos que ellos estaban tratando de suprimir. Cuando eso sucede, podemos ver los síntomas que el paciente estaba inhibiendo con las drogas o el alcohol. Entonces podemos identificar los verdaderos problemas que lo agobian y podemos ayudarle a lograr una recuperación completa. Cada persona que ha venido a Passages y que ha vuelto a casa curada, no se curó del alcoholismo o de la adicción, sino de la condición que estaba causando que recurriera al alcohol o a las drogas adictivas para hacer que la vida fuera soportable.

Buscar el equilibrio

Sanar las causas subyacentes de la dependencia tiene mucho que ver con restaurar tu mente y tu cuerpo a su estado natural de equilibrio. De una u otra forma, nuestro cuerpo siempre está tratando de recuperar su equilibrio. Siempre que está presente un desequilibrio en nuestro cuerpo físico, mental o emocional, se manifiesta en el plano físico o emocional, y por lo general lo hace en forma desagradable o dañina. En esa forma, el cuerpo nos dice que algo está mal. Es como nos damos cuenta de que hay un desequilibrio.

La mayoría de las personas modifica constantemente su estado de ánimo y sus sensaciones físicas con el uso de sustancias y con patrones de comportamiento. Despertamos y nos sentimos un poco confusos, atontados o lentos, así que tomamos un café. Si al terminar de comer nos sentimos ligeramente insatisfechos, tal vez disfrutemos de un postre. Si nos sentimos un poco estresados o deprimidos, tal vez necesitamos comer algo. Si no nos sentimos muy bien, podríamos salir de compras.

¿Cuál es la meta de todos esos patrones de conducta? Estamos tratando de lograr un equilibrio. Cuando tenemos un arranque de enojo estamos liberando energía, nos estamos desahogando y estamos tratando de volver a la "normalidad". Pasa lo mismo cuando lloramos. El llanto libera emociones y bloqueos que estaban reprimidos. Cuando usamos alcohol, drogas adictivas o tenemos un comportamiento adictivo para modificar esos sentimientos, en lugar de abordar las causas del desequilibrio, nos volvemos dependientes.

Buscar el equilibrio significa, en esencia, que estamos tratando de ser felices. A mediados de la década de 1980 descubrí que todos están buscando la felicidad como su meta primordial en la vida. Ese descubrimiento fue el resultado de una serie de talleres que dirigí en Los Ángeles para ayudar a un grupo de personas que no estaban viviendo la vida que querían y que estuvieron dispuestas a venir y escucharme durante un mes con la esperanza de poder cambiar su situación.

Al principio de cada taller yo les preguntaba a las veinticinco o treinta personas que estaban en la sala qué esperaban lograr asistiendo al taller. Sus respuestas eran diversas: una casa propia, tener éxito en su campo de trabajo, tener más confianza en sí mismos, encontrar su alma gemela, superar todo tipo de dependencias, incluyendo las emocionales y financieras, hacer realidad un sueño (un herrero quería trabajar en le puente Golden Gate), ser más capaces, y todas las demás cosas que buscamos los seres humanos.

Después de escuchar a todos los que estaban en el salón, iniciaba una segunda ronda y les preguntaba por qué querían lograr eso que habían dicho. La respuesta siempre fue la misma: "Creo que eso me hará feliz". Ésa fue la única respuesta que recibí. Hasta aquellos que querían hacer feliz a otra persona, a final de cuentas lo hacían para lograr su propia felicidad.

Si examinas tus motivos para hacer algo, pronto descubrirás que la razón es que crees que eso te hará feliz. Una de las metas de este libro es mostrarte cómo alcanzar la felicidad sin el uso de sustancias. Encubrir lo que hace que nos sintamos desdichados, remediando nuestros desequilibrios con drogas adictivas o con alcohol tiene consecuencias terribles. Por otra parte, corregir lo que está causando el desequilibrio con un enfoque holístico y saludable, es una solución que lleva a la buena salud, a sentimientos de un bienestar radiante y a un equilibrio perfecto.

Por eso nuestro programa en el Centro Passages para la Curación de Adicciones enfatiza un enfoque holístico, que combina terapias convencionales y naturales, con el propósito de traer equilibrio al cuerpo, a la mente y al espíritu. A partir del Capítulo Seis, leerás en detalle sobre nuestro sistema de tres pasos que incluye la manera de integrar tu propio equipo de médicos, terapeutas y especialistas en el campo de la salud, que te ayudarán a resolver los problemas reales que son la causa de tu dependencia.

Una alerta sobre la negación

Durante muchos años, una de las frases "de moda" que más se han usado se relaciona con "negar el problema". Es decir, alguien que tiene una gran necesidad de ayuda para sobreponerse a una dependencia, niega que tiene esa necesidad diciendo: "Puedo dejar de hacerlo cuando yo quiera", o "Estoy bien, no necesito dejar de hacerlo". Todos hemos escuchado estas frases muchas veces cuando hemos tratado de animar a alguien que necesita ayuda para poder recibir ayuda. La verdad es que muchas veces han tratado de dejar de hacerlo, en *secreto*, y han fracasado. *Saben* que necesitan dejar de hacerlo, pero no pueden, así que recurren a esas frases.

No te engañes. *Ellos saben la verdad*. También tienen miedo porque han perdido el control de sí mismos. Ahora que sabes la verdad, podrás ayudar con mayor eficacia a la persona que necesita ayuda. Dile con gentileza una afirmación sencilla como ésta: "Sé que te gustaría dejar de hacerlo, y sé que lo has intentado, pero he encontrado algo que te va a ayudar". Y luego le entregas este libro.

Si tú eres la persona que está negando su necesidad de ayuda, quiero que sepas que al leer este libro ya no la estás negando. Te deseo que seas muy afortunado en tu nuevo despertar.

Antes de empezar a explorar las causas de la adicción y los pasos clave para la recuperación, tomados del programa de Passages, te invito a leer la historia que se presenta en el siguiente capítulo; es la batalla de mi hijo Pax contra las adicciones, escrita por Pax mismo. Te dará más información sobre la forma en que desarrollamos nuestro programa de tratamiento y lo que hemos vivido para llegar a un punto en el que podamos ayudarte. Leerlo también te permitirá comprender mejor las dependencias, y ver lo que puedes encontrar al final del túnel.

Capítulo 3

Hasta el infierno de ida y regreso

Por Pax Prentiss

NACÍ EN CASA, EN LA cama de mi mamá, en Pacific Palisades, California, el 28 de mayo de 1974. Durante mi nacimiento, mi papá estuvo cerca con un reloj en la mano para saber el momento exacto en que se viera mi cabeza. Fue exactamente a las 7:07:03 p.m. Por lo que me dicen papá y mamá, fue un nacimiento hermoso y natural, no se usaron drogas durante el embarazo y el parto. En ese momento no lo sabía, por supuesto, pero el hecho de que mi papá estuviera cerca de mí sería un tema central en mi vida. Durante mi primer mes de vida no tuve un nombre porque mi papá no podía pensar en el que fuera correcto. Mi mamá me dijo que era muy frustrante porque ella no creía que estuviera bien que yo no tuviera un nombre. Me llamaban "bebé" o "él". Después de un mes mi papá se decidió por Pax y estrené mi nombre. Pax es una palabra en latín que significa "paz".

Cuando yo tenía tres años, nos mudamos a un búngalo de una recámara en el distrito de Venice, California. Mi papá había estado trabajando en una película que estaba escribiendo, produciendo y dirigiendo, así que no pude verlo muy seguido durante los primeros tres años y medio de mi vida. Por eso mi mamá fue la que se encargó de mí en ese periodo. Cuando mi papá terminó la película, la situación cambió por completo. Mi mamá dice que durante mis primeros tres años y medio mi papá no me vio mucho, pero después ella nunca me volvió a ver porque siempre estaba yo con él.

Una de mis actividades favoritas era ir a la playa a pescar con mi papá en el rompeolas de Venice. El rompeolas es una larga extensión de enormes rocas y pedruscos a la orilla del mar. Papá y yo nos trepábamos en las rocas, lanzábamos nuestros anzuelos al océano y esperábamos a que mordieran los peces. Mientras esperábamos, yo me subía por las rocas, buscando cangrejos y otros animalitos marinos. Cuando llegaba una ola grande, mi papá me agarraba para protegerme y evitar que la ola me hiciera caer entre las rocas. Después de un día de pesca, caminábamos a casa con nuestros pescados y él los cocinaba para la cena.

Mi papá tiene una filosofía muy inusual, y empezó a enseñármela desde los primeros días. Te voy a hablar un poco de ella porque es una parte importante de lo que vas a leer en mi historia y en el resto de este libro.

Yo tenía como tres años y medio cuando mi papá me enseñó mi primera lección para la vida. Él me había comprado una bicicleta nueva, me gustaba tanto que era difícil hacer que me bajara de ella. Un día la llevé a la playa cuando fuimos a pescar. Cuando regresamos a donde la había dejado, alguien se la había robado. Yo estaba desolado y empecé a llorar.

"¿Por qué estás llorando?", preguntó papá.

"¡Porque alguien me robó mi bicicleta!".

"¿Cómo te sientes?".

"¡Mal!".

"¿Dónde lo sientes?".

"No sé".

"Bueno, mira si puedes sentir dónde te duele".

Señalé el estómago y el área baja del pecho. "Aquí".

"¿Cómo te sientes al pensar que alguien te robó tu bicicleta".

"Mal".

"¿Qué quisieras hacerles si los encontraras?".

"¡Golpearlos con mi bate! ¡Y luego recuperar mi bicicleta!".

"Bueno", dijo, "me dijiste que cuando saliste con mamá ayer viste una bicicleta que te gustó más, ¿recuerdas? La roja como camión de bomberos con una campana en el manubrio".

"Sí".

"Bueno, ¿qué tal si vamos a comprar ese bicicleta ahora mismo?".

Así que fuimos y compramos esa bicicleta, y luego él me llevó al mismo lugar donde se habían robado mi bicicleta. "¿Cómo te sientes ahora por el robo de tu bicicleta?", preguntó.

"¡Mal!".

"¿Por qué? Tienes esta bicicleta nueva que te gusta más que la otra".

"¿Y qué?".

"¿Todavía sientes el dolor?".

"No…".

"¿Cómo te sientes?".

"Feliz".

"¿Y qué piensas de los que se robaron tu bicicleta?".

"¡Todavía quiero golpearlos con mi bate!".

"¿Por qué? Si no se hubieran llevado tu bici vieja, no tendrías esta nueva. ¿Cuál prefieres?".

"Ésta", dije.

Bueno, captas la idea. Mi papá trabajó esa conversación conmigo más o menos durante todo el año siguiente, hasta que entendí que el que me hubieran robado la bicicleta era algo bueno, y que lamentarme por haberla perdido era una pérdida de tiempo porque sólo me quitaba algo del momento presente, del "ahora", que es lo único que cualquiera de nosotros tenemos.

A lo largo de los años siguientes, me enseñó que los hechos del pasado no pueden dañarnos a menos que nosotros lo permitamos. Esos hechos ya pasaron, pero la forma en que los tratamos y reaccionamos a ellos, el poder que les damos, determina lo que esos hechos llegarán a ser en nuestra vida. Eso sólo es parte de su filosofía, pero es un punto central en ella. Papá es la persona más feliz que he conocido.

Éste es otro ejemplo de su filosofía. Cuando yo tenía unos seis años, mis padres me dijeron que se estaban separando. Mi mamá encontró una casa en Venice que estaba como a ocho cuadras de donde vivía mi papá. Decidieron que sería mejor que yo viviera ante todo con mi mamá y viera a mi padre varias veces a la semana y algunas noches. Papá, por supuesto, aprovechó la oportunidad de encontrar algo positivo en esto, diciendo que era bueno porque ahora yo tendría dos casas en lugar de una. Hizo que la transición pareciera sencilla para mí, y lo logró.

Me gustaba la casa de mi mamá porque tenía un patio grande y yo tenía un perro Labrador Retriever llamado Sunshine. Era grande, hermoso; era negro con una estrella blanca en el pecho. Sunshine y yo éramos grandes amigos y todos los días, cuando yo regresaba a casa de la escuela, él me estaba esperando para que jugáramos juntos. Papá me dijo que la razón por la que yo tenía un perro era que tenía una segunda casa. Viendo las cosas a través de sus ojos, yo de hecho estaba contento con el cambio.

Poco después de que me mudé a casa de mi mamá, ella me inscribió en una liga de futbol soccer. Yo era un buen jugador por naturaleza y ella me llevaba a los juegos todos los fines de semana. Durante los juegos, ella corría de un lado al otro animando al equipo. Era una espectadora tan entusiasta y animada que casi podrías pensar que era parte del equipo. Fui miembro de la liga de soccer durante siete años y ella siempre estuvo presente en los partidos y en las prácticas. Mi papá también asistía a los juegos, y eso hacía que me sintiera bien.

Éste es otro aspecto de lo que hace que la filosofía de papá sea tan especial. Él supo de una escuela experimental en el campus de la Universidad de California en Los Ángeles (UCLA). Se llamaba University Elementary School [Escuela Elemental de la Universidad], pero todo el mundo la llamaba UES. Muchos de los nuevos sistemas de enseñanza de la nación se crean en la UES. Cada año la escuela recibe aproximadamente cinco mil solicitudes para jardín de niños, pero sólo acepta a cincuenta estudiantes. Cuando mi papá supo de la escuela, dijo: "Pax va a ir a esa escuela".

Llenó la solicitud y se negó a ver otras escuelas. Mi mamá estaba furiosa porque decía que la posibilidad de que yo entrara a la UES era una en cien. Papá dijo que no, que la posibilidad era del cien por ciento. Al final del verano, la UES habló diciendo que no me habían aceptado. Mi mamá dijo que teníamos que buscar otras escuelas. Papá se negó y dijo que eso sólo diluiría la energía. Seguía asegurando que aunque yo no hubiera entrado al grupo del jardín de niños, iba a entrar a la UES en el primer grado al año siguiente. Mamá dijo que eso era ridículo, pues era necesario que uno de los niños dejara la escuela para que hubiera un lugar disponible, e incluso si eso ocurriera, la posibilidad de que yo entrara era de una en cinco mil.

A lo largo de todo el año, ése fue un tema de discusión en la casa. Cuando llegó el siguiente verano, mi mamá estaba algo desesperada y siguió pidiéndole a mi papá que buscara otras escuelas para que yo cursara el primer grado, pero él se negó; siempre decía que yo iba a entrar a la UES. Y luego, un día en agosto, la UES llamó diciendo que alguien había dejado la escuela y que me habían aceptado. Mi padre sólo sonrió y les dio las gracias.

Mamá supo que varios niños de nuestra zona estudiaban en la UES y nos llevaba a todos mis amigos y a mí a la escuela todos los días, que estaba a unos cuarenta minutos de la casa. En el coche, jugábamos y reíamos. Todos mis amigos adoraban a mi mamá porque era amigable y siempre estaba feliz.

En la UES dividían la clase en dos, y un equipo de maestros, usualmente tres, trabajaba con la mitad de la clase con un nuevo método de enseñanza. Los otros tres maestros utilizaban otro método con la otra mitad del grupo. A la mitad del año se cambiaban, y al final del año sabían cuál método funcionaba mejor. Otro método de enseñanza era darnos la oportunidad de elegir. Nunca nos decían qué hacer, sino que nos pedían que eligiéramos entre varias opciones. Un año hasta nos pidieron que votáramos, diciendo si queríamos o no que nos pusieran vacunas. Yo entré a la UES en primer grado y me gradué al llegar al sexto grado, que era el último grado que tenían. Algunos de mis mejores recuerdos se crearon ahí. Leonardo DiCaprio fue uno de mis compañeros; desde entonces era fenomenal.

El esqueleto en la cochera

Pasaron los años y todo parecía estar bien, pero un día, cuando yo tenía aproximadamente trece años, mi mamá me dijo que necesitaba entrar a un programa de rehabilitación porque tenía problemas con las drogas y el alcohol. Yo sabía que ella bebía, pero no me había dado cuenta de que bebiera tanto.

Yo era demasiado joven para realmente entender la magnitud del problema o lo grave que podría ser. Yo pensaba que la drogadicción o el alcoholismo eran problemas que la gente podía superar si sólo lo decidía. Recuerdo cuánto me enojé con ella porque no era suficientemente fuerte para vencer su adicción y su alcoholismo. Era frustrante para mí que ella fuera débil y no pudiera hacerlo. No podía entender por qué se había vuelto alcohólica y adicta y ahora necesitara ayuda. Había perdido su trabajo como vendedora de bienes raíces y ya no tenía dinero para sostener la casa. Recuerdo que decidí que yo nunca permitiría que eso me pasara a mí. Nunca me permitiría perder el control de mi vida.

Así que hice mis maletas, me llevé a mi perro y me fui a vivir con papá. Ésa fue la última vez que mamá y yo vivimos juntos, y fue la última vez que entré a esa casa.

Desde que mi mamá entró a rehabilitación, nuestra relación se disolvió en gran medida. Fue como si simplemente hubiera desaparecido. Salía del tratamiento, pero poco después reincidía y tenía que regresar. Andaba errante, de un lugar a otro; nunca volvió a hacer su vida. De vez en cuando recibía una carta o una llamada telefónica de ella, más o menos cada dos meses, pero luego desaparecía durante meses interminables y nadie sabía dónde estaba. Papá la buscaba por todas partes y cuando la encontraba trataba de ayudarle a buscar asistencia, pero ella siempre se negó a hacerlo.

Un día, cuando yo tenía unos quince años, ella había estado perdida durante varios meses. Uno de mis amigos me dijo que había escuchado que estaba viviendo en una cochera cerca de ahí. Fui a esa cochera en bicicleta y le grité: "¡Mamá! ¡Mamá!", pero nadie salió. Luego se abrió la puerta lateral, salió mi mamá y me miró. Se veía terrible. Parecía que pesaba unos 36 kilos. Empecé a llorar porque pude ver que ella estaba sufriendo. Sus pantalones de mezclilla estaban sucios y llenos de hoyos, ella estaba esquelética, no tenía trabajo, no tenía dinero, y no tenía donde vivir, excepto esa cochera abandonada. Lo único que hacía era vivir en la cochera, fumar crack y beber. Sentí que el dolor invadía todo mi cuerpo, como si un relámpago me hubiera golpeado.

Se acercó a mí y me miró; todavía podía yo ver a la mujer maravillosa que me llevaba a los partidos de futbol y jugaba con mis amigos y conmigo. Bajo las costras de mugre y suciedad, todavía podía yo ver a la persona leal y confiable que hacía todo lo que podía por los demás. Todavía podía yo ver la luz interna que era mi mamá, pero también podía ver que las drogas y el alcohol habían destruido casi todo lo que ella tenía. Su energía vital se estaba extinguiendo, y yo no podía hacer nada. La compulsión de beber y usar drogas seguiría apoderándose de ella y acabando con su vida, hasta que desapareciera todo lo bueno que había en ella. Estaba totalmente fuera de control.

Extendió sus brazos hacia mí y me abrazó; yo seguí llorando con más fuerza. Sólo podía sentir su esqueleto bajo su ropa. Al final, fue demasiado doloroso permanecer ahí y seguirla viendo.

"Te quiero, mamá", le dije. Luego monté en mi bicicleta y me alejé. Refundí todo lo que había sucedido en el fondo de mi mente como un recuerdo que yo no quería tener. Cuando le dije a papá lo que había pasado, él dijo que era parte del viaje del alma de mamá y que le ayudaríamos tanto como nos fuera posible, pero que lo que le estaba pasando sería benéfico para ella. Me dijo que tal vez no podíamos ver el beneficio en ese momento, pero que al paso del tiempo lo veríamos con claridad. Así es mi padre, y así fue como resultaron las cosas al final.

Tiempo de divertirse

En los años siguientes, mi papá y yo viajamos cuando yo no estaba en la escuela. A veces rentábamos una casa rodante y viajábamos a Canadá y a veces a México. Siempre llevábamos a uno o dos de mis amigos. Yo saqué mi licencia como conductor juvenil a los diez años, y viajamos a varias islas frente a las costas de América del Norte y a varias islas del Caribe para bucear en los arrecifes de coral.

Durante todos nuestros viajes, hablábamos sobre su filosofía y sobre el Universo. Él decía que nosotros *somos* el Universo, que somos parte de él y que al serlo somos eternos, así como el Universo es eterno. Hablaba de causa y efecto, y del papel que tienen en nuestra vida. Yo pensaba que mi papá era la persona más grandiosa del mundo, y siempre que él me alababa por algo, yo me sentía mejor que nunca.

Mi vida seguía adelante. Empecé la secundaria en 1987 en la Westside Alternative en Venice. Fue impactante para mí. No se parecía nada a la UES. Descubrí que los chicos eran muy distintos a los que había conocido en la UES. Para empezar, había bandas y mucha violencia. Algunos estudiantes portaban armas y algunos tenían pistolas en sus casilleros. Además, había drogas. Dondequiera que vieras, las drogas eran evidentes. En las escuelas públicas de Venice cualquier estudiante podía conseguir cualquier droga en cualquier momento. Era un entorno muy distinto al entorno del que yo venía.

En el noveno grado, tuve dos amigos, Paul y Sonny. Un día me preguntaron si quería beber alcohol y fumar mariguana a la hora de la comida. Pensarías que después de ver lo que mi mamá había sufrido a causa de las drogas y el alcohol, y después de haberme prometido que nunca los usaría, yo habría dicho que no, pero algo en mi interior sentía curiosidad. Quería yo saber qué se sentía. Parecía que todos los chavos buena onda lo estaban haciendo, así que no podía ser tan malo. Además, sabía lo suficiente al respecto para nunca permitir quedar atrapado.

Así que a la hora de comer decidí ir a la casa de Paul con Sonny. Fumamos mariguana y tomamos *whisky*. Me sentí cálido y relajado. Con cada golpe y con cada trago de la botella, el dolor de mis problemas se desvanecía... el dolor que se había estado escondiendo en lo más profundo por lo que le había pasado a mi mamá, por los problemas que tenía yo en la escuela y por todos los ajustes que tenía que hacer al entrar a la adolescencia. Disfruté estar drogado y borracho. La sensación del alcohol al pasar por mi garganta y bajar al estómago era fascinante. Daba calor a todo mi sistema y creaba un flujo de energía que era muy agradable, y la mariguana aumentaba esa sensación.

Yo sabía que estaba jugando con algo que en potencia podía ser muy dañino, pero también sabía que nunca me iba yo a enganchar. No perdería yo el control. Sólo quería sentirme bien. Era demasiado listo y demasiado fuerte como para acabar como mi mamá. No sabía que acababa yo de dar rienda suelta a una bestia que era más fuerte, más inteligente y más taimada de lo que yo podría ser jamás. Era la bestia de la adicción, y quería mi vida, cada milímetro de ella, hasta verme muerto.

Después de esa primera vez, pasaron sólo unas semanas antes de que yo empezara a usar mariguana y alcohol todos los días. Pero no estaba enganchado; al menos no me sentía enganchado. Estaba haciendo algo que me hacía sentir bien, algo que quería hacer, y no tenía la intención de dejar de hacerlo porque no sentía que me estuviera dañando o dañando mi vida.

En los fines de semana varios amigos y yo organizábamos grandes fiestas en las casas, y todos los jóvenes de Venice asistían. No las hacíamos en la casa de mi papá porque él no lo habría permitido. Llegaban cien o más jóvenes, tomábamos cerveza, usábamos drogas, escuchábamos música y nos divertíamos como locos. Nada en el mundo nos preocupaba y lo único que queríamos era drogarnos y pasarla bien. Teníamos poderosos sistemas estéreo en las casas donde hacíamos las reuniones. Llevábamos las fiestas de una casa a otra cuando los padres de nuestros amigos salían en la noche. Mi papá no sabía nada sobre lo que estaba pasando. La música de nuestras fiestas parecía más bien música de concierto, y siempre teníamos al menos tres barriles de cerveza, que eran suficiente alcohol para que todo mundo estuviera bebiendo toda la noche. Siempre invitábamos a algunos muchachos mayores que compraban la cerveza y traían las drogas; ellos entraban gratis.

Realmente disfrutaba el efecto de la mariguana y el alcohol, pero sentía curiosidad y quería saber lo que otras drogas más fuertes harían por mí. Quería saber si eran mejores que las que yo estaba usando. Si la mariguana me hacía sentir bien, entonces tal vez la cocaína me haría sentir mejor, y si la cocaína me hacía sentir mejor, tal vez el éxtasis me llevaría hasta el cielo. Decidí que lo probaría todo.

En un par de meses, algunos amigos y yo, incluyendo a Paul y a Sonny, estábamos usando casi todas las drogas disponibles. Era fácil conseguir cocaína, hongos, mariguana, crack, ácido, speed y éxtasis, y si queríamos algo que no estaba a la mano, siempre conocíamos a alguien que sabía cómo conseguirlo. Al terminar la noche, normalmente se presentaba la policía, pero eso no importaba, porque siempre teníamos a alguien vigilando en la azotea y nos advertían antes de que llegara alguna autoridad. Así podíamos esconder todas las drogas y el alcohol y bajar el volumen de la música antes de que se presentaran. Estábamos en la cumbre de nuestro juego, y lo sabíamos. La policía no era una amenaza para nosotros. Éramos artistas del engaño y gracias a nuestra labia podíamos salir de cualquier problema. Sin mencionar el hecho de que todos éramos menores de edad, de modo que si nos arrestaban, nuestros registros quedarían borrados cuando cumpliéramos dieciocho años.

Siempre había muchas chicas y les gustaba estar con nosotros porque les parecíamos peligrosos. Por supuesto que no lo éramos, no éramos peligrosos en realidad, pero vivíamos al límite y sabíamos divertirnos. Éramos los chicos malos, y estar cerca de nosotros era emocionante porque nadie sabía lo que íbamos a hacer después. En un minuto podíamos estar disfrutando una fiesta en una casa bajo el efecto del éxtasis, y al siguiente estábamos asaltando el consultorio de un dentista para robarnos un tanque de óxido nitroso para poder inflar globos e inhalarlos toda la noche. Supongo que a las chicas les gustaba estar con nosotros porque era más divertido que salir con muchachos que tomaban en serio los estudios y se quedaban en casa todas las noches, haciendo su tarea. Nos parecía que esos tipos se morirían de aburrimiento antes de que nosotros muriéramos a causa de las drogas. Los libros eran para los nerds. A nosotros no nos importaba el futuro, ni el éxito que tendríamos en la facultad de leyes. Vivíamos la vida de las estrellas de rock, y éramos los chicos más populares de la ciudad.

Cuando cumplí dieciséis años, empecé a engancharme en drogas cada vez más fuertes. Estaba buscando esa euforia, esa sensación de éxtasis, y la encontré en la metilendioximetanfetamina; MDMA o "X", como se conoce en la calle. Si pudieras imaginarte tu mejor experiencia sexual multiplicada por mil, apenas si estarías tocando la superficie de la sensación que produce la MDMA pura. Muchas personas han probado el éxtasis y ha hecho que se sientan bien, pero no son demasiadas las que se han acercado a conseguir MDMA pura, que tiene alcances tremendos. Lo que se vende en la calle no es puro. Tampoco es falso, pero si es MDMA, se ha rebajado tanto con otras sustancias químicas que ya no es puro, y su máximo alcance es sólo una sombra de lo que podría ser.

Pero la MDMA no era mi única droga. También me gustaba la sensación que me producía la cocaína. Aunque la X era mucho mejor, no la podía usar todos los días porque el cuerpo desarrollaba una tolerancia tan rápido que tenías que esperar al menos cuatro o cinco días para volverla a usar si querías que produjera efecto. Además, es probable que la X sea una de las drogas que es muy difícil conseguir. Cuando la consigues, sólo es por unos cuantos días, y luego desaparece y no vuelves a verla en meses. Así que en los periodos de escases usábamos cocaína. Una línea fuerte de cocaína puede hacer que te sientas de maravilla, y mis amigos y yo nos sentábamos toda la noche, hablando hasta la salida del sol, pero cuando termina el efecto de la droga, uno empieza a sentirse muy mal. Perder el efecto de la cocaína es terrible, pero eso no impidió que la siguiéramos usando. Después de una noche de cocaína, lo único que quieres hacer es dormir, y mientras la estás usando, nunca tienes hambre, así que muy pronto todos empezamos a perder peso.

La máxima sensación

En medio de esta euforia de drogas, uno de nuestros amigos tuvo la oportunidad de probar la heroína y aprender a fumarla. Una noche nos trajo un poco. La heroína que él estaba fumando era alquitrán color café, pero también se consigue pulverizada. Él la ponía en un trozo de papel aluminio de unos quince centímetros cuadrados. Luego ponía un cerillo o un encendedor bajo el papel aluminio, lo que hacía que la heroína se calentara y empezara a producir humo. Cuando el humo se elevaba, había que inhalarla con un tubito de papel aluminio. Esto se conoce como "perseguir al dragón" porque se supone que el humo representa la cola del dragón y uno persigue la cola tratando de inhalarla.

Observé cómo mi amigo fumaba, y sin dudarlo, le pedí un tiro. El primero que tomé fue fuerte. No era como fumar mariguana. Era mucho más intenso. Al principio tuvo un sabor extraño. Tuve otro tiro, mantuve el humo dentro y lentamente lo fui sacando de mis pulmones. En ese momento finalmente encontré lo que había estado buscando: la euforia perfecta. La sensación recorrió cada poro y cada célula de mi cuerpo. Era como si Dios mismo me hubiera tomado en sus brazos y me hubiera llevado al cielo. Simplemente era demasiado bueno para poder describirlo.

La heroína me permitía ser cualquier cosa que yo quisiera ser. Me producía una sensación de fuerza y confianza. Todos mis problemas se desvanecían con el primer tiro. Sentía como si pudiera hacer todo lo que quisiera. Todos mis miedos se disolvían en la euforia que producía la heroína. Era mejor que todo lo que había sentido antes. La usé todos los días a lo largo de tres semanas. En ese entonces, yo no conocía la increíble cualidad adictiva de la heroína, no sabía que el cuerpo de hecho desarrolla una dependencia física, ni que cuando dejas de usarla te sientes terriblemente enfermo.

La heroína es una droga muy cara, y no era posible que un muchacho como yo, con muy poco dinero, pudiera sostener un hábito de heroína durante mucho tiempo. Después de usar heroína todos los días durante tres semanas, se me acabó el dinero. También empecé a sentirme mal. Pero no era un malestar parecido a una "gripa". Era mucho peor. Mis huesos y músculos empezaron a tener un dolor punzante. Sudaba frío y caliente, tenía nauseas y sufría de ansiedad. A veces parecía que los huesos estaban tratando de salirse por debajo de la piel. Luego empecé con vómitos violentos y no podía detenerlos. Expulsaba todo lo que llegaba a mi estómago. Estaba tirado en la cama dando vueltas, tratando de evitar que los huesos se salieran por debajo de la piel, pero sin importar lo que intentara, sentía que mis huesos eran como navajas bajo la piel cada vez que me movía.

Sentí mucho miedo porque no sabía qué estaba mal. Llamé a uno de mis amigos que también estaba usando heroína y le dije que no podía salir a conseguir droga porque no tenía dinero y me sentía demasiado mal. "En realidad no estás mal", me dijo. "Estás enfermo por la droga; estás pasando por la abstinencia. Todo lo que tienes que hacer es fumar algo de heroína y te sentirás mejor en un segundo. Voy a ir a verte y te daré un poco de la que yo tengo". Yo estaba hecho un ovillo en un rincón de mi cuarto vomitando, y mis manos temblaban tanto que el teléfono casi se me caía, así que cuando mi amigo dijo que vendría a verme me pareció que era lo mejor.

Cuando él llegó, todavía estaba acurrucado en el suelo, pero ahora estaba tirado en un charco de mi propia orina porque me dolían tanto los huesos que no pude levantarme para ir al baño.

"¡Rápido!", le supliqué. "Ponla en el papel aluminio para que pueda fumarla".

Él debió pensar que era gracioso verme tirado así en el suelo, porque empezó a reírse mientras colocaba la heroína en el papel aluminio. Luego se arrodilló cuidándose de no hacerlo sobre la orina y puso el tubito cerca de mi boca para que pudiera inhalarla cuando estuviera listo. Entonces prendió el encendedor y lo puso bajo el papel aluminio. En segundos, el papel aluminio empezó a calentarse y la heroína empezó a humear. ¡Ahí viene el dragón!

Fue como por arte de magia. Segundos después, todo el malestar y los síntomas de abstinencia que habían sido tan intensos habían desaparecido; era como si nunca me hubiera sentido mal. Con la heroína, en dos segundos puedes pasar de estar tan terriblemente enfermo que sientes que te vas a morir, a una euforia pura. Después de varios tiros, me quedé sentado, pensando por un minuto. Pude ver que estaba sentado sobre mi orina y pude ver el baño, había rastros de vomitada fuera del excusado y en el suelo, y me di cuenta que estaba enganchado en la heroína. Pero como no podía dejar de usarla sin sentirme violentamente enfermo, la única salida que pude ver era seguirla usando. Pero para seguirla usando tenía que encontrar la manera de conseguir dinero.

Acababa de cumplir dieciocho años y había estado recibiendo por correo muchas solicitudes de tarjetas de crédito pre-aprobadas. Llené las solicitudes. Mentí sobre mis ingresos y dije que era agente de bienes raíces y que ganaba 150 000 dólares al año. Acabé teniendo siete tarjetas de crédito, cada una con un límite de crédito de 10 000 dólares, un total de 70 000 dólares. Así que ahí estaba yo, a los dieciocho años con un crédito de 70 000 dólares y una adicción a la heroína más fina que el dinero podía comprar, que tenía un costo de 300 dólares diarios. Dejé de usar todas las demás drogas porque no podía compararlas con el efecto que me producía la heroína. Venía directamente de la India y era casi 90% pura.

Seguramente fui muy hábil para ocultarle a mi padre mi euforia por las drogas, porque él nunca me preguntó si algo andaba mal. Normalmente yo salía durante el día, fingiendo que iba a trabajar en un laboratorio donde se rebelaban fotografías, pero yo no tenía trabajo. Luego volvía a casa en la noche y le decía lo productivo que había sido en el trabajo. Papá estaba tan ocupado, escribiendo libros que nunca pensó en cuestionarme, ya que jamás esperó que yo le mintiera y porque al parecer yo siempre tenía dinero. Papá escribe libros sobre espiritualidad y cuando está muy involucrado en un libro olvida todo lo demás. Yo viví de las tarjetas de crédito durante nueve meses, hasta que las saturé todas, me quedé sin dinero y mi crédito quedó destruido.

Una confesión que me tranquilizó

Luego, mi amigo Sam vino a verme un día. Era un buen amigo para las fiestas, pero no estaba tan metido en las drogas como yo. Me pidió que saliera con él para que pudiéramos hablar. Salimos a la acera frente a mi casa y lo primero que me dijo fue: "Tienes que decirle a tu papá que estás enganchado en la heroína".

Me llené de pánico. "¡Claro que no! ¡No puedo decirle eso a mi papá!".

"Escucha", dijo, levantando la voz, "o tú se lo dices a tu papá o se lo digo yo, porque no quiero ver cómo acabas con tu vida".

Estaba muy enojado y asustado, así que cerré los puños y lo amenacé: "Si le dices algo a mi papá te meto una golpiza"; lo que era imposible porque estaba completamente drogado y no podía haberle dado una golpiza a nadie.

Discutimos mucho tiempo. Yo no dejaba de gritarle y amenazarlo, tratando de convencerlo de que podía darle una golpiza si él le decía algo a mi papá. Pero en realidad estaba yo aterrorizado al pensar que tenía que decirle a mi papá que yo era un adicto que no había hecho nada en los últimos nueve meses, excepto adquirir una deuda de 70 000 dólares con las tarjetas de crédito por comprar heroína. Después de dos horas de argumentos y gritos, Sam seguía firme, así que tenía yo dos opciones: Permitía que Sam se lo dijera a mi papá, o se lo decía yo mismo. Sabía que tendría que hacerlo. Era lo único adecuado que podía hacer. Después de maldecir por mucho tiempo, hice acopio de toda mi energía y de todo mi valor y entré a la casa para hablar con mi papá.

Él estaba trabajando en la computadora. Me miró y yo de inmediato empecé a llorar.

"¿Qué pasa?", preguntó, con bondad.

"Estoy usando heroína".

Él lo tomó asombrosamente bien, y si yo lo hubiera pensado habría sido lo que debería haber esperado. ¡Qué alivio! Creo que el miedo a desilusionar a mi padre fue lo que hizo que fuera tan difícil decírselo. Entonces él me hizo la pregunta más importante de mi vida, pero no lo reconocí en ese momento, y no creo que él supiera lo importante que era.

"¿Por qué estás usando heroína?", preguntó.

Lo miré indefenso: "Porque no puedo dejarla. Estoy enganchado".

Entonces dijo esas palabras mágicas por las que es tan famoso: "No hay problema. No te preocupes por nada. Lo vamos a arreglar en un momento".

Él no sabía nada sobre la heroína y su potencial de destrucción, pero dijo que llamaría al médico de la familia y averiguaría lo que teníamos que hacer.

Dije: "También voy a necesitar que te quedes a mi lado, porque si alguien no está conmigo cuando pase por el síndrome de abstinencia, las ansias y los síntomas serán tan terribles que harán que me salga a buscar más drogas".

Así que llamamos al médico y él prescribió medicamentos que me ayudarían con los síntomas de abstinencia; medicamentos para relajar los músculos, para reducir las nauseas, para dormir mejor y analgésicos.

Si no eres adicto a la heroína, es posible que no conozcas la jerga de las drogas. El síndrome de abstinencia de la heroína se conoce como "mono"; uno siente que los huesos se van a salir de la piel y el dolor hace que estés muy inquieto en la cama.

Sufrí estos síntomas en mi casa durante dieciocho días y mi papá estuvo conmigo en todo momento. Me preparó baños calientes, cocinó para mí y limpió mis vomitadas en el suelo cuando no podía llegar hasta el baño. Cuando pensaba que ya no podía soportar el dolor, me abrazaba y me hablaba hasta que me relajaba.

Papá tiene una voz que tranquiliza mucho, y cuando te habla hace que sientas que todo va a estar bien. Dejó de trabajar durante esos días cruciales para asegurarse de que yo estuviera bien. Fue maravilloso y si no hubiera sido por él, nunca habría podido terminar con esto porque en esa época no teníamos Subutex o Suboxone que contienen clorhidrato de buprenofrina, un fármaco que te ayuda a dejar de usar heroína sin sufrir los terribles síntomas de abstinencia.

Cuando terminé de pasar a través de los síntomas de abstinencia en casa, mi papá me sonrió y me dijo que había sido una gran experiencia y me dio las gracias.

"Tú y yo seguramente teníamos que aprender algo especial", me dijo. Así es él.

Sólo una vez más

Regresé a la escuela, pero no tenía idea de cómo mantenerme sobrio, ni sabía lo que significaba mantenerme limpio de drogas. Cuando retiras la droga, deja un vacío dentro de ti. Tal vez has escuchado que el universo no tolera un vacío. Bueno, eso es cierto en lo que se refiere a eliminar las drogas: a menos que llenes ese espacio con otra cosa, regresar a las drogas es una posibilidad. Nunca recibí asesoría o información sobre drogas y adicciones. Por lo tanto me faltaban tantos datos que pensaba que mientras me mantuviera lejos de la heroína, podía volver a consumir otras dogas. No sabía que cuando uno deja de usar una droga y pasa a otra, lo único que estás haciendo es cambiar de adicción. La vida de adicciones sigue adelante. Así que volví a fumar mariguana, a aspirar cocaína, a tomar éxtasis y a usar alucinógenos. Todavía quería encontrar una droga, o una combinación de drogas, que me diera la sensación de euforia que había tenido con la heroína. Lo intenté todo, pero nada me dio la sensación intensa de la heroína.

Después de aproximadamente dos meses de usar todas esas otra drogas, pensé que podía usar heroína sólo una vez más y no engancharme de nuevo en ella. Sabía que el error que había cometido en el pasado había sido usarla todos los días, así que pensé que mientras no la usara todos los días no volvería a engancharme. Estaba seguro de que ahora era yo más fuerte que la heroína. Decidí que sin importar cuánto quisiera yo seguirla usando, no la usaría como antes. Sólo la usaría una vez, y eso sería todo.

Inmediatamente después de encontrar esta "solución" demente que hizo que me convenciera de que podía usar heroína sin engancharme de nuevo, llamé al traficante, compré algo de heroína, la fumé… y de inmediato se reactivó la adicción que estaba latente en mí con toda su fuerza, esperando el momento en que yo volvería a darle vida.

La mañana siguiente, el deseo de usar la droga era más fuerte que nunca. Me dije que podía hacerlo sólo una vez más, y que un segundo día no podía dañarme. Eso de inmediato me llevó a tres, cuatro, cinco días, y así sucesivamente. Cuando menos lo pensé, estaba enganchado de nuevo en la heroína. De hecho, me había enganchado después del primer día, pero no me había dado cuenta.

Un día, mi papá me dijo que quería que saliera de Venice y fuera a una universidad en el norte de California. Él no sabía que yo estaba enganchado de nuevo porque logré ocultarlo muy bien, pero probablemente sospechaba que algo estaba pasando. Él sabía que todos mis amigos que se drogaban estaban en Venice, así que posiblemente pensó que sería una buena idea hacer que yo me alejara de ahí.

Hicimos una llamada a la universidad, pero le dijeron a papá que ya había pasado la fecha límite para inscribirse y que tenía yo que esperar hasta el año siguiente.

"Muy bien, Pax", me dijo, "nadie más se va a estar inscribiendo, así que iremos allá y seremos los únicos".

"Pero las inscripciones de este año ya se cerraron", dije.

Él solo me cerró el ojo y me dijo que hiciera mis maletas. Viajamos en coche a la universidad, donde él usó su magia y me admitieron.

Cuatro semanas después, iba yo en coche con mi papá a lo largo de la costa de California, camino a la universidad. El trayecto fue largo y solitario. Estaba dejando atrás a mis amigos, y algo peor, me estaba alejando de la gente que me vendía la droga. Sólo me quedaba un poco de heroína y sólo me serviría para un día. Sabía que cuando despertara al día siguiente, probablemente querría estar muerto.

Cuando llegué al campus, fui a mi apartamento y desempaqué. Había estudiantes por todos lados, pasándola bien, emocionados por estar en una nueva escuela y por los nuevos amigos que conocerían. Parecía un paraíso de jóvenes. Muchos de ellos nunca habían estado lejos de casa y de la supervisión de sus padres. Era como ser libres por primera vez. Pude escuchar la música a todo volumen que brotaba de muchos de los apartamentos, y los estudiantes estaban en los balcones bebiendo y fumando mariguana.

Me reí en silencio. Parecía que la visión de papá según la cual esa universidad era un lugar seguro, un entorno libre de drogas, no era precisamente correcta. Sin embargo, no pude unirme a las festividades porque la idea que dominaba mi mente era que había usado mi última bolsa de heroína y que a la mañana siguiente despertaría en mi propio infierno, sufriendo los síntomas de abstinencia. Después de guardar mis maletas me acosté en la cama y miré el techo. Mi papá se había ido, mis amigos ya no estaban conmigo y yo estaba en un mundo nuevo. Lo único que tenía era una fuerte adicción a la heroína y el pronóstico de volver a sufrir los síntomas de abstinencia.

A la mañana siguiente desperté al amanecer con un dolor que hasta la fecha aborrezco recordar, un dolor que me hizo pensar en quitarme la vida con tal de no sufrirlo. El suicidio había empezado a cruzar mi mente y pensaba cada vez más en esa posibilidad. En cierta forma, el suicidio es como una droga, pues ofrece una forma de escapar. Aunque yo sabía que no me iba a quitar la vida ese día, la idea del suicidio estaba en lo recóndito de mi mente porque me daba el consuelo de saber que si todo lo demás fallaba, ésa sería una salida.

Me las arreglé para levantarme de la cama, vestirme y conducir hasta la oficina de inscripciones, donde se supone que me encontraría con mi papá. Estacioné el coche y, esforzándome al máximo por ocultar el dolor que sufría, me dirigí hacia donde él me estaba esperando. Papá no sabía que yo me había vuelto a enganchar, y la idea de tener que decírselo de nuevo era demasiado, en especial después de todo lo que él había hecho para ayudarme a volver a empezar.

Cada paso que daba requería de un esfuerzo. Sentía que mis pies pesaban quinientos kilos y que mis huesos eran como navajas bajo mi piel, pero al final llegué a donde él estaba. Me saludó con esa sonrisa genuina y con esa actitud favorable, y yo me las arreglé para devolverle la sonrisa, aunque tuve que esforzarme al máximo y hacer acopio de toda mi fuerza de voluntad. No puedo imaginar que él no se haya dado cuenta de que yo estaba enfermo. Tal vez simplemente no podía creer que yo hubiera vuelto a engancharme en la heroína.

Después de inscribirme regresé a mi apartamento. La noche anterior no había conocido a los tres compañeros con quienes lo compartía. Había ido directamente a mi cuarto, había cerrado la puerta y había apagado la luz porque estaba demasiado deprimido como para ser amigable. Cuando mi papá se dispuso a regresar a casa, me despedí de él con un apretón de manos. Me dijo algo para animarme y le dio un giro positivo a la nueva vida que estaba yo comenzando. Tiene una gran capacidad para ver las cosas bajo una luz positiva. Estoy seguro de que yo habría respondido mejor si no hubiera estado a punto de vomitar sobre él en cualquier momento.

Cuando él se despidió, fui directamente a mi cuarto y me dejé caer en la cama como si fuera una tonelada de ladrillos. Cada vez me sentía peor. Podía escuchar a los estudiantes afuera corriendo, riendo y gritando. Estando acostado ahí, deseaba no ser un drogadicto y poderme unir a la diversión.

Me quedé en la cama con la puerta cerrada durante cinco días espantosos. Estaba demasiado avergonzado para dejar que alguien me viera. No dejé entrar a mis compañeros, aunque no dejaban de tocar la puerta y preguntar si estaba bien. Yo les decía que tenía gripa y que saldría cuando me sintiera mejor. Había vómito en el suelo y en toda la cama y no me había bañado en cinco días porque no quería salir del cuarto. Me oriné en la cama varias veces porque mis dolores eran tan fuertes que no podía levantarme para ir al baño, así que todo el cuarto olía a orina. No había defecado porque casi no había comido nada; sólo unas barritas de granola y una naranja que había encontrado en mi mochila. No tenía caso comer porque en cuanto el alimento llegaba al estómago, lo vomitaba.

No dejaba de ver el reloj, contando los segundos y deseando que ese maldito malestar terminara para poder volver a ser un ser humano normal. Cada vez que el reloj avanzaba un segundo, me parecía que lo estaba viendo en cámara lenta. Los segundos parecían horas, las horas parecían días, y los días parecían meses.

Lo peor era que yo no tenía medicamentos que me ayudaran a sobreponerme a ese sufrimiento. En la noche no podía dormir ni siquiera una hora. Sólo estaba sentado ahí, deseando que algo me produjera un segundo de alivio. A veces el dolor era tan intenso que yo me ponía de rodillas y le rogaba al universo que por favor tuviera misericordia de mi alma, que me diera sólo un minuto de alivio. Pero ese alivio nunca se me concedió.

El sexto día recibí una llamada de Spencer, un tipo que había conocido en Venice. En realidad nunca me había caído bien. Mis amigos y yo le decíamos "Spencer la serpiente" porque tenía un carácter sombrío. Sólo le interesaba hacer lo que le convenía y si darte una puñalada por la espalda de alguna manera representaba un beneficio para él, te daba una puñalada por la espalda. También era adicto a la heroína.

Se había mudado a San José, treinta minutos al norte de donde yo estaba.

"Hola, amigo", me dijo, "¿Qué haces?".

"Estoy aquí en la universidad, y estoy sufriendo porque no tengo drogas".

Entonces dijo las palabras mágicas: "Tienes que venir a San José porque tengo un contacto para conseguir heroína".

Claro que no le importaba que yo estuviera enfermo. La única razón por la que me habló de eso era que él estaba sin dinero y necesitaba a alguien que pagara la droga por él. De todos modos, ésa fue la mejor noticia que alguien podía haberme dado. Me había salvado. Volví a tener un contacto para conseguir heroína. En menos de una hora volvería a sentirme bien. De pronto, la universidad era algo que yo podía manejar. Es extraño ver lo que hace que la gente pueda manejar la escuela, ¿no lo crees?

Chanchullos de dinero y barriadas

De inmediato conduje hasta la casa de Spencer en San José. Salió y me saludó con una sonrisa maligna. Fuimos a una barriada de mala muerte, en su mayoría de hispanos. Spencer me dijo que caminara por ahí y que los traficantes se me acercarían. Era algo muy distinto a lo que yo solía hacer en Venice, donde lo único que tenía que hacer era levantar el teléfono y mi contacto me encontraba en un lugar específico veinte minutos después. Yo sabía que Spencer quería quedarse en el coche mientras yo entraba a la barriada, porque era peligrosa. Dijo que la policía siempre la estaba patrullando y tratando de hacer redadas, y que los mafiosos y narcotraficantes que andaban por ahí no eran confiables. Me dijo que siempre golpeaban a los drogadictos, que los asaltaban y les robaban sus coches. Pero yo me sentía tan mal que estaba dispuesto a hacer casi cualquier cosa para remediarlo, así que salí del coche y entré a la barriada.

Los traficantes huelen a los clientes a kilómetros de distancia, y unos segundos después uno se me acercó.

Dijo: "¿Buscas algo, amigo?".

"Chiva".

Usé la palabra que ellos usaban en español para referirse a la heroína porque si hubiera dicho que quería "heroína" habrían pensado que yo era policía y no me la hubieran vendido. La terminología correcta es importante. También lo es la actitud correcta. Tienes que demostrarles a los narcotraficantes que sabes cómo funcionan las cosas. Me dio la droga, le entregué el dinero y regresé al coche. Tuve éxito en mi primer intento de conseguir droga en las calles. Pero supongo que por haber crecido en Venice y por haber usado drogas durante tanto tiempo era natural que lo tuviera.

Salí de esa zona tan rápido como pude y me estacioné a varias calles de distancia. Tenía papel aluminio en el coche, así que preparé todo lo necesario: el papel aluminio y los encendedores que usábamos para fumar heroína. Saqué la heroína, corté un trozo para Spencer y otro para mí. Él agarró el suyo y encendió su fuego al instante, como un hombre hambriento que encuentra comida. Yo puse mi heroína en el papel aluminio pero no la encendí de inmediato. Mis seis días de dolor agonizante estaban a punto de desvanecerse en un poco de humo. La mayoría de los adictos usan la droga tan pronto como pueden, pero a mí me gustaba saborear el momento por un rato, antes de aspirar por primera vez. Casi entraba yo en un profundo trance mirando la heroína en el papel aluminio. Saber que en unos segundos ese humo acre entraría a mis pulmones para después entrar a mi sangre y a cada célula de mi cuerpo era fascinante para mí.

Minutos después, levanté el encendedor y lo acerqué al papel aluminio, lo encendí, y observé cómo la cola del dragón empezaba a levantarse del papel aluminio caliente. Danzó un poco y empecé a aspirar por el tubito, formando el vacío que lanzaría el humo hacia mis pulmones. En cuanto eso sucedió, pude sentir cómo se relajaba cada músculo de mi cuerpo.

Una sensación de calor me recorrió y una euforia total remplazó al dolor que había estado ahí unos minutos antes.

De inmediato me sentí libre para vivir fantasías, estar en cualquier lugar del mundo e imaginarme como yo quisiera. Podía ser una estrella en mi propio mundo. Todos tenemos sueños que en su mayoría nunca dejan de ser sueños, pero cuando fumas heroína tus sueños se hacen realidad. Al menos eso es lo que parece. Puedes imaginar que eres un héroe fuerte y valiente que siempre sabe lo que debe decir y hacer, y la heroína hace que sientas que eso es real. La heroína siempre hizo que me sintiera el campeón de mis juegos. Me permitía ver el mundo como un campo de juegos en el que podía caminar, haciendo cualquier cosa o siendo quien quisiera ser.

Spencer también estaba en un viaje. Le dije que quería dejarlo en su casa y regresar a la universidad. Ahora que estaba bajo el efecto de la droga y sabía dónde conseguirla, ya no necesitaba su ayuda. Además, yo quería estar solo y disfrutar mi propio cielo. Él quería quedarse conmigo, pero yo me negué. Conduje hasta su casa y lo dejé ahí.

A partir de entonces, regresé a San José todos los días a conseguir mi heroína. Era más difícil de lo que había anticipado porque tenía que conseguir dinero, conducir hasta la barriada, inhalar la droga y regresar al apartamento. Esta rutina no me dejaba tiempo para hacer nada más, así que mis calificaciones eran terribles. Con dificultad lograba aprobar algunas de las materias, y estaba fracasando por completo en otras. Cuando se trataba de enfermarme o faltar a clases para ir a conseguir droga, yo no lo dudaba. La droga era mi prioridad.

Me las arreglé para terminar todo el año escolar en esa forma. El siguiente verano viví en el campus con otros estudiantes que se quedaron a tomar cursos, y tomé clases para tratar de mejorar mis calificaciones. Papá contrató un tutor para que me ayudara y pudiera terminar los cursos de verano y aprobar mis clases, pero en lo único que destaqué fue en consumir heroína y cocaína.

Cuando empezó el nuevo año escolar, se me acabó el dinero, así que empecé a hacer chanchullos con los cheques. Iba a la tiende de comestibles con un cheque por 50 dólares más de lo que costaba lo que compraba y me daban 50 dólares en efectivo. Estaba feliz con mi nueva riqueza. Cincuenta dólares no era mucho dinero, pero era suficiente para evitar enfermarme. A la larga, los dueños de la tienda se daban cuenta de lo que estaba pasando y de que mis cheques no tenían fondos; en ese momento iba yo a otro banco, abría otra cuenta de cheques y empezaba todo una vez más. Yo sabía que cuando los bancos empezaran a enviar informes sobre lo que yo estaba haciendo, ya no podría abrir otras cuentas, así que abrí seis cuentas al mismo tiempo en varios bancos, a veces usaba mi licencia de conducir, a veces mi pasaporte y a veces usaba una licencia de conducir falsa. Esto continuó durante varios meses.

Un día, después de haber cometido toda forma posible de fraude con los cheques que se me pudiera ocurrir, y de haber llenado la ciudad con cheques sin fondos, dos hombres de azul con placas policiacas, llegaron a mi puerta. Yo conservé la calma, pero en mi interior sentía miedo. Pensé que seguramente acabaría en la cárcel.

"¿Eres Pax Prentiss?", preguntó uno de ellos.

Los miré con una actitud de "No tengo idea de lo que está pasando". "Sí, señor, lo soy".

"Parece que has estado escribiendo cheques sin fondos por toda la ciudad".

"Por supuesto, oficial", le dije. "Lo lamento. Mi abuela acaba de morir. Se súpone que iba a depositar 20 000 dólares en mi cuenta, pero antes de que pudiera hacerlo…" me detuve y bajé la vista con una expresión de tristeza, "ella murió.

Por eso, oficial, pensé que ese dinero estaba en mi cuenta. Lo siento, porque realmente pude haber usado ese dinero para ayudar a pagar su funeral".

Ambos policías me miraron compasivos, luego intercambiaron miradas, y el que estaba hablando dijo: "Está bien, hijo. Sentimos haberte molestado. Pero por favor ten más cuidado en el futuro. Hay mucha gente en la ciudad que no está muy contenta contigo".

"Tendré cuidado", dije. "Gracias por ser tan comprensivos".

Bueno, fue fácil, pensé cuando se fueron y yo cerré la puerta.

No me gustó engañar a esos policías porque era obvio que eran buenas personas, y habían sido muy amables conmigo. Creo que los policías en general son buenas personas que están haciendo un trabajo difícil, pero yo no tenía otra opción. Ellos habían creído todo mi relato, pero era obvio que yo ya no podía recurrir al chanchullo de los cheques.

Así que empecé a solicitar préstamos y concesiones estudiantiles. Aunque parezca sorprendente, eso funcionó. Tenía una deuda de 20 000 dólares por cheques sin fondos, una deuda de 70 000 dólares a tarjetas de crédito, y las agencias de cobros me llamaban todos los días, pero por una u otra razón, conseguí préstamos por un total de 10 000 dólares. Además mi abuela, que estaba vivita y coleando, me mandaba cheques y regalos. Claro que mi papá me mandaba mi mesada, y siempre podía pedirle más dinero, inventando historias sobre libros adicionales, clases adicionales o lecciones de karate. Así mantuve las cosas en marcha a lo largo de ese año escolar, el siguiente verano y el principio de mi tercer año en la universidad, pero al final se me acabó el dinero y no tenía suficiente para sostener mi vicio. Empecé a sufrir terribles síntomas de abstinencia. Me sentí peor que nunca y no sabía a quién recurrir para conseguir dinero y comprar heroína.

Engaños a los traficantes

Ahora sólo me quedaba una fuente de heroína; los propios traficantes. Se me ocurrió una idea totalmente estúpida y en extremo peligrosa: iba en coche a la barriada y pedía mi cantidad usual de cien dólares de heroína y cien dólares de cocaína. Pero cuando me la entregaban, echaba a andar el coche y me iba sin pagar. Sabía lo que me pasaría si me atrapaban. Había visto a otras personas intentarlo y ver a veinte gángsters y traficantes de drogas, golpear con violencia a un pobre adicto, no había sido un espectáculo agradable. Tuve amigos que murieron tratando de engañar a los traficantes. Golpearon a un tipo que yo conocía hasta dejarlo irreconocible, y luego le dispararon ocho veces. Pero en mi mente enloquecida yo pensaba que engañarlos era una buena idea, y razonaba que si lo hacía, nunca podría volver a esa zona a conseguir más drogas porque me estarían buscando.

Con este nuevo plan, tuve una oportunidad de estar sobrio, que era lo que yo quería en lo profundo de mi ser. Pero el solo hecho de pensarlo hacía que me sintiera mal. No tenía dinero, pero ellos se habían acostumbrado a verme llegar a su barrio en coche, y sabían que siempre tenía dinero para heroína y cocaína porque había estado comprándola a lo largo del año. Cada día llegaba en coche a esa barriada demente donde estaban los mafiosos y traficantes, y todos corrían a mi coche porque sabían que yo era una fuente de dinero fácil, y todos querían vender su droga.

Entré de un salto al coche y me dispuse a conducir hasta la barriada. Podía sentir que los latidos de mi corazón eran cada vez más rápidos a medida que me acercaba. A unas cuantas calles de distancia mi frente se llenó de sudor. Mis manos temblaban cuando llegué al último semáforo antes de entrar al vecindario. Podía sentir que cada célula de mi cuerpo se estremecía, mi cuerpo estaba lleno de adrenalina, mi corazón latía a toda velocidad y las palmas de mis manos estaban sudorosas. A medida que me acercaba, pude ver a los traficantes parados en las esquinas. Su aspecto era el de gente recién salida de prisión, y su actitud característica era: "si te metes conmigo te mato". Usaban aretes y tenían tatuajes por todo el cuerpo. Yo sabía que cualquiera de ellos podía hacerme pedazos en unos cuantos segundos. Me había estado drogando a lo largo de un año, y pesaba menos de 60 kilos.

Conforme me acercaba más, ellos empezaron a acercarse al coche como de costumbre. Todos sabían que era una forma de ganar dinero fácil. No sabían que yo estaba quebrado, que ni siquiera tenía un dólar. Detuve el coche, pero no apagué el motor, dejé puesta la velocidad y mantuve el pie en el pedal. Cuando se acercaron bajé el cristal de la ventanilla.

Uno de ellos me miró y me dijo con su burdo acento callejero: "¿Qué quieres, amigo?".

Mi corazón corría a 160 kilómetros por hora. Su brazo estaba a solo 60 centímetros de mí, y yo sabía que si el *clutch* se atoraba o yo no me alejaba de ahí rápidamente él podía extender el brazo y agarrarme en un segundo.

Dije con toda la calma que pude para que él no se diera cuenta de que algo estaba mal: "Quiero tener un gran día y una gran noche", lo que representaba cien dólares de cocaína y cien dólares de heroína. Metió la mano en su bolsillo y sin dudarlo, puso las drogas en mi mano.

Las miré como normalmente lo hacía, fingiendo que las estaba examinando, y al hacerlo, metí el *clutch* y salí de ahí como alma que lleva el diablo. A mis espaldas podía oír a los narcotraficantes gritándome que era yo hombre muerto. Miré sobre mi hombro y pude ver que lanzaban piedras y botellas contra el coche, pero pude escapar. Tenía mi droga.

Me alejé unos tres kilómetros y me detuve. Ni siquiera podía esperar a llegar a casa para drogarme. Necesitaba hacerlo de inmediato.

Después eché a andar el coche y me alejé. Tenía que hacer una vuelta en U antes de volver a la universidad, pero en cuando lo hice, pude ver luces azules y rojas a mis espaldas. Estaba drogado, tenía drogas en el coche. Sabía que si me atrapaban seguramente me acusarían de un delito grave. Me acerqué lentamente a la acera, estacioné el coche y por el espejo retrovisor pude ver que el policía salía de la patrulla. Estaba nervioso y sudoroso. Mi corazón ya latía demasiado rápido por la cocaína, y ahora tenía yo que enfrentarme a un policía.

Le dirigí mi acostumbrada sonrisa inocente, que me había funcionado de maravilla tantas veces en el pasado, y dije: "Sí oficial, ¿hice algo malo?".

"¿Sabías que no está permitido dar una vuelta en U donde tú la diste?".

"No, oficial. No sabía que no estaba permitido. Lo siento. Estudio aquí en la universidad y estaba pensando en la tarea que necesito hacer cuando llegue a casa. Debí poner más atención a los señalamientos".

Dudó por un minuto y luego dijo: "Bueno, por favor ten más cuidado la próxima vez".

Dije: "Gracias, oficial. Lo haré".

Y eso fue todo. Mi corazón estaba a punto de explotar a causa de la adrenalina, pero eso sólo intensificó el efecto de la droga que acababa de tomar.

A la mañana siguiente amanecí sufriendo los síntomas de abstinencia. De alguna manera, la idea que estar sobrio sólo porque ya no podía conseguir drogas, ya que estaría arriesgando la vida, me había parecido mucho mejor el día anterior, cuando no estaba sufriendo los síntomas de abstinencia. Para las dos de la tarde me sentía tan mal que empecé a vomitar y a orinarme. Había perdido el control de mis esfínteres. Estaba hecho un ovillo en un rincón de mi cuarto temblando, y tenía cerca dos bacinicas, una para vomitar y otra para ir al baño. Tenía un vicio que costaba 200 dólares diarios y estaba tratando de dejarlo sin los medicamentos apropiados para no sufrir los síntomas de abstinencia; era un verdadero desastre.

El malestar resultó mucho más intenso de lo que yo podía soportar, y me desplomé. Ya no quería tratar de estar sobrio; al menos no ese día. Mañana perecía un mejor día para volver a intentarlo, pero ésa era la historia de mi vida; siempre estaría limpio mañana; nunca hoy. Ahora tenía que encontrar la forma de conseguir más heroína, y rápido.

A pesar del miedo que sentía, decidí regresar a la barriada. Pero ahora iría a otra parte del vecindario y le tomaría el pelo a otro traficante. Sabía que este truco era un peligro mucho mayor que el del día anterior porque me estaba arriesgando a ser atrapado por el traficante que iba yo a engañar ese día y por el que había engañado el día anterior. Esperaba que al llegar los del día anterior no vieran mi coche. La barriada no era tan grande, sólo tenía unas cuatro calles, así que era muy probable que alguien del día anterior me viera. Si me veían, era yo hombre muerto. Pero mis dolores eran tan insoportables que estaba dispuesto a arriesgar la vida con tal de sentirme mejor. Juré que si salía bien librado ese día nunca más regresaría, pues no había manera de engañar a los traficantes tres veces en tan poco tiempo y en un área tan pequeña. Seguramente me atraparían.

Entré al coche y me dirigí a la barriada. Cuando estaba a varias calles de distancia del lugar donde estaban los narcotraficantes, empecé a ponerme nervioso. Mi corazón latía con más fuerza y rapidez que el día anterior. No podía creer que lo estuviera haciendo de nuevo, pero incluso en medio de un terror total, yo quería lo que ellos tenían, y estaba preparado para hacer lo que fuera para conseguirlo.

Cuando estaba a una calle de distancia, mi pie empezó a temblar con tal violencia que casi no podía usar el *clutch*. Me aterrorizaba la idea de que en esta ocasión me atraparan. Podía sentir mi corazón sacudiéndose en mi pecho. Cuando estaba a unos treinta metros de ellos, empecé a bajar el cristal de la ventanilla. Mis manos temblaban, así que agarré el volante para mantenerlas firmes. Me detuve y uno de los matones se acercó al coche. Dejé el motor en marcha con la velocidad puesta.

"¿Qué quieres?", preguntó.

Casi no podía yo hablar, y por un segundo sentí como si las palabras no fueran a salir, pero luego me las arreglé para decir: "Cien dólares de chiva y cien de coca".

Me miró y se detuvo. Algo andaba mal. Y luego dijo esas terribles palabras: "Quiero ver el dinero".

Yo no estaba preparado para que me dijera eso. Pensé que seguramente me entregaría las drogas, pero pude responder de inmediato: "Tengo el dinero… pero no creerás que te lo voy a enseñar si antes no veo la mercancía".

Él sabía que algo estaba pasando, pero no sabía qué, y estaba dudoso. Luego, sin siquiera pensarlo dije: "¿Maldita sea, por qué no me muestras algo de respeto y me das lo que te pido? ¡La gente de por aquí sabe quién soy!".

Se sorprendió y dio un paso atrás, pues no esperaba que un desgraciado drogadicto le hablara así. A decir verdad, yo también estaba sorprendido ante mi audacia, pero eso hizo que él pusiera las drogas en mi mano porque supuso que estaba hablando en serio. En ese instante salí de ahí a toda marcha mientras escuchaba sus gritos: "¡Te vamos a agarrar hijo de puta! ¡Estás muerto!".

Una vez más había podido engañar a los narcotraficantes de la barriada. Cuando estuve a dos calles de distancia, solté una carcajada. ¡Estaba feliz por lo que acababa de hacer! No era usual que alguien tratara de engañar a un traficante una vez, pero hacerlo dos días seguidos era algo absolutamente inaudito. En el mundo de los adictos, era un logro extraordinario. ¡Algo así como escalar el Everest! ¡Yo lo había escalado dos veces en dos días!

En esta ocasión supe que esto se había acabado. Era el último día que volvería a usar heroína y cocaína. Había yo creado una situación en la que sería imposible repetir mi hazaña, aunque tuviera dinero. Nunca podría volver a la barriada. Pero eso era lo que yo quería. Estaba cansado de ser un adicto. Era una vida difícil y ya había tenido suficiente. Quería ser dueño de mi vida, estar libre de drogas y del alcohol; tener una vida en la que pudiera hacer lo que hace la gente normal.

El destructor

A la mañana siguiente desperté con mi propio despertador, llamado abstinencia de heroína. Siempre necesitaba yo mi dosis al despertar para poder levantarme de la cama. Ahora no la tenía. Había llegado el momento de sufrir los síntomas de abstinencia y ponerme sobrio. Me quedé en la cama sintiéndome peor con cada minuto que pasaba. Empezaba a sentirme deprimido. Los músculos comenzaron a dolerme, los huesos empezaron a reptar, y estaba yo bañado de sudor frío. No me moví. Ahora estaba dispuesto a llegar hasta el final.

Mi mente corría de un pensamiento a otro; luego se detenía y se concentraba en el desastre que era mi vida. En ese momento ni siquiera estaba asistiendo a clases. Las había abandonado por completo, pero seguía en el campus y en mi apartamento. Le decía a mi papá que estaba estudiando, pero no era cierto. Cuando eres adicto, es difícil pensar en el futuro. Sólo te interesa el "ahora", y no sentirte mal. Yo sabía que no podía vivir así por siempre. A la larga todo se me vendría encima. Mi única oportunidad era ponerme sobrio ahora.

Para la una de la tarde los síntomas de abstinencia eran insoportables. Traté de bloquear el pensamiento de usar drogas, pero era muy difícil. Sólo podía pensar en el olor y el sabor del humo de la heroína y en lo bien que me haría sentir. Pasar de un malestar abrumador a una euforia completa en dos segundos habría sido el máximo alivio. Discutía conmigo mismo que era demasiado peligroso volver a la barriada. Me decía una y otra vez que pasar a través de la agonía de la abstinencia era la única forma de liberarme de esto para siempre.

Me quedé acostado ahí mientras pasaban las largas horas del día. Los segundos del reloj parecían ser cada vez más lentos, algo que sólo podría entender un adicto que sufre los síntomas de abstinencia. Cerré los ojos y pensé: "Sólo me concentraré en mi malestar para que eso me ayude a recordar que tengo que sufrir este terrible camino de abstinencia".

Miré el reloj; eran las 3:06 p.m. Cerré los ojos. Podía sentir que cada hueso de mi cuerpo era como una navaja bajo mi piel. Sentía cómo me cortaban. Sentía náuseas, sentía la orina bajando por mis piernas. Soporté esto durante lo que me parecieron dos horas. Abrí los ojos y miré el reloj. Eran las 3:17 p.m. ¡Once minutos! Eso me asustó tanto que perdí el aliento. Entonces descubrí que el tiempo puede estirarse, que no es una medida fija que se desarrolla "momento a momento", sino algo totalmente subjetivo. Me levanté y traté de comer, pero no podía retener los alimentos.

El dolor era tan insoportable que quería gritar. Sentía que estaba enloqueciendo. Me podía escuchar diciendo: "Por favor ayúdenme… por favor ayúdenme". Lo decía sin siquiera intentarlo, como si fuera un demente en el pabellón psiquiátrico. El olor a la heroína llenaba la casa, como si alguien la estuviera fumando junto a mí, pero yo estaba solo. Mi mente me estaba jugando bromas. Hasta podía sentir el sabor de la heroína en la boca. Le suplicaba al aire que dejara de hacer eso. "Por favor, no puedo soportarlo. Es demasiado".

Finalmente, rodé de la cama y accidentalmente acabé en el suelo. Eso fue suficiente para hacerme reaccionar; me puse de pie y traté de caminar, pero me caí. Temblaba demasiado para poder mantener el equilibrio. Me quedé sentado y empecé a llorar. ¿Qué me estaba pasando? ¿Cómo podía vivir así? Sólo podía pensar en la heroína. Ninguna otra cosa podría quitarme este dolor, y con ese pensamiento en mente, decidí dejar que los traficantes me atraparan y me asesinaran; sería mejor que estar sentado ahí sintiéndome morir. Decidí regresar y tratar de conseguir más heroína. Miré el suelo y me dije: "No puedo creer que vas a volver a hacer esto". Me estaba arriesgando a morir solo para poder volver a drogarme.

Por cierto, "chiva" significa "el destructor", y eso es exactamente lo que es.

El ape man [hombre simio]

Me maldije a lo largo de todo el trayecto hasta la barriada. Me sentía tan mal que casi no podía conducir. Perdía el conocimiento en los semáforos, hasta que la gente empezaba a sonar la bocina y me hacía reaccionar. A medida que me acercaba a la barriada y estando a varias calles de distancia, llegué a una señalización de alto. Podía ver a los narcotraficantes a la distancia.

De pronto, un brazo se introdujo a mi coche y me agarró del cuello. Era el primer traficante al que había engañado. Tenía unas tijeras y estaba a punto de clavármelas en el cuello. Seguramente vio que mi coche se acercaba y me reconoció.

"¡Detente!", grité. "¡Tengo el dinero! ¡Vine a pagarte!".

Me sacó del coche por la ventanilla abierta, me agarró de los pies y me arrastró dos calles hasta el centro del vecindario, donde todo el mundo me atacó. Deben haber sido unos veinte individuos que gritaban: "¡Vamos a matarlo!" y cada uno tenía un arma en las manos. Algunos tenían cuchillos, otros bates y otros llevaban pistolas. Pensé que me iban a matar en ese momento, estaba aterrorizado.

El líder de la banda estaba en el centro. Lo llamaban "el Ape Man". Hasta la fecha, nunca he visto a nadie tan aterrador como él. Sus ojos eran amarillos y penetrantes, su cabello era negro y grasoso y lo peinaba hacia atrás. Era muy corpulento; parecía que había pasado la mayor parte de su vida levantando pesas en la cárcel para poder matar a morfinómanos esqueléticos e insignificantes como yo. Usaba bigote y patillas largas. Tenía una cicatriz blanca desde la frente hasta el ojo izquierdo, pasando por la boca. Eso hacía que su rostro siempre mostrara una sonrisa burlona.

Todos gritaban: "¡Mátenlo! ¡Mátenlo! ¡Mátenlo!", pero el Ape Man les dijo: "¡No lo toquen, es mío!".

Mi peor pesadilla se hizo realidad. Estaba a punto de morir, y de morir lenta y dolorosamente, pues me matarían a golpes.

El Ape Man y uno de sus matones me agarraron por los pies, me arrastraron hasta mi coche y me metieron en el asiento de atrás. Él tomó el volante. Su matón iba en el asiento del pasajero. El Ape Man me miró y dijo: "¡Estás muerto amigo! Te vamos a llevar al desierto, vas a cavar tu propia tumba, luego te vamos a golpear hasta cansarnos, después vamos a rajarte el estómago para que se te caigan las tripas y te vamos a dejar en la tumba, enterrándote de tal forma que sólo se pueda ver tu boca".

Empezaron a conducir hacia el desierto en mi propio coche, y veinte minutos después llegamos al límite de la ciudad. Entramos a un camino seco y polvoriento que parecía interminable. El Ape Man siguió conduciendo. Yo tenía las manos sudorosas y mi corazón latía con fuerza en mi pecho; no sabía qué hacer. Me iban a matar para que todo el mundo supiera lo que les pasa a los adictos que les roban drogas. De hecho les divertía la idea.

"¿Puedo rajarle el estómago?", preguntó el matón.

"No compadre", dijo el Ape Man. "Lo harías demasiado rápido. Yo quiero observar su cara cuando sienta cómo se le va clavando el cuchillo".

Mi cerebro funcionaba a mil kilómetros por hora. Sabía que se me tenía que ocurrir un plan, pero parecía que no tenía una salida. Había abusado demasiado de mi suerte y había llegado el momento de pagar. Luego algo se me ocurrió… me di cuenta de que lo único que todos los traficantes quieren es dinero. Si pudiera convencerlo de que yo tenía dinero, tal vez me dejaría ir. Pero tenía que hablar rápido.

Ape Man, tengo 400 dólares, si me dejas ir serán tuyos". Eso era mentira, pero fue lo que mis labios pudieron decir.

"Estás mintiendo", dijo.

"¡No, es cierto! Mañana recibiré un pago por dos semanas de trabajo y te lo puedo dar", dije desesperado. "Te lo puedo dar todo si me dejas vivir".

Detuvo el coche. "¿Cómo puedo estar seguro de que me lo darás?". Era obvio que estaba interesado. Pude ver que lo estaba pensando.

No dudé ni por un segundo. "Regresaré con el dinero mañana".

Miré a mi alrededor. No había casas, no había edificios, sólo un desierto seco y polvoriento donde nadie vería nada si me mataban. Me miró y no dijo nada. Yo sólo era un triste adicto insignificante, esquelético, pálido como un fantasma y que no valía nada; estaba en el asiento trasero de mi propio coche suplicando porque no me mataran. Mi vida estaba en sus manos y él lo sabía. Había llegado el momento de la verdad. Él se tragaría mi mentira o me mataría en los siguientes diez minutos.

Su matón dijo: "No le vayas a creer estas babosadas, amigo. Está mintiendo".

"No", interrumpí. "Por favor, ¡tienes que creerme! ¡Te traeré el dinero mañana!".

El Ape Man me miró de nuevo, luego se dio la vuelta y me agarró del cuello. "Buen intento, amigo, pero hoy no es tu día para vivir. Hoy es el día en que vas a morir".

Y al decirlo me sujetó del cuello, me arrastró fuera del carro y me tiró al suelo.

"¡Por favor!", exclamé aterrado. Las lágrimas corrían por mis mejillas. "Por favor, ¡tienes que creerme!".

"¡Cállate!", gritó y me abofeteó.

Cuando traté de ponerme de pie, su matón, que estaba detrás de mí, me dio una patada en la espalda y caí al suelo de nuevo. Después me arrastraron, alejándome de la carretera. Las varas y piedras rasgaban mi piel y yo gritaba de dolor, mi cabeza golpeaba contra el suelo.

"Esto no es nada, amigo", dijo el matón. "Espera a que sientas el cuchillo rasgándote las tripas. Eso es dolor de *verdad*".

Me arrastraron unos treinta metros hasta una zanja que ya tenían preparada. Me di cuenta de que esto seguramente era usual para ellos, pues ya tenían una zanja lista para mi cuerpo. Me ordenaron cavar y yo cavé, mientras buscaba desesperadamente las palabras que salvarían mi vida. No dejaba de repetir: "Mañana tendré el dinero". Cuando terminé, el matón me tiró al suelo y me empujó hacia la zanja. Sonrió con maldad y dijo: "Ahora vamos a escucharte gritar, amiguito".

El Ape Man sacó de su pantalón una daga de aproximadamente 25 centímetros. Lo miré y él me miró, y en ese momento acepté que iba a morir. Él me abrió la camisa dejando el área de mi estómago a la vista. Yo miré al firmamento y luego cerré los ojos. Respiré profundamente y esperé a sentir cómo el cuchillo me abría el estómago. Él puso la fría hoja de acero sobre mi estómago, su punta se me estaba clavando. Hubo un momento de calma al haber aceptado la muerte. Pero lo que ocurrió fue totalmente inesperado.

"Muchacho", dijo el Ape Man. "Si me estás mintiendo, morirás lentamente".

Me agarró del cuello, me sacó de la zanja como si fuera yo un muñeco de trapo, sacó mi cartera de mi bolsillo y sacó mi licencia de conducir. Anotó mi dirección. "Vas a buscarme mañana al mediodía", dijo, "y si no tienes todo el dinero, iré a tu casa y te cortaré el cuello. No estoy bromeando, chico, te lo prometo… te voy a encontrar y voy a terminar lo que comencé hoy".

Sentí un alivio que me envolvió por completo. Supe que viviría, al menos ese día.

"¡Te lo prometo!", dije. "¡Te buscaré y no vas a arrepentirte de tu decisión!".

Luego me arrastraron de nuevo hasta mi coche, me regresaron a la barriada y me dejaron ir.

Un golpe en la cabeza

Conduje a casa es estado de *shock*. Cuando llegué, le dije al compañero con quien compartía el apartamento lo que había pasado y le supliqué que me prestara 400 dólares para poder volver y pagarle al Ape Man. Él no sabía si creerme o no porque estaba yo muy metido en las drogas. "Es probable que me estés mintiendo para conseguir el dinero para comprar drogas", me dijo, pero le rogué hasta que cedió y me dio el dinero.

Al día siguiente regresé a la barriada para encontrarme con el Ape Man y darle el dinero. Guardé los 400 dólares en mi calcetín por si alguno de los traficantes que había engañado me agarraba y quisiera su dinero. Estacioné el coche en una gasolinera a una calle de distancia de la barriada y cuando me estaba bajando del coche, claro, el segundo traficante que había yo engañado se estacionó detrás de mí y me cerró el paso.

Salió del coche de un salto ondeando un desatornillador de aproximadamente 46 centímetros. La gente que estaba en la gasolinera parecía demasiado asustada para tratar de ayudarme, sólo se quedaron ahí mirando lo que pasaba. De nuevo estaba yo en una situación de vida o muerte. Empecé a hablar de inmediato.

"¡Espera un momento!", le grité. "¡Estoy aquí para ver al Ape Man!".

El tipo se me seguía acercando.

"Estoy aquí para ver al Ape Man", grité. "¡Él me dijo que si tenía algún problema dijera que había venido a verlo y que todo estaría bien!".

Se detuvo y me miró. Pensé que iba a creerme, pero entonces, me golpeó en la cara y caí al suelo casi inconsciente.

Por el rabillo del ojo pude ver que él miraba alrededor para ver si alguien lo veía cuando me apuñalara con el desatornillador, pero los testigos estaban rodeándonos. Así que guardó su arma y me empezó a patear en la cara con sus botas de punta metálica. Con cada golpe yo sentía que los huesos de mi cara se hacían pedazos. Cada vez que me golpeaba sentía yo que quedaría inconsciente. Brotaba sangre de mi frente y me entraba a los ojos, lo que me impedía ver. Me arrodillé y traté de protegerme, pero fue inútil. Sus patadas eran demasiado fuertes para poder evitarlas.

Al final, quedé tirado en el suelo de espaldas. No podía mover los brazos, pero estaba consciente. Los golpes seguían, pero yo sólo yacía ahí sin poder moverme. Después de otras cinco o seis patadas fuertes en la cara, todo había terminado. Se subió a su coche y se fue. Debió patear mi cara casi treinta y cinco veces. Me quedé tirado en el suelo en un charco de sangre, medio consciente.

Todos le tenían tanto miedo que nadie se acercó a ayudarme. Pocos minutos después me pude sentar lentamente. Estaba cubierto de sangre. Mis ojos estaban tan inflamados que casi no podía abrirlos y no podía mover la mandíbula. Traté de ponerme de pie, pero me caí, así que me arrastré hasta el coche con los codos. Me subí y me miré en el espejo a través de las rendijas que eran mis ojos y que casi no podían abrirse. Ríos de sangre cubrían mi cara y todos mis dientes estaban flojos. El lado izquierdo de mi maxilar se veía como si alguien hubiera metido una pelota de beisbol bajo mi mejilla. Deduje que los huesos del maxilar estaban fracturados y trataban de salirse bajo la piel. No podía mover la boca, así que no podía hablar.

Entonces me di cuenta de que todavía tenía el dinero. El tipo que me golpeó no lo había encontrado. A pesar del dolor, sabía que tenía que pagarle al Ape Man, porque si no lo hacía, iría a buscarme a mi casa esa noche.

Volví a bajar del coche. Varias personas se acercaron y trataron de ayudarme, pero yo las rechacé y empecé a caminar. Mi misión era llegar a donde estaba el Ape Man, y no podía detenerme ahora. Caminé hacia la barriada lo mejor que pude. Era difícil ver porque mis ojos estaban inflamados y casi cerrados y la sangre seguía brotando de mi cabeza y de mi cara, pero hice lo que pude.

Cuando llegué al lugar donde se supone que iba a encontrarme con el Ape Man, él estaba ahí esperando.

Cuando me vio se quedó impactado. "¿Qué te pasó?".

Tuve que murmurar porque no podía mover el maxilar. "Uno de tus amigos me golpeó porque hace dos días lo engañé".

"¿No le dijiste que venías a verme?".

"Sí, se lo dije, pero no le importó".

Entonces me hizo la pregunta del millón de dólares: "¿Todavía tienes el dinero?".

Y yo le di la respuesta del millón de dólares: "No, él me lo quitó y me dijo que te dijera que te fueras al diablo".

"¿¡Qué!?", gritó.

"Es cierto", murmuré. "Él se llevó el dinero".

El Ape Man me creyó porque era obvio que me habían golpeado. Sin decir una palabra más, abordó su coche de un salto y se fue a buscar al otro traficante, dejándome ahí sentado con la cara bañada en sangre, con una fractura en el maxilar y con 400 dólares en el calcetín. Me quedé ahí asombrado por todo lo que había pasado durante los últimos dos días.

Miré la barriada. Era una tarde tranquila y no había nadie rondando, excepto algunos perros. Había un viejo restaurante mexicano en la esquina, y yo sabía que adentro siempre había alguien que se sentaba en su mesa desde las nueve de la mañana hasta las diez de la noche… era alguien que vendía la droga más fina del vecindario. Yo le había comprado muchas veces en el pasado, y mi crédito seguía siendo bueno con él porque yo nunca lo había engañado. Se llamaba Santiago.

Caminé hasta el restaurante con dificultad, entré y ahí estaba él en su mesa. Me senté frente a él y no dije nada. Me miró y tampoco dijo nada. Fue uno de esos momentos en que no es necesario intercambiar palabras. Él sabía lo que me había pasado. Era uno de los traficantes más viejos del vecindario, probablemente tenía más de cuarenta años, y casi lo había visto todo después de tantos años en las calles. Casi me caía bien, aunque era un traficante y lo único que quería era mi dinero. Aun así, siempre había sido amigable y en muchas ocasiones hasta me había aconsejado que buscara ayuda para salir de mi adicción a las drogas.

"Señor Pax", dijo después de unos momentos de silencio, "¿cuándo te vas a salir de este mundo? Esto no es para ti, amigo. Eres un buen muchacho. ¿Por qué no vas a la universidad y haces felices a tus padres?".

"Santiago", murmuré, "hago lo que tengo que hacer. Ésta es mi vida".

Lo pensó por un momento y luego me dijo: "Bueno, Señor Pax, lamento oir eso. Me caes bien. Eres un buen muchacho. Mereces algo mejor".

Me detuve por un momento porque noté que la sangre que goteaba de mi cara estaba formando un charquito en la mesa.

Le respondí: "Santiago, eres un buen hombre. ¿Por qué no dejas de vender droga y encuentras un empleo legal?".

Soltó una carcajada. Entendió lo que quise decirle: era tan poco probable que él dejara de hacer lo que estaba haciendo como que yo dejara de hacer lo que yo estaba haciendo. No sé si lo que le causó tanta risa fue el comentario que hice o la forma en que yo tenía que murmurar.

"Ah, Señor Pax, yo no puedo hacer eso. Es lo único que sé hacer".

Nos quedamos sentados ahí y compartimos otro momento de silencio; luego le dije: "Bueno, Santiago, ¿cuál es el menú de hoy?".

"Bueno, señor Pax, tengo nueva mercancía, especialmente para ti. Limpia y sin cortar, como a ti te gusta". Santiago nunca hablaba en clave conmigo porque sabía que yo no era policía.

"Bueno, Santiago, tomando en cuenta que hoy es mi día de suerte, voy a comprar cuatrocientos dólares de cocaína y heroína".

Escupió cuatro globos de su boca a su mano y los puso en la mesa. Dos eran negros, lo que indicaba que eran heroína, y dos eran blancos, lo que indicaba que eran cocaína. Los traficantes guardaban la cocaína y la heroína en globos dentro de su boca. Cada globo era como del tamaño de un cacahuate. También tenían una botella de agua cerca. En esa forma, si la policía los arrestaba podían tragarse los globos. Toda la evidencia estaba en el estómago y no los podían acusar.

Bajé la mano al calcetín y le di el dinero. Luego tomé los globos. "Adiós, Santiago".

"Adiós, Señor Pax", dijo cuando salía yo del restaurante.

Cuando subí al coche, conduje unos tres kilómetros y me estacioné. Ése había sido otro día en la vida de un adicto, pero seguía vivo y feliz porque tenía mis drogas. Abrí el papel metálico que siempre tenía bajo el asiento y lo preparé todo.

El primer golpe fue fantástico. Todo el dolor que sentía en la cara desapareció. Luego preparé una enorme línea de cocaína, lo que aumentó el placer de la heroína. Cuando ya me sentía bien y estaba drogado, conduje de regreso a la universidad.

Cuando llegué al apartamento, mi compañero se asustó. "¡Dios mío! ¿Qué te pasó? ¡Tenemos que llevarte al hospital!".

Le dije casi todo lo que había pasado, pero no le dije que había guardado el dinero para comprar drogas. Él creyó que se lo había pagado al traficante.

Cuando llegamos al hospital mi hicieron una radiografía de la mandíbula. Tenía dos fracturas y estaba dislocada. Varios de mis dientes estaban flojos. Me dijeron que era necesario realinear la mandíbula y que sería necesario cerrarla con alambres durante dos meses. El procedimiento costaría quince mil dólares ya que se necesitaba un cirujano oral para reconstruir todo adecuadamente.

Supe que tenía que llamar a mi padre porque obviamente yo no tenía ese dinero. ¿Pero qué le iba yo a decir? "Hola, papá, no he asistido a la escuela por más de un año; no he asistido a clases, debo veinte mil dólares en préstamos y en deudas de cheques, y necesito quince mil dólares porque mi mandíbula está dislocada y con dos fracturas, porque me golpeó un narcotraficante al que le robé drogas".

Las consecuencias no detienen a los adictos, ni a los alcohólicos

Regresé al apartamento y no despegué la vista del teléfono durante una hora, tratando de hacer acopio de valor para poder hacer la llamada. Al final, la hice y le dije todo a mi papá. Bueno, no todo, sólo lo relacionado con la golpiza.

Como puedes imaginar, fue una conversación muy dolorosa y vergonzosa para mí. Quiero a mi papá y lo aprecio mucho; deseo que él también sienta lo mismo por mí. Imaginar que me viera en ese estado era mi peor pesadilla, pero ya sabes lo suficiente sobre mi padre como para imaginar cuál fue su respuesta.

"No hay problema" dijo. "Llamaré al hospital y haré los arreglos necesarios para que te atiendan. Salgo en el primer avión que pueda tomar".

Fui al hospital y me cerraron la boca con alambres. Me dieron un frasco de codeína líquida para el dolor, lo que estuvo bien, ya que al día siguiente iba a tener los síntomas de abstinencia en grado superlativo. Todavía me quedaban dos dosis de heroína y cocaína, y las usé esa tarde. Cuando estaba con la segunda, ¿qué crees?, llegó mi papá.

Se sorprendió al verme usar heroína después de lo que me había pasado. También había visto lo que había yo tenido que pasar la primera vez que estuve atrapado en las drogas, y es probable que él no pudiera imaginar que alguien quedara atrapado una segunda vez. Supongo que él pensó que yo era lo bastante listo como no volver a usar drogas.

Entonces hablamos y le dije toda la verdad. Me dijo que lo que yo estaba viviendo era parte del trayecto de mi alma y que seguramente algo bueno resultaría de ello. Él está tan seguro de su filosofía que arriesgaría la vida por ella. Pero en ese momento, aunque yo había crecido viviendo con su filosofía, me era difícil creer que algo bueno podría resultar de esto.

Poco después me hizo la pregunta que me había hecho la primera vez que se quedó conmigo durante el proceso de desintoxicación: "¿Ya descubriste por qué estás usando heroína?".

Le dije lo que le había dicho antes. "Porque estoy enganchado y no puedo dejarla".

"Ésa no es la razón", dijo. "Hay algo más. La habías dejado, ya no eras adicto, los síntomas de abstinencia terminaron, pero reincidiste. Hay algo que impulsa tu adicción".

"Es la sensación más maravillosa del mundo", le dije. "Y no he podido encontrarla en ninguna otra forma".

"Debe haber algo más".

De nuevo le expliqué la euforia que producían las drogas, pero él sólo sacudía la cabeza. "Bueno, estoy aprendiendo mucho sobre las adicciones con lo que me estás diciendo. Verte fumar heroína con la mandíbula totalmente cerrada con alambres me convence de que las consecuencias no detienen a los adictos".

Me dijo que había estado buscando información sobre las adicciones desde que supo que yo estaba usando heroína. Cuando mi papá quiere investigar algo, encuentra todo lo que se puede saber al respecto. Al final me preguntó si planeaba volverlo a hacer.

"No", le aseguré. "Eso se acabó para toda la vida. Nunca volvería a usar heroína". Además, pensé, nunca podré volver a la barriada.

Lo más difícil de tener la mandíbula cerrada con alambres era que no podía masticar. Toda mi comida tenía que licuarse. Ya estaba delgado por usar drogas, pero esto empeoró las cosas porque era muy poco lo que podía comer. Las grandes cantidades de codeína que estaba bebiendo todos los días, me ayudaron a dejar la heroína, y después de unas dos semanas regresé a la universidad para tratar de redimirme.

Todos sabían que era adicto, y la noticia de lo que había pasado se difundió rápidamente por todo el campus. Aborrecía ir a clases porque cada vez que tenía que hablar, sólo podía murmurar entre mis dientes y alambres. Era muy vergonzoso haber sido golpeado por un narcotraficante hasta quedar inconsciente. No es nada fácil ser un adicto, y cuanto más tiempo lo seas, más empeoran las cosas. En las comidas, cuando todos los estudiantes iban a la cafetería, yo tenía que beber mi comida usando un popote. Podía ver y oír a los estudiantes burlándose de mí.

Después de unas tres semanas, mi codeína líquida se acabó y empecé a sentir una enorme necesidad de usar heroína. Quería usarla por última vez. Sé que ya has leído esta frase varias veces, pero yo realmente creía que podía hacerlo sólo una vez más y luego dejarlo. Mi papá creía que yo había dejado de usar drogas, así que eso me dio la oportunidad perfecta para hacerlo, ya que papá no esperaba que lo hiciera. Yo sé que pensarías que después de todo lo que había vivido habría aprendido mi lección, pero todavía no la había aprendido. El único problema era que ya no podía volver a la barriada. Necesitaba una nueva conexión.

Cómo conocí a mi conexión

Saqué la sección amarilla y busqué clínicas de metadona. La metadona es una droga que las clínicas prescriben a los adictos a la heroína para evitar que sufran síntomas de abstinencia, se vuelvan locos, le roben a la gente o cometan otros crímenes para conseguir dinero y comprar drogas. Los adictos a la heroína no se sienten mal cuando toman metadona porque esta droga usa los mismos sitios receptores en el cerebro que usa la heroína, pero no produce la misma euforia. Además permanece en el sistema el triple de tiempo que la heroína. Los adictos que toman entre 40 y 120 miligramos de metadona cada día no sufren síntomas de abstinencia.

Pero hay una desventaja. Cuando decides dejar la metadona, sufres los peores síntomas de abstinencia de tu vida. La abstinencia de la metadona es la peor de las abstinencias; es lo doble de grave que la de la heroína y dura el doble. Sin embargo, yo no estaba tratando de engancharme en la metadona. Estaba buscando una conexión, y si quieres encontrar una conexión, vas a donde hay adictos: las clínicas de metadona.

Encontré la dirección de una clínica de metadona cercana y subí al coche. Cuando llegué, un grupo de adictos estaban cerca de la puerta esperando su dosis matutina. Empecé a hablar con uno de ellos y le dije que le compraría algo de heroína si me presentaba a su conexión, y eso fue lo que hizo.

Después de conseguir la droga, avancé unas cuadras y me estacioné. Todavía tenía yo la boca cerrada con alambres, así que tenía que fumar la heroína entre los alambres y con los dientes cerrados. Era un espectáculo espantoso. Usar heroína nunca tiene un final feliz, pero ahí estaba yo, aspirando el humo a través de mis dientes sujetos con alambres, persiguiendo al dragón una vez más. Necesitaba usarla una sola vez más. De nuevo me dije que nunca más volvería a hacerlo. Sólo necesitaba saborearla, sentirla, y dejar que recorriera mi cuerpo una vez más. Pero como probablemente ya lo sabes, no sólo fue una vez más. Había vuelto a dar rienda suelta al animal, y empecé a verme con mi nuevo contacto todos los días.

Dos meses después me quitaron los alambres, pero estaba enganchado en la droga y había perdido mucho peso. Mido casi 1.80 metros, y sólo pesaba 53 kilos. Parecía que sin importar lo malas que fueran las consecuencias, como había dicho papá, las consecuencias no detienen a los adictos. Yo necesitaba la droga. Era lo único que sabía hacer bien, y era lo único que me hacía sentir realmente humano. Era mi vida. Siempre podía contar con que me haría sentir bien, y nunca me desilusionaba.

Luego dejé de contestar el teléfono por varios días y papá empezó a sospechar. Creo que la única razón por la cual no sabía que todavía estaba usando drogas era que él realmente cree en mí. Tomó el avión y vino a verme; ahí estaba yo, acurrucado en un sillón, babeando porque me había quedado dormido después de fumar heroína.

Él ni siquiera necesitó preguntar. Era obvio que me había vuelto a enganchar. Él había querido pensar que yo podía alejarme de las drogas por mí mismo, que es lo que la mayoría de los padres piensan de sus hijos adictos, pero pudo ver que no me era posible. Casi siempre, los padres simplemente no quieren creer que su hijo o su hija son drogadictos, así que refunden esa idea en el último rincón de su mente y fingen que no está sucediendo.

Pero esto había llegado demasiado lejos. Papá ya no iba a dejarlo en mis manos. Se puso en acción. Hizo una llamada a un centro de rehabilitación en el sur de California e hizo una reservación para mí.

En ese momento yo no lo sabía, pero mis días como universitario habían llegado a su fin. Había estado ahí dos años y medio, durante los cuales yo había estado usando heroína y cocaína. Hice mis maletas y llamé a la recepción para que Larry, el gerente de los apartamentos, hiciera la inspección acostumbrada. Cuando llegó, mi papá y yo nos quedamos afuera, mientras él revisaba el apartamento.

Unos diez minutos después, Larry salió. "Encontré papel aluminio en el baño", nos dijo, "con trozos de heroína derretida".

Me sorprendí y me quedé boquiabierto. No podía creer lo que estaba diciendo.

Lo había encontrado detrás del excusado, que era donde yo siempre guardaba mis drogas, pero había olvidado por completo ese lote. Y de hecho yo necesitaba esa dosis en ese momento porque estaba empezando a sentirme mal.

Larry tomó su *walkie-talkie* y se puso en contacto con el departamento de policía del campus. "C4 a la base. C4 a la base. Necesito una patrulla aquí de inmediato. Encontré drogas en un apartamento".

En cuanto papá lo escuchó decir eso, se lanzó contra él, lo tacleó y le hizo una llave de lucha libre que impedía que se moviera.

"¡Auxilio!" gritó Larry, "¡Auxilio! ¡Me están atacando!".

"¡Entra y agarra de ahí esa cosa!", gritó mi papá mientras luchaba con Larry. "¡Tírala en el excusado y jálale!".

Entré corriendo al baño y agarré el papel aluminio. Luego me detuve. Miré la heroína que estaba en él. Podía sentir el malestar de mis huesos asechándome. Cada célula de mi cuerpo me pedía que no la tirara al excusado.

La miré fijamente. La deseaba tanto, pero sabía que la policía estaba en camino y no sabía cuánto tiempo podía mi papá mantener inmóvil a Larry. Pensé que yo podía correr a mi cuarto, tomar un encendedor, empezar a fumar la heroína y correr el riesgo de que me encontraran haciéndolo, o podía tratar de ocultarla en otro lugar del apartamento. Pero entonces pensé que los policías podrían trae perros. No podía decidirme.

¡Nunca en mi vida había yo tirado heroína el excusado! Era impensable. Pero podía oír a Larry gritando afuera, y sabía que papá estaba haciendo un esfuerzo supremo para ayudarme. Así, un pequeño rastro de decencia que todavía residía en lo profundo de mi ser, hizo que mi mano se abriera y pude ver como la heroína desaparecía en el remolino de agua. Luego corrí fuera del apartamento.

Para entonces, muchos estudiantes habían salido de sus apartamentos para ver qué estaba pasando. Cuando papá me vio salir, soltó a Larry. Me sorprendió que pudiera detenerlo, porque Larry era más alto que él y mucho más fuerte. Papá entró al apartamento a toda prisa, tomó algunos fragmentos de carbón de la chimenea. Los puso en un trozo de papel aluminio, lo ocultó detrás del excusado y volvió a salir. En ese momento llegó la policía.

Larry les dijo lo que había encontrado y dónde estaba. También les dijo que mi padre lo había atacado. Se rodeó las costillas con los brazos, muy adolorido. Los policías fueron con él al baño y encontraron el papel aluminio con el carbón. Lo inspeccionaron. Obviamente no eran drogas.

"Eso no es lo que encontré", exclamó Larry. "Y el padre de este muchacho me atacó".

Entonces apareció un ángel, una joven que trabajaba en la universidad. Habló en privado con Larry y le dijo que la universidad no necesitaba ese tipo de publicidad y que tenía que irse de inmediato y olvidar todo lo relacionado con esas "rocas negras". Él miró a su alrededor muy confundido, pero ella le señaló su coche. Parecía que ella tenía mucho peso en la universidad, pues los oficiales de policía le pidieron a Larry que se fuera, y luego ellos también se fueron.

Ahí estábamos con un gran grupo de universitarios, algunos de los cuales eran mis amigos. Me habían visto pasar a través de tantas locuras a lo largo de los últimos dos años y medio, pero sólo se quedaron ahí, mirándome.

Cuando papá fue a la universidad por mí, algunos de los estudiantes nos estaban observando. Sabían que él había venido a llevarme a un centro de rehabilitación. Les sonreí ligeramente y les cerré el ojo, como si quisiera decirles: "No se preocupen. Todo está bien". Luego subí al coche con mi papá y nos alejamos. Fue la última vez que me vieron ahí.

Sé que hablaron de mí durante varios meses. Nadie había visto a alguien tan loco como yo en esa universidad. Supongo que arriesgar la vida por un trozo de alquitrán color café no es algo por lo cual uno pueda sentirse orgulloso, pero eso es lo que yo hice. Así son las cosas cuando uno es adicto. Después supimos que papá le había fracturado dos costillas a Larry, pero él nunca presentó cargos.

En el viaje de regreso a Los Ángeles, mi papá volvió a preguntarme si había descubierto la razón por la cual estaba usando heroína. Yo no tenía idea, excepto que estaba persiguiendo el momento más sagrado de mi vida en ese instante.

"He estado hablando con muchas personas", me dijo, "y estoy empezando a pensar que la rama de la medicina que se centra en las adicciones sigue atorada en el oscurantismo, como el sistema carcelario, que sigue castigando a la gente en lugar de educarla. Después de todo, el número de personas que salen de prisión y reinciden en sus crímenes debería ser suficiente como para convencer a cualquier ser pensante de que el castigo no es la respuesta".

Dijo que había hablado con las personas más importantes en el campo y que todos le habían dicho lo mismo: "La adicción y el alcoholismo son enfermedades y son incurables".

"Pero eso no puede ser cierto", añadió, "porque tú te vas a curar".

Yo tenía mis dudas.

Correr un maratón

Cuando regresamos a Los Ángeles, entré a la rehabilitación que papá había conseguido para mí. Era un lugar muy estricto. Teníamos que levantarnos a las 6:30 de la mañana. La primera actividad de la mañana era que todos los pacientes limpiábamos el edificio, tardábamos como una hora. Todo el día asistía a sesiones de terapia de grupo. Esa clínica en particular recibía de cien a ciento veinte pacientes a la vez, y algunos de esos grupos tenían sesenta o más miembros. Era muy aburrido. Casi no podía mantenerme despierto.

Con esa cantidad de adictos bajo el mismo techo, no era posible evitar los problemas; por ejemplo, sexo entre los pacientes y gente que metía drogas a la clínica en forma ilegal. Cuando surgían esos problemas, la administración castigaba a todos los pacientes de la clínica. Por ejemplo, un castigo era "correr un maratón", es decir, nos metían a todos en el comedor en la mañana y no permitían que nadie saliera hasta la hora de irse a la cama por la noche. No se nos permitía hablar ni hacer nada, excepto quedarnos sentados en una silla dura, quedarnos inmóviles y no hacer nada.

Esto podía durar días. Los únicos descansos que teníamos eran para comer y dormir por la noche. Era una estupidez; era el colmo. Pensaban que podían sacarnos de las adicciones a base de castigos. Nada podía estar más lejos de la verdad. Lo único que se comentaba entre nosotros, incluyéndome a mí, era que queríamos salir y volver a las drogas.

El día que llegué estaban en un maratón, así que entré al comedor y me senté. Estaba sufriendo síntomas de abstinencia de la heroína por haber dejado de usarla en forma repentina, así que lo que necesitaba era una cama y medicamentos que me ayudaran a aliviar el dolor. Por desgracia eso no pasaría. Acabé sentado en el maratón durante tres días, en lo que resultó ser uno de los peores episodios de síntomas de abstinencia de heroína de toda mi vida. Normalmente, durante un maratón, que duraba tres o cuatro días, quince o veinte pacientes se levantaban y se iban. Supongo que preferían vivir en las calles enganchados en la heroína o en las drogas de su elección, en lugar de vivir esa clase de castigo y degradación.

Como ya he dicho, el tiempo pasa muy lentamente cuando uno está sufriendo los síntomas de abstinencia, pero estar en un maratón, en el que lo único que tienes que hacer es ver el reloj y rezar para que pase el dolor, es insoportable. En la noche nos permitían ir a la cama y yo me tiraba en ella con la mirada fija en el techo. No dormí bien en diez días; de vez en cuando perdía el conocimiento durante diez minutos antes de que el dolor me despertara de nuevo. A veces sufría alucinaciones debido al dolor.

Muchos de los otros pacientes trataban de ayudarme, dándome agua y jugos, pero lo que en realidad necesitaba era descanso. Pero en lugar de eso me obligaban a integrarme a los grupos y a escuchar discursos. Fue una experiencia horrible. Finalmente, después de diez días sin dormir, me desmayé. Mi cuerpo se dio por vencido. Ese síndrome de abstinencia duró 21 días, pero a mí me parecieron 21 años.

En la noche cuando estaba en la cama, me preguntaba cómo había acabado en rehabilitación. Pensaba en la promesa que me había hecho hacía tanto tiempo; la promesa de no permitir que las drogas arruinaran mi vida como habían arruinado la vida de mi madre. También pensé en ella, me sentía muy mal por ella, porque ahora entendía por qué no había podido dejar las drogas. No era tan fácil como yo creía. Se necesitaba más que fuerza de voluntad. Recordé cuando todo era diversión en mi antiguo vecindario, cuando tenía 16 años y usaba drogas e iba a fiestas con mis amigos. Luego veía a dónde todo esto me había llevado. Siempre había despreciado a la gente que tenía que ir a rehabilitación para dejar las drogas porque pensaba que eran débiles. Pero aquí estaba yo, en rehabilitación; era adicto a la heroína, un adicto común, incapaz de dejar las drogas por mí mismo.

En el centro no se permitía ningún tipo de comunicación, hacia dentro o hacia fuera, durante el primer mes. Después de eso, empecé a escribirle cartas a papá. Estaba seguro de que me mantendría sobrio el resto de mi vida, y le di las gracias por apoyarme. Cuando él me escribía me preguntaba si había descubierto la razón por la cual usaba las drogas. Le respondía que no, la única razón que veía era sentir la euforia producida por las drogas.

Mientras estuve en rehabilitación, papá asistió a todas las conferencias que se dieron, buscando una respuesta a su pregunta: "¿Por qué los alcohólicos y los adictos recurren al alcohol o a las drogas? ¿Por qué no pueden dejarlas?". Creía que tenía que haber una razón. Habló con mis consejeros. Visitó a psiquiatras, psicólogos, asesores en el campo de las drogas y el alcohol, especialistas en adicciones y centros de tratamiento. Buscó en Internet implacablemente, tratando de encontrar un programa de tratamiento que fuera diferente a las sesiones de grupo que yo estaba recibiendo. No lo encontró.

Estar en rehabilitación fue una experiencia especialmente desagradable. Asistir a reuniones de grupo todo el día y escuchar hablar de lo mismo que habíamos escuchado el día anterior era tan aburrido que se me salían las lágrimas. Tener que levantarme cada mañana, hacer labores de limpieza, ¡qué horror! No podía recibir llamadas telefónicas. Me decían lo que tenía que decir. No podía hablar con personas del otro sexo. Nos decían que padecíamos una enfermedad. No se nos permitía salir del centro. La comida era mala. Compartía los baños con cincuenta personas. Compartía la habitación con otros cuatro pacientes. Se me castigaba por cosas que hacían otros. Terminé el programa después de tres largos meses. Salí decidido a no volver a usar drogas. Nunca.

Cambio de adicciones

Mi resolución duró una semana; luego volví a usar heroína. Papá lo descubrió casi de inmediato y me inscribió en otro programa de rehabilitación, pero después de una semana me salí de ahí; de nuevo estaba persiguiendo al dragón.

Después de varias rehabilitaciones más y de varias reincidencias, mi papá decidió que teníamos que hacerlo por nosotros mismos. Nos fuimos de Venice y nos mudamos a Big Sur, donde teníamos una cabaña. Él estaba decidido a alejarme de las drogas.

Big Sur es una franja de 113 kilómetros, en la costa del norte de California, que casi no tiene nada que ofrecer, excepto algunos de los panoramas de belleza natural menos contaminados del mundo. Desde nuestra cabañita, teníamos que hacer un viaje redondo de 160 kilómetros para ir al supermercado. Creo que papá pensó que estar en un lugar tan alejado como éste evitaría que yo regresara a las drogas, y tenía razón. Dejó a un lado todas sus actividades. Literalmente renunció a todo aquello en lo que estaba trabajando, a sus negocios, a sus relaciones; dejó atrás su vida para mudarse a Big Sur conmigo y ayudarme a mantenerme a salvo.

Para mí era difícil estar ahí porque tenía 22 años y necesitaba estar cerca de jóvenes de mi edad. Dedicaba casi todo mi tiempo a trabajar en la propiedad. Unos dos meses después conseguí empleo en uno de los restaurantes locales durante el día. Había estado viviendo sobrio en Big Sur durante nueve meses cuando papá tuvo que hacer un viaje de negocios de varios días. Fue la primera vez que estuve solo desde que nos mudamos ahí.

La primera noche que él estuvo fuera, hice una fogata en la chimenea y me senté cerca. El fuego era cálido y hermoso. Durante el tiempo que estuve en Big Sur aprendí a disfrutar la paz de estar solo. Pero cuando estaba sentado frente a la chimenea, en mi mente apareció un pensamiento: "¿No sería maravilloso tomar una copa mientras contemplo el fuego?".

Yo sabía que había licor en la casa, aunque papá, que nunca había bebido mucho, había dejado de beber por completo para ayudarme a permanecer sobrio. Empecé a pensarlo. Había estado sobrio durante nueve meses y después de todo ese tiempo parecía que había logrado tener dominio interno sobre las drogas y el alcohol. Ahora yo era el jefe, estaba seguro de que podría manejar una bebida. Además, el alcohol no era la droga de mi preferencia, así que ni siquiera contaría como una reincidencia.

Mi proceso de pensamiento me convenció de que todo estaba bien, así que me acerqué al estante, me serví un trago y regresé a sentarme frente a la chimenea. Las llamaradas eran grandes, cálidas y de color naranja brillante. Me senté ahí, miré mi vaso y luego lo elevé poco a poco hacia mis labios. La sensación que tuve mientras el licor bajaba por mi cuerpo fue fantástica. Hacía mucho tiempo que había dejado de sentir el estímulo de una sustancia en mi sistema, así que ahora era muy sensible.

Disfruté tanto esa noche, sentado ahí y bebiendo, que lo seguí haciendo todas las noches hasta que regresó papá. No le dije lo que había sucedido.

Poco después de su regreso, una tormenta violenta cerró los caminos hacia Big Sur. Mi papá dijo que no importaba, ya que él no tenía que ir a ninguna parte, pero cuando se cortaron las líneas telefónicas, dijo que había llegado el momento de partir. Él necesitaba el teléfono para darle seguimiento a sus negocios. Me agradó su decisión, pues yo ya estaba harto de vivir en Big Sur. Quería volver a casa y eso fue exactamente lo que hicimos.

Cuando volvimos a Venice, regresé a la escuela y conseguí mi licencia como vendedor de bienes raíces. Papá tenía una licencia como corredor de bolsa, así que trabajábamos juntos. Él también escribe libros sobre metafísica. Nuestro negocio era comprar una casa, arreglarla y ponerla de nuevo en el mercado. Yo disfrutaba hacer eso porque lo hacía bien. Tenía un talento natural para hacer buenos tratos. En esa época, seguía yo bebiendo en las noches, después del trabajo, pero no permití que papá se diera cuenta. También me las arreglé para mantenerme alejado de la heroína. De hecho, mis experiencias con la heroína me habían aterrorizado, y en realidad no tenía la intención de volver a usarla.

Me gustó regresar a la ciudad de los viejos tiempos. Tenía muchos buenos recuerdos, y había muchas más actividades para gente de mi edad. Me enteré de que muchos de los amigos con los que iba a las fiestas cuando éramos adolescentes habían tenido un destino parecido al mío. Algunos se habían podido rehabilitar de inmediato. Algunos seguían usando drogas y necesitaban rehabilitación. Unos cuantos habían muerto a causa de sobredosis. Ésa era la vida en Venice. De todos mis amigos, solo sé de uno, John, que nunca tuvo problemas con drogas y se graduó en una universidad. John y yo, junto con otros dos amigos, Bob y Alex, salíamos a tomar juntos después del trabajo y los fines de semana. De los cuatro, John era el más conservador. Sólo bebía los fines de semana, pero los demás bebíamos todas las noches.

Poco después de que papá y yo regresamos a Venice, él conoció a una mujer llamada Lisa. Durante un tiempo sólo salieron juntos, pero a la larga la relación se formalizó. Un día me dijo que se iba a mudar con ella y que yo podía quedarme solo en su casa. En esa época mi vida fue maravillosa. Trabajaba con papá y ganaba bien, salía con mis amigos en las noches y había estado libre de la heroína durante 18 meses. Me emocionaba la idea de vivir solo. A los 23 años, eso es bastante bueno.

Casi todas las noches después del trabajo, Bob, John, Alex y yo nos reuníamos en mi casa y bebíamos. Disfrutábamos el rato y reíamos, escuchábamos música y contábamos anécdotas de cuando éramos adolescentes. A veces salíamos a los clubes, bailábamos y bebíamos. Aunque yo no estaba usando heroína, estaba bebiendo más de lo normal casi todas las noches. Aunque mis amigos no pudieran reunirse, yo iba a la licorería, y compraba una botella de *whisky* para beber solo. Pero esto no llegó a dañar mis actividades diarias. Pude seguir trabajando.

No me di cuenta, pero había cambiado de adicción, de la heroína al alcohol.

Perseguir el dragón una vez más

Mi vida parecía plena, excepto por una cosa: por usar heroína, como lo había hecho antes, no había tenido tiempo para tener una novia. Bob, John y Alex tenían novia, pero yo no. Sabía que a la larga conocería a alguien especial, así que conservé una actitud abierta para que esto sucediera cuando llegara el momento.

Una hermosa tarde de verano en Marina del Rey, papá, Bob y yo decidimos que era una buena idea ir a pescar en el hermoso Chris Craft de Lisa, de 13 metros de eslora. Pasamos un día increíble pescando peces cola amarilla y bronceándonos. El olor del aire salado, el calor del sol en mi cara y el hecho de estar ahí pescando con papá y Bob fue realmente sublime.

Ya se había puesto el sol cuando llevamos el bote hacia el canal principal donde todos los botes navegan despacio para llegar a su fondeadero. El canal principal mide aproximadamente dos kilómetros, con aguas tranquilas y protegidas y el trayecto hacia los fondeaderos tarda aproximadamente diez minutos.

Papá iba al timón, Bob y yo estábamos de pie, preparándonos para fondear. Cuando estábamos a unos 45 metros del fondeadero, noté un hermoso velero cerca de nuestro barco; en la cubierta había un grupo de personas. Entre ellas había una muchacha que me llamó mucho la atención. Tenía el cabello rubio más hermoso y lo llevaba recogido formando un rizo de pelo. Cuando se movía su cabello brillaba en la luz anaranjada de la puesta del sol. Yo no podía quitarle los ojos de encima. Era bellísima y se movía con la gracia de una bailarina, como si estuviera escribiendo un poema con cada paso que daba. Tenía un resplandor hermoso, y cuanto más se acercaba nuestro barco, más hermosa se veía.

Le di un codazo a Bob, y sin pensarlo brotaron de mí estas palabras: "Ésa es mi nueva novia". No sé qué hizo que dijera eso, y un momento después el miedo se apoderó de mi garganta como una mano que estuviera a punto de ahorcarme. Desde niño, nunca había podido hablar con las niñas bonitas. Las palabras simplemente se congelaban en mi garganta. Podía hablar interminablemente con las que no eran tan bonitas, pero a las bonitas no podía decirles una palabra. A veces ni siquiera podía saludarlas.

Nuestro barco fondeó junto al velero en el que ella estaba, y yo salté a tierra. Bob me lanzó una cuerda para que pudiera atarla a la cornamusa. Traté de hacerlo como un marinero experto, pero como no podía quitarle los ojos de encima a esta chica, todos mis intentos fallaban. Ella empezó a darse cuenta de lo que estaba pasando, tal vez porque le parecía divertido que yo fuera tan torpe. Me sentí nervioso en mi interior, pero me las arreglé para saludarla: "Hola".

"Hola", respondió ella.

Y luego, maravilla de maravillas... dije: "Me llamo Pax. ¿Cómo te llamas?".

"Ashley".

Me quedé ahí de pie como paralizado. No pude evitar notar sus hermosos ojos; eran enormes y de color azul-verdoso. Parecía que las siguientes palabras que quería yo decir tardaban un millón de años en formarse, como si el tiempo se hubiera detenido y sólo hubiera dos personas en el mundo. Ni siquiera había yo notado que todavía no había atado la cuerda. Papá me gritó desde el barco; "¿Qué tengo que hacer para que ates esa cuerda?", y luego sucedió algo muy cómico: la mamá de Ashley dijo, "¿por qué no intentan quitar a la chica de ahí?".

Supongo que era obvio que cupido me había atrapado. Empecé a sonrojarme. Miré a Bob para ver si él podía poner en mi boca las palabras correctas para poder terminar esta conversación. No me di cuenta de que, mientras yo veía a Bob, Ashley se había soltado el pelo y lo estaba sacudiendo al sol. Bob abrió los ojos como platos cuando vio lo que ella estaba haciendo. Me hizo una señal urgente con los ojos, como para decirme que tenía que seguir hablando con ella.

Giré y la miré de nuevo, pero antes de que pudiera decir una palabra, papá me gritó: "¡Ata esa cuerda!".

Yo había olvidado por completo lo que se supone que estaba haciendo. Traté de poner toda mi atención en la tarea que debía realizar en ese momento y finalmente pude atar el barco. Después de terminar con esa hazaña digna de Hércules, que debería haber sido fácil, miré a Ashley y aunque no podía creerlo, empecé a hablar. Mis palabras fluían como un río, y antes de darme cuenta estaba teniendo una verdadera conversación con ella. Temía detenerme porque pensaba que si lo hacía la magia se detendría y ya no podría seguir hablando.

Papá y Bob empezaron a lavar el barco; yo de vez en cuando miraba a Bob para que me diera ánimos, y él lo hacía con movimientos de su mano y expresiones faciales, como si él estuviera más emocionado que yo. Seguí hablando con Ashley, pero casi al final de la conversación ella me dijo que vivía como a una hora de mi casa. Yo sabía que debería pedirle su número telefónico, pero mis destrezas en el arte de la comunicación de pronto me abandonaron por completo. Cuando su mamá le dijo que ya era hora de irse, sólo me quedé ahí parado. Ella me miraba como si estuviera esperando que yo le preguntara algo, pero no le pregunté nada. Ella dijo "Adiós", se dio la vuelta y se fue. Yo estaba paralizado.

Bob se acercó a mí de prisa y me dijo: "¿Le pediste su número?".

"No".

"¿Qué quieres decir? ¿No? ¡Es ridículo! ¡Ella es perfecta para ti!".

Empecé a pensar en eso, y entre más hablaba Bob, más mal me sentía. ¿Cómo pude dejar escapar una oportunidad tan perfecta? Ya estaba empezando a oscurecer cuando pude ver una tenue silueta acercándose a mí en la penumbra. Era Ashley. Mi corazón empezó a latir a toda velocidad. Era demasiado bueno para ser verdad. ¿Percibió lo que yo estaba pensando? Bob también se sintió emocionado y exclamó: "Dios mío; ¡Ella está regresando acá!". Decidí no dejar escapar esta oportunidad, aunque tuviera que escribir la pregunta en una hoja de papel.

Bob siguió animándome, pero yo tenía mi atención demasiado fija en Ashley para escuchar lo que él me decía. Ella vino directamente hacia mí, avanzando entre las tinieblas como un ángel; me dio un trozo de papel y dijo: "Pensé que tal vez quieras llamarme. Éste es mi número".

Lo tomé y sonreí, asentí con la cabeza como uno de esos muñequitos de cabeza movible que la gente pone en el tablero del coche. Luego ella se volvió a perder en la oscuridad como si nunca hubiera estado ahí.

Comenzamos a salir, y a lo largo de los meses siguientes, Ashley y yo empezamos a sentir un mutuo amor profundo. Yo le conté todo sobre mí, incluyendo mi batalla contra la heroína. El hecho es, por supuesto, que nadie quiere tener un adicto a la heroína como novio, pero ella dijo que mientras eso no estuviera en nuestro futuro, no le molestaba. Le prometí que no tenía nada que temer.

"Sin importar qué pase", le dije, "nunca volveré a usar heroína".

Ella lo aceptó, pero también dejó muy claro que si yo volvía a usar heroína, me dejaría. Le dije que lo entendía a la perfección.

¿Qué podría suceder con un viaje más?

Como Ashley vivía muy lejos, sólo nos veíamos los fines de semana. Durante la semana yo bebía. En ocasiones también usaba cocaína porque sabía que podía hacerlo sin que Ashley o papá se dieran cuenta. Ambos sabían que yo bebía, pero no sabían cuánto. Mi hábito de beber había llegado al punto en que me emborrachaba todas las noches con cerveza y *whisky*. Si Ashley o papá hablaban por teléfono, siempre me las arreglaba para seguir la conversación sin que se dieran cuenta de lo intoxicado que estaba. Luego, una vez a la semana, elegía una noche para usar cocaína sin que nadie se percatara del hecho.

En esa época no lo sabía, pero la única razón por la que todavía no había vuelto a usar heroína era que la había sustituido con otras drogas.

Sin embargo, cuando bebía en las noches, tenía un pensamiento que me asechaba desde lo profundo de mi mente; un pensamiento relacionado con usar heroína. El alcohol estaba bien, pero no me daba la misma sensación que producían la heroína y la cocaína. Constantemente luchaba con la idea de usar heroína, aunque no la había tocado en casi dos años. Yo sabía que no debía permitirme esos pensamientos, pero sin importar cuánto luchara tratando de convencerme de no tenerlos, no podía evitar el pensamiento de volver a usarla una vez más. Era obvio que había demostrado que podía mantenerme lejos de ella, por lo tanto ¿qué podría suceder con un viaje más?

Luché con esa idea durante varios meses antes de que finalmente llegara el día en que me venciera. Tomé el teléfono y llamé al traficante que antes me ha había conseguido heroína. Ashley y papá estaban fuera de la ciudad esa semana, así que era el momento oportuno para drogarme sin consecuencias. Así que pasé una noche maravillosa usando cocaína y heroína en la comodidad de mi propio hogar. Y no tenía que preocuparme de que alguien me descubriera.

Por desgracia, mi plan falló porque la volví a usar la noche siguiente, y la siguiente, y para cuando mi papá y Ashley regresaron a la ciudad, yo estaba completamente atrapado en la heroína una vez más. Lo único que había hecho en realidad cuando dejé de usarla fue cambiar la adicción al alcohol, lo que llevó a la cocaína, lo que me llevó de regreso a la heroína. Mis dos años de abstinencia de heroína habían terminado.

Claro que cuando Ashley regresó no le dije que estaba usando heroína de nuevo. En lugar de eso, empecé a arreglar mis citas con ella de tal manera que no tuviera que ir a verla los fines de semana. Yo sabía que si ella me veía, sabría de inmediato que algo andaba mal. Cuando estábamos a punto de vernos, empezaba yo con otro argumento estúpido para tener una escusa para no ir, y ella no entendía lo que estaba pasando. Me convertí en un novio cruel, y a lo largo de los tres meses siguientes, mi comportamiento cambió tan drásticamente que nuestra relación terminó.

Papá empezó a sospechar. Estaba trabajando en otro libro y pienso que no me dijo nada porque no estaba seguro y no quería mencionarlo a menos de que sus sospechas fueran ciertas. Empecé a llegar tarde al trabajo. Salía varias veces durante el día para ir a conseguir droga, y empecé a bajar de peso una vez más. Estaba muy pálido e iba al baño muy seguido. Todo indicaba que había vuelto a la heroína. No era posible mantenerlo en secreto por siempre. En lo profundo de mi ser, yo en realidad no quería ser un adicto. Todos los días me decía que acabaría con ese hábito al día siguiente.

No pasó mucho tiempo antes de que se me acabara el dinero y me vi obligado a buscar otras formas de conseguirlo. Empecé a empeñar todo lo que había en mi casa. Tenía en mi coche un sistema de estéreo de diseño especial que tenía un valor de tres mil dólares. Lo desinstalé y se lo di a mi narcotraficante por ochenta dólares de cocaína y heroína. Vendí todas las cosas de valor que había en la casa. Dejé de llamar a mis amigos. Arruiné mi relación con Ashley. Todo se estaba haciendo pedazos porque dedicaba cada minuto de mi vida a usar drogas o a encontrar una forma de conseguirlas cuando se me acababan.

Día tras día, mi vida se destrozaba más y más. Mi cuarto estaba vacío. Había vendido todas mis pertenencias, y como había dejado de hablar con todos mis amigos, estaba completamente solo. Pensaba mucho en Ashley y deseaba volver a tenerla conmigo. Papá definitivamente estaba empezando a darse cuenta. Un día me pidió que me sentara con él y me preguntó si estaba usando heroína de nuevo. Le dije que no. Pude ver que en su interior quería creerme. Pero sabía que mi adicción tenía que terminar en algún momento y que al final tendría que llegar a estar limpio.

Decidí que quería volver a estar sobrio y que la única forma de hacerlo era salir de Venice. Llamé a mi amigo Alex y le pregunté si podía venir conmigo a Big Sur y acompañarme mientras sufría síntomas de abstinencia durante dos semanas. Alex en verdad era un buen amigo y no quería que me drogara, así que estuvo de acuerdo en venir conmigo.

Llevé conmigo sólo suficiente heroína para el viaje, y cuando llegamos me estaba acabando la última dosis. Desempacamos el coche y pusimos todo en la cabaña. Había vuelto al mismo lugar en el que había estado hacía casi dos años. Eso hacía que me sintiera triste. No sabía cómo era posible que estuviera viviendo esa horrible pesadilla una vez más.

Después de desempacar, encendimos una hoguera en la chimenea y me preparé para los síntomas de abstinencia que empezarían en cuanto despertara en la mañana. Llamé a papá y le dije que todo estaba bien y que Alex y yo íbamos a tomar dos semanas de vacaciones en Big Sur. Creo que le dio gusto saberlo porque él creía que no había heroína en Big Sur. Lo que no sabía era que yo estaba allá para tratar de dejar la heroína. Dejamos que se apagara el fuego y nos fuimos a dormir. Yo sabía que el día siguiente sería horrible, pero mi deseo de estar sobrio era tan grande que estaba dispuesto a sufrir el dolor de la abstinencia.

Inyecciones directas de heroína

La mañana siguiente fue horrible. Me sentí peor que nunca en mi vida. Pasaron unas tres horas antes de que le dijera a Alex que teníamos que ir a San José a conseguir más droga. Había sido estúpido de mi parte pensar que podía salir de esto por mí mismo. Era una broma. Ni siquiera podía soportarlo durante un día. Mis intenciones eran buenas, pero todas las buenas intenciones del mundo no eran suficientes para poder pasar a través de esos horrendos síntomas de abstinencia. Lo que yo necesitaba en realidad era un centro en el que alguien me vigilara. Alex trató de persuadirme para que no fuera a San José, pero fue inútil. Ya lo había decidido.

Fuimos a San José, regresé a la barriada, donde me conocían. Habían pasado tres años, pero yo no quería arriesgarme a que me viera alguien que pudiera acordarse de mí. Así que encontré a otro adicto en las calles que estaba tratando de encontrar un contacto, le dije que yo le compraría droga si las compraba por mí. Regresó con mis drogas, y Alex y yo fuimos al lugar donde había yo estado fumando el día que me fracturaron la mandíbula.

Puse la heroína en el papel metálico e hice una pausa antes de fumarla. Quería saborear el momento. Miré alrededor y me pareció asombroso que después de tantos años estuviera yo exactamente en el mismo lugar en el que casi había perdido la vida a causa de las drogas. Y ahí estaba una vez más, persiguiendo al dragón. Era como si el tiempo se hubiera detenido y sólo existiera yo y la heroína en el coche. Era un momento de surrealismo. Prendí el encendedor y lo puse bajo el papel metálico. Unos segundos después el dolor había desaparecido y mi mente estaba en un estado de euforia.

Regresamos a la cabaña y decidí que lo único que podía hacer era llamar a papá y pedirle que me inscribiera de nuevo en un programa de rehabilitación. En esta ocasión, yo no pude hacer la llamada. Era demasiado difícil decirle que estaba enganchado en la heroína una vez más. Alex la hizo por mí y yo me senté a su lado. Cuando lo escuché decir: "Pax está enganchado en la heroína una vez más", pude sentir que mi cuerpo se estremecía. Me preguntaba qué estaría pasando por la mente de mi padre. Alex terminó la conversación, diciendo que me llevaría a casa al día siguiente. Mi carrera con la heroína estaba llegando de nuevo a su fin.

Cuando vi a papá al día siguiente, la primera pregunta que me hizo fue si había descubierto por qué estaba yo usando heroína de nuevo. Yo le dije lo que siempre le había dicho, que sólo estaba buscando la euforia.

"He seguido investigando todo esto", me dijo, "y estoy convencido de que existen condiciones subyacentes que son responsables de la adicción. No sólo en tu caso, sino en el de todos los adictos. Estoy diseñando un plan para descubrir qué hay detrás de esto".

En esta ocasión fui bastante afortunado porque me admitieron en un hospital antes de entrar a rehabilitación. Los síntomas de abstinencia fueron horribles, pero al menos estar en el hospital fue mejor que sentarme en un maratón sin medicamentos. Me sentí agradecido por esto, pero al mismo tiempo me sentí muy deprimido. Mi vida estaba arruinada una vez más. No tenía idea de lo que iba a hacer. Lo había perdido casi todo. Lo único que tenía era el apoyo de mi padre.

Al segundo día en el pabellón de desintoxicación recibí una llamada de mi mamá. ¡Me sentí feliz de escuchar su voz!

"Estoy limpia", me dijo, "y estoy viviendo con mi novio". Ése fue otro momento de surrealismo para mí. Mi mamá estaba limpia, sobria y llevaba una vida saludable, y yo era el que estaba en rehabilitación. Me quedé ahí y sonreí, mientras la escuchaba hablar. Recordé la ocasión en que fui en bicicleta a la cochera donde ella estaba viviendo y la había visto atrapada en de *crack* y en el alcohol. Recordé la promesa que yo me había hecho de nunca usar drogas. Todo esto era muy extraño para mí, y por un momento sentí que mi situación era risible. Le pedí a mamá que llamara a Ashley y le dijera lo que me había pasado. Esperaba que Ashley me perdonara y que cuando saliera de la rehabilitación ella pudiera considerar la posibilidad de volver a aceptarme. También esperaba poder regresar a trabajar con mi papá. Quería rehacer mi vida. Pero puede ser difícil recuperar la confianza de la personas después de haberlas engañado.

Terminada la desintoxicación, me transfirieron a otro centro de rehabilitación donde estuve un mes. Cuando salí, papá me permitió volver a la casa. Le aseguré que en esta ocasión las cosas serían diferentes.

Cuando llegué a casa, también empecé a arreglar las cosas con Ashley. Fue muy comprensiva y me apoyó mucho, y como me amaba tanto, estaba dispuesta a darme una segunda oportunidad. Me sentí feliz con esto. Pasaron varios meses y mi vida poco a poco se estaba reconstruyendo. Me veía saludable de nuevo, tenía dinero en el banco, pues seguía trabajando en el negocio de bienes raíces con mi padre, mi relación con él era sólida de nuevo, y Ashley y yo éramos felices. Era un sueño hecho realidad que un adicto a la heroína, que lo había perdido todo, pudiera recuperarlo.

Luego, después de seis meses de sobriedad, un día la necesidad de usar heroína llegó a mí como un golpe tremendo. Luché y batallé. Quería negarlo, pero el pensamiento de sentir esa euforia sólo una vez más era demasiado para mí. Sé que tal vez te sea difícil creerlo. Yo quería permanecer limpio, quería responderle a papá y a Ashley, y ante todo a mí mismo. Pero incluso después de todo lo que había vivido, de todo el dolor, las pérdidas, y las terribles consecuencias que había sufrido, simplemente necesitaba usar heroína una vez más.

Me derrumbé. Tomé el teléfono, marqué el número, e hice arreglos para encontrarme con el traficante en veinte minutos.

Conduje hasta el estacionamiento de una pequeña tienda departamental donde me reuniría con el traficante. Estaba pasando el tiempo, escuchando a Led Zeppelin y llevando el ritmo con la mano sobre el volante, como si estuviera tocando tambores. Miré con el rabillo del ojo y pude ver a otro tipo sentado en su coche. De inmediato supe que era otro adicto.

Hay una comunicación única entre los adictos que les permite reconocerse. Simplemente lo sabes.

Salí del coche y fui a saludarlo. Era más o menos de mi edad. En sus brazos se veían las marcas de las constantes inyecciones. No se veía muy saludable, pero era evidente que hubo una época en la que él había sido un buen muchacho, como yo, que había caído como víctima de la heroína. Empezamos a hablar y me preguntó cómo me gustaba usar la droga.

"Mi método preferido es fumarla", le dije.

"Es lo que yo hacía", me dijo, "pero la euforia es más intensa y dura más si te la inyectas. Además es más barato, y una pequeña cantidad puede lograr mucho".

Como yo había estado limpio durante seis meses, tenía bastante dinero, pero la idea me fascinó. Siempre había sentido curiosidad acerca de la euforia que se sentiría al inyectarte la heroína directamente al corazón.

En ese momento llegó el traficante en su coche, así que me despedí del adicto y regresé a mi coche para seguir al traficante. Él siempre conducía a lo largo de unas cinco o seis calles, alejándose del lugar donde yo lo había estado esperando, en caso de que alguien estuviera observando. Le dio gusto verme porque sabía que sería otra racha de drogas para mí y mucho dinero para él. Escupió un par de globos de heroína y un par de globos de cocaína. Luego conduje hasta el restaurante más cercano, estacioné el coche y me fui directamente al baño. Abrí un globo de cocaína y la vacié en el mostrador. Saqué una tarjeta y empecé a trazar una línea. Brillaba y resplandecía en la luz, y tenía esa textura suave y húmeda que indicaba que era muy pura. Yo podía sentir cómo se me hacía agua la boca. Después de trazar la línea, enrollé un billete, me incliné e inhalé la cocaína.

De inmediato sentí un flujo de energía. Mis dientes empezaron a sentirse adormecidos, otra buena señal de la alta calidad de la cocaína. Al aumentar la euforia, pude sentir el flujo de dopamina en el cerebro, lo que creaba una sensación de euforia completa y total. Con el dedo levanté el resto de la cocaína y me la froté en las encías para intensificar la euforia. Después abrí el globo de heroína. La sustancia color café parecida al alquitrán no era tan bonita como la cocaína, y el olor casi me hizo vomitar. De inmediato puse un poco sobre el papel metálico, y cuando la cocaína estaba llegando a su punto máximo, aspiré una fuerte cantidad de heroína. Ambas se unieron y crearon una euforia que nunca podría explicarse con palabras.

Me encantaba la sensación de usar cocaína y heroína en el baño de un restaurante pues era una acción muy solapada. Tenía yo que entrar al restaurante sin que nadie se diera cuenta, usar mis drogas y volver a salir sin ser atrapado. Me encantaba el riesgo, la identidad oculta que tenía, y el secreto que estaba ocultando. Hacía que me sintiera un poco como James Bond.

Cuando llegué a casa esa noche, no podía apartar de mi mente la idea de inyectarme droga. Sabía que la euforia sería más intensa, pero también sabía que era mucho más peligroso. Era fácil usar una sobredosis y morir, o podías tener un absceso que hiciera necesario que te amputaran un brazo o una pierna. Había muchas complicaciones en eso de inyectarse la droga, y durante muchos años no había estado dispuesto a correr ese riesgo.

Pero esa noche decidí que quería intentarlo.

Al día siguiente llamé al traficante y le dije que necesitaba un paquete de diez jeringas con mi suministro usual de drogas. Me entregó la droga y las jeringas y regresé a casa a toda velocidad. Papá había terminado su relación con Lisa hacía varios meses y se había mudado a la casa de nuevo, pero no estaba ahí en ese momento.

Yo había visto a otros inyectarse, así que sabía cómo hacerlo. Fui a la cocina, tomé una cuchara y luego me fui al baño.

A esto se le daba el nombre de *speedball*. Sabía que lo adecuado era usar una cantidad muy pequeña porque era la primera vez y mi tolerancia a las inyecciones era baja. También sabía que un *speedball* podía matarte si te inyectabas demasiado. Desprendí un trocito del filtro de un cigarrillo y lo puse también en la cuchara. El filtro era para asegurarme de que no entraran sustancias indeseadas a la jeringa. Luego llené la jeringa con un poco de agua y la mezclé con la cocaína y la heroína. Un momento después, tenía yo un líquido de color café claro en el que flotaba el filtro. Luego tomé la jeringa, introduje su punta en el filtro y moví el émbolo hasta absorber todo el líquido. Me quité el cinturón y lo coloqué alrededor de mi brazo para que la vena fuera más visible y pudiera inyectarme. Luego tomé la jeringa y poco a poco la introduje en la vena. Lentamente accioné el émbolo para asegurarme de que la aguja había entrado en la vena. La jeringa empezó a llenarse de sangre, y estaba yo listo.

Lo único que faltaba ahora era mover el émbolo hacia abajo y aflojar el cinturón. Me detuve. No sabía qué esperar. Tenía miedo, pero al mismo tiempo estaba emocionado. Quería vivir la euforia más intensa de mi vida, pero no quería caer muerto en el suelo. Presioné lentamente el émbolo hasta el final y luego aflojé rápidamente el cinturón.

Durante dos segundos no pasó nada, y luego repentinamente sentí el sabor de cocaína y heroína en la boca, como si me las hubiera comido, en lugar de habérmelas inyectado. Al siguiente segundo, recibí el golpe y caí de rodillas. El flujo fue tan intenso que no podía ponerme de pie.

Empecé a respirar con dificultad y me agarré del excusado para evitar caer hasta el suelo. Me quedé sentado ahí, tratando de mantenerme consciente. El efecto de las drogas recorría mi cuerpo como un *tsunami*. Podía sentir su creciente intensidad con cada latido de mi corazón, hasta que finalmente se equilibró y estaba yo navegando en una nube color de rosa. Solté el excusado y me recosté en el suelo. Tuve un viaje placentero por mi mente y viví todas mis fantasías sin tener que dar un solo paso. Yo era el héroe. Era fuerte. La gente me admiraba. Volví a vivir las experiencias de mi infancia como me hubiera gustado que sucedieran. En cada experiencia, podía imagina que yo siempre era el héroe, o alguien muy popular, como James Dean. Era fantástico. Me quedé ahí treinta minutos antes de levantarme.

"No es así como vas a morir"

Pasé los siguientes seis meses inyectándome todo el día. Mi tolerancia empezó a incrementarse y cuando más se incrementaba, más me inyectaba. Pronto mis brazos estaban cubiertos de marcas y mis venas empezaron a colapsarse debido a los constantes piquetes. Yo usaba camisas de manga larga para ocultarlas. Mi salud se deterioró severamente. Pasaba varios días sin comer, y estaba en los huesos. Gastaba en drogas cada centavo que tenía.

Una noche, aproximadamente diez meses después del día en que empecé a inyectarme, estaba yo en un cuarto de hotel comprando drogas de un traficante que se estaba hospedando ahí. Le pregunté si podía inyectarme antes de irme, me dijo que sí. Me senté en la cama, llené la jeringa y me inyecté en la vena. Me había estado inyectando todo el día, así que mi mente no era clara, y sin darme cuenta de lo que estaba haciendo, abrí otro globo y llené la jeringa de nuevo. ¡Ni siquiera estaba consciente de que me había inyectado hacía unos minutos!

Clavé la aguja en mi brazo y lentamente presioné el émbolo hasta el fondo. De pronto sentí que mis pulmones se quedaban sin aire, como si alguien me hubiera golpeado directamente en el pecho. Caí al suelo y empecé a hiperventilar. No podía controlar mi respiración. Sentía que mi pecho se movía violentamente sin que yo hiciera nada al respecto. Mi corazón latía a toda velocidad. Entonces me di cuenta de lo que había hecho. Me había inyectado una sobredosis y estaba teniendo un ataque cardiaco debido a la cocaína. Me llené de pánico. Pude ver cómo las tinieblas se cernían sobre mí, y mi visión se fue cerrando hasta ser sólo una línea de luz. Según pasaban los segundos, esa luz era lo único que podía ver.

Luché para mantenerme consciente. Sabía que si podía aguantar treinta segundos más, el efecto de las drogas se equilibraría y yo sobreviviría. Pero el malestar aumentaba y yo sentía que me estaba desvaneciendo. El traficante me agarró de los pies y empezó a arrastrarme fuera de la habitación. Yo me concentré en esa línea de luz que todavía podía ver, mientras él me arrastraba hacia el corredor y me dejaba en la escalera.

Empecé a vomitar, pues mi cuerpo trataba de deshacerse de las sustancias que lo estaban dañando, y sentí que mis dientes mordían la lengua y casi la destrozaban, mientras yo me convulsionaba. Ríos de sudor bañaban mi rostro, y mi respiración era cada vez más violenta. Estaba yo tratando de concentrarme y no perder el conocimiento, pero era difícil. Sentí cómo me salía yo de mi cuerpo.

"¡No!", me dije. "¡No es así como vas a morir!".

Entonces, de pronto, como si mi compromiso por seguir vivo hubiera funcionado, pude sentir cómo empezaba a tranquilizarme. Los efectos de la droga dejaron de intensificarse. Poco a poco, el túnel empezó a ampliarse, hasta que casi pude ver con claridad una vez más. En unos minutos, todo había terminado y estaba yo tirado ahí en un charco de vómito. Todavía me estaba convulsionando en forma intermitente, pero me sostuve en la barandilla de la escalera y me puse de pie.

Sentía como si me hubiera atropellado un autobús. Eran aproximadamente las tres de la mañana y yo sentía como si el mundo entero hubiera visto lo que acababa de pasar. Me aterrorizaba imaginar que alguien hubiera llamado a la policía, así que bajé a donde estaba mi coche y me acosté en el asiento del conductor. La cocaína hacía que me sintiera paranoico y sentía que había policías por todas partes. Me había estado inyectando cocaína toda la noche, y quiero decir que cuando uno se inyecta cocaína toda la noche, sus efectos duran mucho más de treinta minutos y la paranoia dura horas.

Todavía estaba yo enloquecido y estaba seguro de que estaba rodeado y que los policías habían desenfundado sus armas. Hasta podía oírlos gritándome que levantara las manos. El asiento del coche estaba reclinado hacia atrás para que no pudieran verme, pero estaba convencido de que se estaban acercando para arrestarme en cualquier momento. Levanté las manos hacia la ventanilla para mostrarles que no estaba armado. Después de aproximadamente veinte minutos, bajé lentamente las manos, pero me quedé en esa posición durante tres horas, hasta que salió el sol. Finalmente, hice acopio de valor para asomarme por la ventanilla; entonces pude ver que ahí no había nadie.

Después de darme cuenta de que me lo había imaginado todo, conduje a casa. No estaba en condiciones para conducir, pero era obvio que no estaba tomando decisiones racionales en ese momento. Cuando llegué a casa, me fui a mi cuarto, asegurándome de no despertar a papá. Me metí a la cama y me cubrí con las cobijas hasta la cabeza. Mi corazón seguía latiendo rápidamente y podía sentir gruesas gotas de sudor bajando por mi cara.

Entonces escuché lo peor que podía imaginar: los pasos de mi papá que se acercaba a mi cuarto. Mi corazón empezó a latir más y más rápido y el sudor me bañó como el agua de una manguera. Podía escuchar sus pasos más y más cerca hasta que llegó a la puerta y la abrió. Se sentó en mi cama y puso su mano en mi espalda. Yo estaba aterrorizado.

"¿Estás bien?", preguntó.

Dejé las cobijas sobre mi cara y murmuré: "Sí". De ninguna manera le iba a decir por lo que estaba pasando, ni iba a permitir que me viera con la ropa llena de vómitos. Escuché mi voz temblorosa diciendo: "Estuve con unos amigos hasta muy tarde. Sólo necesito tiempo para descansar".

Papá se puso de pie y salió del cuarto, pero creo que él sabía que algo estaba mal. De hecho, creo que sabía que estaba atrapado en las drogas. Era demasiado obvio para que lo ignorara; yo me veía fatal, pero él simplemente no quería aceptarlo.

También creo que él deseaba que yo algún día tuviera la fortaleza necesaria para alejarme de la heroína por decisión propia. A veces parecía que él me estaba dando mi propio espacio. Es difícil decirlo, porque yo sabía ocultar mi adicción, pero después del uso prolongado, es complicado ocultar los efectos de las drogas en el cuerpo.

Finalmente se me acabó el dinero. Nunca quise robarle a papá, pero había vendido todas mis posesiones y sólo quedaban las suyas. Al principio, simplemente sacaba dinero de su cartera cuando él no me veía. A veces, cuando él no estaba en casa, yo tomaba cosas, como su videocámara o su computadora, y las empeñaba. Cuando él llegaba a casa, le decía que un amigo las había tomado prestadas. También conocía los números de acceso a sus tarjetas de crédito, así que las tomaba cuando él no me veía y retiraba tanto dinero como podía sin que él lo notara.

Esto continuó durante meses hasta que un día él se dio cuenta de lo que estaba pasando. Probablemente ya lo sabía desde hacía tiempo, pero no había querido decir nada porque lo último que habría querido imaginar era que su hijo le estaba robando. Yo había estado sacando sus estados de cuenta del buzón y los había destruido, pero un día, después de no haber recibido estados de cuenta durante varios meses, él llamó al banco para ver qué estaba pasando. Entonces descubrió que yo le había estado robando. Le había robado miles de dólares de su cuenta, y todo había acabado en la jeringa.

Cuando llegué a casa ese día, él me pidió que me sentara a hablar con él.

"Pax", me dijo. "Decidí llevarte a una Casa de Residentes Sobrios".

"¡Yo puedo dejar las drogas sin ayuda de nadie!".

"No, no puedes", insistió.

"Pero yo no puedo ir a una de esas casas; ¡me he estado inyectando! Necesito un centro de desintoxicación. ¡Las Casas de Residentes Sobrios no ofrecen ese tipo de cuidado!".

Así que decidimos que yo me quedaría en casa y me desintoxicaría con medicamentos antes de ir a la Casa de Residentes Sobrios.

"Te vendo mis zapatos por diez dólares"

Papá tenía que ir a trabajar durante el día y necesitaba que alguien se quedara conmigo. Se había llevado el coche y yo no tenía dinero, pero él sabía que los adictos a la heroína son implacables cuando necesitan una dosis, y que yo encontraría la forma de conseguir drogas si no estaba bajo una supervisión constante. Llamó a mamá, que ahora era una ciudadana modelo, y ella estuvo de acuerdo en acompañarme todos los días hasta que él regresara del trabajo.

Ella fue maravillosa. Dejó todo lo que estaba haciendo en su vida y cuidó de mí a lo largo de las dos semanas siguientes, mientras papá estaba trabajando. El primer día que estuvo ahí, yo ya estaba buscando la forma de drogarme, pero no se me permitía usar el teléfono, así que eso dificultaba las cosas mucho más.

Esperé hasta que ella entró al baño y luego hice una llamada rápida al traficante y el dije que lo vería en mi casa. Me senté cerca de la ventana para poder ver cuando él pasara en su coche, y cuando pasó, esperé hasta que mamá tuvo que ir por algo a la cocina. Entonces corrí a encontrarme con él. Él no sabía que yo no tenía dinero, pero le rogué que me diera las drogas y le juré que después le pagaría.

Aceptó en esa ocasión, pero yo sabía que tendría que pagarle la próxima vez que lo viera. Corrí para entrar de nuevo a la casa, pero me detuve en el buzón y tomé las cartas que había en él. Mi mamá estaba desesperada. Vio que yo no estaba en la casa y ya estaba al teléfono tratando de llamar a papá.

"Mamá, espera; ¡sólo fui por el correo!", le dije, le enseñé las cartas.

Yo sabía que ella sospechaba algo, así que en lugar de correr al baño a drogarme, me senté en el sillón. Mamá había sido una adicta recalcitrante, así que era muy difícil engañarla, por eso me senté en el sillón durante una hora sin ir al baño. Había escondido las drogas en mi calcetín, y podía sentirlas contra mi pierna, clamando que me apresurara y fuera al baño. Cuando ya había pasado suficiente tiempo y pude ver que ella empezaba a relajarse, le dije que tenía que ir al baño porque iba a vomitar.

Cuando entré al baño, mis manos empezaron a temblar tanto por lo mal que me sentía que tuve dificultades para inyectarme en la vena. Pero después de varios intentos logré encontrar una vena y dejé que el émbolo introdujera el líquido en mis venas y hasta el corazón. Esperé unos minutos antes de regresar a la sala, porque estaba yo totalmente drogado. Luego regresé a la sala, me senté en el sillón y traté de verme normal, pero era difícil ocultar el intenso efecto de las drogas. Cuando mi mamá me miró, fingí que me sentía muy mal y que había estado vomitando.

Transcurrió el día, y papá regresó para hacerse cargo de mí. Es un padre maravilloso e hizo su mayor esfuerzo para mantenerme entretenido mientras que supuestamente me estaba desintoxicando. En realidad, en ese momento estaba empezando a sentirme mal porque el traficante sólo me había dado lo suficiente para un *speedball*. Papá y yo pasamos el tiempo jugando juegos de mesa, haciendo rompecabezas y viendo películas. Después me dio helado y me preparó un baño caliente. Se esforzaba al máximo para que mi desintoxicación fuera lo más cómoda posible, pero lo único que yo tenía en mente era drogarme cada vez que pudiera. Cuando llegó la hora de irnos a la cama, me pidió que durmiera en su cuarto para asegurarse de que no me saliera mientras él dormía. Tenía razón, yo lo habría hecho. Pero en cuanto me acosté, él cerró la puerta del cuarto con llave y guardó la llave, así que me era imposible salir.

A la mañana siguiente, me sentía muy mal porque sólo había tenido un *speedball* el día anterior. Papá se fue a trabajar y mamá inició su turno. También estaba haciendo todo lo posible por hacerme sentir mejor; me preparaba la comida y me acompañaba. Pero cometió un error fatal. Dejó las llaves de su coche sobre la mesa. Yo las vi cuando me senté a la mesa, tratando de comer lo que mi estómago podía tolerar. Miré fijamente las llaves por un minuto.

Eran las llaves hacia la libertad. Esperé que ella entrara al otro cuarto, y cuando lo hizo, tomé las llaves y corrí. La escuché gritar, pero no me importó. Lo único que podía yo pensar era en drogarme. Salí corriendo, subí al coche y me fui a toda velocidad. La vi corriendo tras de mí en el espejo retrovisor, pero era imposible que me alcanzara.

Después de varios kilómetros, estacioné el coche y me bajé de él. Las manos me temblaban por la desintoxicación y estaba desesperado por drogarme, pero no tenía dinero y sabía que el traficante no me volvería a apoyar. No me importaba lo que tuviera que hacer para conseguir dinero, así que empecé a abordar a la gente pidiéndole que me comprara mis zapatos por diez dólares. Había salido de la casa con tal desesperación que se me había olvidado ponerme la camisa, así que era obvio, por las marcas en mi cuerpo pálido y delgado, que yo era un adicto buscando su siguiente dosis. Nadie se detuvo. Seguí abordando a una persona tras otra, suplicándoles y rogándoles que por favor me compraran los zapatos.

La mayoría de las personas a las que me acerqué trataban de evitarme, como si fuera un vagabundo pidiendo limosna, pero seguí intentándolo. Poco después encontré un muchacho que aceptó comprarme los zapatos por diez dólares. Me los quité y él me entregó el dinero. Luego llamé al traficante en el siguiente teléfono de monedas que encontré e hice el contacto.

En cuanto conseguí las drogas, corrí a un restaurante que estaba lleno de gente y me fui directamente al baño. Literalmente empujaba yo a la gente para que me dejara pasar. Me gritaban, pero nadie me tocó porque me tenían miedo, era un tipo cubierto de cicatrices, sin camisa y sin zapatos, que parecía que acababa se salir de una alcantarilla. Yo sabía que la gerencia del restaurante podía llamar a la policía, pero no me importó. Necesitaba mi dosis.

Entré corriendo al baño, abrí el globo tan rápido como pude y cargué la jeringa. De nuevo, mis manos temblaban y me costó trabajo encontrar la vena. En un intento desesperado, atravesé la vena con la aguja y estaba a punto de volver y clavarla en mi brazo para encontrar otra vena cuando me vi en el espejo.

Mi brazo sangraba tanto que la sangre chorreaba hasta el suelo. Estaba horriblemente pálido y solo pesaba 55 kilos. Mi pelo estaba grasoso y no tenía camisa ni zapatos. Sostenía con los dientes el cinturón que había enrollado en mi brazo, y en la mano tenía una jeringa manchada de sangre y cargada con heroína. El gerente tocaba la puerta del baño desesperado y gritaba que iba a llamar a la policía. Era un panorama espantoso y una situación horrible.

Sabía que si podía encontrar la vena, podría salir antes de que llegara la policía, así que seguí rebuscando en el brazo hasta que finalmente encontré una vena. Accioné el émbolo. Unos segundos después el dolor había desaparecido y el *speed-ball* llegó a mi corazón. Esperé un minuto y disfruté la euforia. En ese momento no me importaba lo que la gente pensara de mí, así que abrí la puerta del baño con el cinturón todavía en el brazo, la jeringa en la mano y el brazo sangrando; empecé a caminar por el restaurante. La gente volteaba, se me quedaba viendo y luego gritaba, pero nada me importaba. Era otro día en la vida de un adicto. Me subí al coche de mamá y me alejé antes de que llegara la policía.

La hora más oscura es antes del amanecer

Mientras me dirigía a casa, la realidad de mi situación me abrumaba y empecé a sentirme severamente deprimido. Sabía que cuando llegara, papá me llevaría directamente a un Centro de Rehabilitación o a una Casa de Residentes Sobrios, donde tendría que sufrir síntomas de abstinencia sin medicamentos y sin supervisión médica. Había perdido todo lo importante que había tenido en la vida, excepto el apoyo de mis padres, y temía que pronto también lo perdería. Tenía miedo de volver a casa y enfrentarlos. Empecé a pensar en Ashley y en lo mucho que le extrañaba. Me sentía tan solo que tuve una crisis nerviosa y empecé a llorar. Por mi mente cruzaron pensamientos de suicidio. Quería morir, pero me preocupaba lo que harían mis padres, no quería dejarlos con eso. Si no hubiera sido por ellos, me habría ahorcado. Estaba empezando a pensar que siempre sería un prisionero de estas drogas. La idea de pasar el resto de mi vida como un adicto a la heroína que siempre estaba buscando su siguiente dosis me asustaba tanto que decidí que quería darme una última oportunidad de estar sobrio.

Cuando llegué a casa mis padres me estaban esperando. No tenía sentido ocultar lo que había pasado. Papá quería asegurarse de que ya no tenía más drogas, así que me registró como lo habría hecho un policía. Fue humillante pero yo podía ver que era lógico. Él ya había hecho mis maletas.

No dije nada mientras me llevaba en el coche a una Casa de Residentes Sobrios. Fue un periodo triste en mi vida. Yo no quería ser un mal hijo. No quería desilusionar a mi padre. Me sentía muy mal. No tenía idea de cómo podía haberme pasado esto. Debí saberlo, después de ver por lo que había pasado mamá.

"Pax", me volvió a decir papá mientras íbamos en el coche, "¿sabes por qué usas la heroína?".

"Creo que no", le dije; "solo sé que me hace sentir muy bien".

"No, tiene que haber otra razón", me dijo. "Tiene que haber algo que te impulsa a usar esta droga. Deberías pensarlo mientras estas en la Casa de Residentes Sobrios, porque si puedes averiguar por qué lo estás haciendo, eso podría ayudarte a dejarlo".

"La única razón por la que la uso es para sentir la euforia que produce", insistí.

Al final me dijo: "Yo sé que existe una razón por la cual estás usando drogas y alcohol. No sé cuál es, pero lo vamos a averiguar. Hice citas con varias personas que nos van a ayudar a encontrar una respuesta. Existe una razón o un problema más profundo que ha estado presente en tu vida desde antes de que empezaras a usar las drogas; eso es lo que lo está causando y vas a descubrir lo que es.

Al principio me negué a aceptar este concepto. No me gustaba la idea de que hubiera en mí algo peor que ser adicto a la heroína. ¡Ya tenía suficientes problemas! Lo último que quería era empezar una búsqueda profunda y sacar a la luz más problemas. Pero a partir de ese momento, esa pregunta sobre la razón por la que estaba usando la heroína, se quedó en lo profundo de mi mente como nunca antes.

En la Casa de Residentes Sobrios había otros veinte hombres que querían estar sobrios. No era una casa grande, así que no estábamos muy cómodos. Estaba en una habitación con otros tres residentes. Eran literas y yo tenía una de las de arriba. Me sentía muy solo y asustado. Podía sentir que el dolor empezaba a atacar mis huesos sigilosamente, y sabía que en unas cuantas horas literalmente no podría moverme. Me quedé en la litera con la vista fija en el espacio, preguntándome por qué me estaba pasando esto. Había pasado diez años de mi vida drogándome. No estaba seguro de la razón por la cual lo hacía, pero sabía que en ese momento no tenía tiempo de averiguarlo. Estaba en la Casa de Residentes Sobrios sin dinero y sin coche, y mi única opción era quedarme ahí. Cuando uno sufre síntomas de abstinencia, puede ser difícil pensar en otra cosa aparte de lo mal que uno se siente, pero yo estaba decidido a averiguarlo.

¿Por qué *estaba* yo usando heroína? La pregunta de mi padre cruzaba mi mente constantemente, pero yo seguía dando la misma respuesta: me hacía sentir bien. Luego empecé a pensar más en ello. ¿Qué era lo que hacía que me sintiera tan mal como para necesitar que la heroína me hiciera sentir bien? Pero todavía no tenía una respuesta.

Entonces papá tomó una de las decisiones más importantes de mi vida. Decidió que íbamos a crear nuestro propio programa de curación. Ya no iba a confiar en la opinión de nadie más, sino que sólo se basaría en la propia. Insistió en que había una razón por la que yo estaba usando drogas y que íbamos a encontrarla.

En cuanto pasó la peor etapa de mis síntomas de abstinencia, papá empezó a llevarme a una serie de citas y pruebas.

Acupuntura, acupresión, análisis de sangre, análisis de orina, análisis de saliva, análisis de aminoácidos, péptidos, triglicéridos y hormonas. Me llevó con psicólogos, con un terapeuta familiar y con hipnotistas. También contrató a un asesor personal y empecé a fortalecerme. A lo largo de las siguientes semanas, me hicieron pruebas de drogas a intervalos al azar. A medida que recuperé la fuerza y la salud, mi mente empezó a aclararse, y la pregunta de mi padre siempre estaba presente en mi mente, porque él no dejaba de decirme: "Lo que estamos buscando es la razón por la que estás usando drogas y alcohol. Nadie pude encontrarla por ti. Podemos ayudarte, pero tú debes encontrar la respuesta".

Encontramos la respuesta

Una noche, después de un día de terapias muy pesado, estaba tomando un baño que yo mismo había preparado. Eran aproximadamente las tres de la mañana y todos en la casa estaban dormidos excepto yo. Mientras estaba ahí, no dejaba de pensar en la pregunta de mi papá: "¿Por qué estaba yo usando drogas".

Empecé a preguntarme de qué se trataba mi adicción. ¿Qué hacía cuando estaba drogado que no hacía cuando estaba sobrio? ¿Qué estaba mal en el hecho de usar heroína?

Y luego, como un relámpago, ¡pude verlo! Sabía por qué estaba usando heroína. Era como si las puertas del cielo acabaran de abrirse y Dios hubiera salido y me hubiera dicho: "Pax, hijo mío, voy a liberarte de tu adicción. Voy a permitir que veas por qué has estado usando heroína, todas las demás drogas y el alcohol, durante los últimos diez años".

¡Yo sabía la *razón* con cada célula de mi cuerpo! Prácticamente salí de la tina de un salto. Sabía qué estaba detrás de mis diez años de adicción.

Cada vez que usaba heroína, cuando estaba en lo más profundo de la euforia, siempre imaginaba que era una persona poderosa y exitosa; una persona que siempre sabía qué decir y qué hacer. Era dueño de todas las situaciones. Solía imaginar que era el héroe de mis sueños. Y papá era parte de ello, de hecho era la parte más importante de ello. Lo había yo puesto en un pedestal tan alto, y habíamos estado tan cerca a lo largo de todos esos años en que fuimos juntos a pescar, a acampar y viajar, y yo lo había visto hacer tantas cosas maravillosas: Papá escribe libros, escribió, dirigió y produjo un largometraje, imparte seminarios, y ha creado varias empresas de éxito; es un negociador experto, tiene muchos amigos y la gente le pide consejos; tiene propiedades en varios lugares, monta a caballo, ha viajado mucho, es inteligente y participa en conversaciones de alto nivel en las que también me gustaría participar, pero no puedo hacerlo porque están por encima de mi cabeza.

Yo sentía que no había nada que él no pudiera hacer, y me desesperaba al pensar que yo nunca estaría a su altura, que es lo que más deseaba en la vida. En lo más profundo de mi ser, yo creía en secreto que él nunca me vería como yo quería que me viera. Pero con la heroína, yo podía elevarme, podía volar, era el héroe conquistador. Podía vivir mis mejores sueños, realizar mis hazañas más extraordinarias, y todo en la perfecta seguridad de mi propia mente.

Corrí al teléfono. No me importaba que fueran las tres y media de la mañana. Llamé a papá.

"¡Papá!", grité al teléfono.

¿Puedes adivinar lo que él me djjo? "Encontraste la respuesta, ¿verdad?".

"¡Sí!", exclamé. "¡La encontré!".

Emitió un largo suspiro de alivio. "Gracias a Dios", murmuró.

A la mañana siguiente nos reunimos para desayunar. Y le dije: "En esencia, todo lo que he estado haciendo durante los últimos diez años de mi vida es huir de mis miedos. Las drogas fueron mi escape. Me permitían sentirme como quería sentirme en la vida, pero no podía. Sabía que siempre quería ser una persona que confiaba en sí misma; una persona fuerte, de buen aspecto, inteligente, y capaz, que podía hacer cualquier cosa, y eso fue lo que las drogas hicieron por mí. Me permitieron vivir las fantasías relacionadas con todas las cosas que temía no poder hacer en la vida real. ¿Y sabes por qué quería hacerlas?

Él sólo negó con la cabeza, asombrado.

"Porque quería que tú pensaras que yo era tan grande como tú".

Sus ojos se llenaron de lágrimas y dijo: "Nunca he pensado otra cosa, Pax". Luego nos pusimos de pie y nos abrazamos.

Caminamos un rato. Me dijo que cuando él tenía mi edad tampoco sabía nada, que casi toda la información que había recibido, había llegado a él después de los treinta años. Me dijo que lo único que quería era que yo fuera feliz, que estuviera sano, y que cumpliera con la misión para la que estaba en este planeta, sin importar qué fuera. Me dijo que mis diez años de adicciones iban a tener un papel relevante en lo que ocurriría en mi vida en el futuro. En ese entonces, yo no tenía idea de lo increíblemente proféticas que serían sus palabras. Me dijo que en ese momento estaba tan orgulloso de mí como no podía imaginarlo.

Cuando él se fue, yo hice una larga caminata. Estaba entendiendo muchas cosas y a toda velocidad. Pude ver que en realidad tenía una autoimagen pésima y sentimientos interiores de debilidad, como si no fuera capaz de tener éxito. Esos sentimientos eran lo que me había llevado a buscar el escape de la heroína. La heroína era el mecanismo para enfrentar la vida que había yo usado para manejar mis miedos subyacentes. Estos miedos eran el verdadero problema; la heroína no era la culpable, los culpables eran mis miedos. Esto era cada vez más claro para mí, a medida que los pensamientos cruzaban mi mente a toda velocidad. Y si esto era verdad para mí, entonces tal vez era verdad para todos los adictos. Tal vez era como papá había dicho; tal vez ellos también estaban tratando de sanar sus problemas subyacentes. Claro que los problemas que tienen las personas son diferentes, paro la premisa es la misma: los problemas son la causa de que la persona use sustancias.

Mi mente se remontó a mis tres compañeros de cuarto en la Casa de Residentes Sobrios. Uno de ellos era adicto a los analgésicos porque se había lastimado la espalda en un accidente automovilístico. Era obvio que había empezado a tomar analgésicos para aliviar sus dolores, pero el dolor ya no estaba presente y yo me preguntaba qué otros dolores le estaban ayudando a curar los medicamentos, ahora que el dolor físico había desaparecido. Él me había hablado de algunos problemas familiares que había tenido, así que pensé que la clave podría estar en algún periodo de su pasado.

Luego pensé en otro de mis compañeros. Era bipolar y tenía severos cambios en su estado de ánimo, desde la manía hasta la depresión. Cuando estaba deprimido, decía que se sentía morir, y lo único que hacía que se sintiera mejor era la cocaína. Me di cuenta de que si su trastorno bipolar recibía el tratamiento adecuado, él ya no necesitaría la cocaína para sentirse mejor.

Mi tercer compañero sufría uno de los problemas más comunes de nuestros tiempos; un corazón destrozado. Su esposa lo había dejado y él no se había podido recuperar de esta terrible pérdida. Cada noche, cuando llegaba a casa, bebía hasta que se quedaba dormido. Este proceso de insensibilizarse impedía que sintiera el dolor de la pérdida. Lo que necesitaba era un buen psicólogo que le ayudara a procesar la pérdida.

Seguí pensando en todas las personas de la Casa de Residentes Sobrios, como si fuera yo un científico en un proyecto de investigación y acabara de encontrar el eslabón perdido de varios problemas sin resolver.

En todos los programas de rehabilitación en los que había participado me dijeron que la adicción era una enfermedad y que era incurable. Algunas personas incluso decían que la adicción era algo con lo que uno nacía, y que por eso usaba drogas. Ninguno de estos expertos pensó en buscar los problemas subyacentes como una causa de la adicción, porque no creían en eso. Pensaban que si uno tenía esa enfermedad, la tenía, y que debería aprender a vivir con ella.

Se me había guiado en la dirección incorrecta a lo largo de todos esos años. Los programas de tratamiento alrededor del mundo constantemente nos hablan de esta enfermedad incurable que padecemos. Pero ese concepto no cura los problemas subyacentes de nadie, ¡porque incluso descarta la posibilidad de buscarlos! Por consiguiente, cuando los adictos salen de esos centros de tratamiento, después de estar en ellos treinta días, todavía tienen los mismos problemas con los que llegaron. Nada se ha resuelto, nada se ha sanado, y la reincidencia es casi segura.

Medicina para el miedo y el dolor

Sentí que empezaba a sonreír. Sabía que mi papá me había estado dando ese eslabón perdido desde el principio. Aunque él no sabía exactamente de qué estaba huyendo, sabía que había una causa por la cual yo buscaba el efecto de las drogas. Ahora, por primera vez, podía ver con claridad lo que él me había estado diciendo todos esos años. Realmente había una razón por la cual yo recurría a las drogas y al alcohol, y estaba empezando a creer que había una razón por la cual las usaban los demás adictos. Pasé el resto de ese día y gran parte de la noche pensando en los cientos de personas que había conocido en los Centros de Rehabilitación, en las Casas de Residentes Sobrios y en las calles. ¡Todos estábamos buscando una medicina para nuestros miedos y nuestro dolor!

A la mañana siguiente, llamé a papá y le dije lo que había estado pensando. Él estaba muy satisfecho, pues sabía que estaba en el camino correcto. Después de eso, continué con mi propio programa de rehabilitación. Durante el día veía a los terapeutas y a los médicos, y en la noche hablaba con mi papá.

Conforme pasaron las semanas, noté que estaba mejorando con mucha más rapidez que las otras personas de la Casa de Residentes Sobrios. Ellos todavía se veían enfermos, y estaban tristes, pues les habían dicho que siempre serían como eran, debido a la mala suerte de haber nacido con una enfermedad. Poco después, los residentes empezaron a preguntarme qué estaba haciendo, porque me veían muy bien, y me preguntaban por qué estaba yo tan contento.

Les hablé de mi descubrimiento. Empecé a hablar con ellos sobre lo que podría estarles causando dificultades. Abrí su mente a la posibilidad de que no fueran adictos o alcohólicos, sino sólo personas como yo que estaban buscando una medicina para curar sus miedos. Empezaron a ver su dependencia a las drogas desde una perspectiva diferente, una perspectiva que les ofrecía un resultado positivo. Les hablé de lo que yo había logrado comprender y les dije que deberían buscar ayuda para descubrir lo que estaba en el fondo de su dependencia.

Yo estaba empezando a sentir confianza en mi nueva fortaleza, pero también tenía miedo. Había sido adicto y alcohólico durante tanto tiempo que sentía desconfianza en relación con lo que ahora creía, aunque estaba seguro de que era lo correcto. Había estado trabajando con un terapeuta casi todos los días; también trabajé con muchos otros profesionales de la salud, entre ellos un psicólogo, un nutriólogo, un internista, un experto en medicina china y un terapeuta que usaba masajes *shiatsu*. Aunque mi confianza era cada vez más estable, no quería salir de la Casa de Residentes sobrios hasta que estuviera seguro de que todos mis problemas subyacentes estuvieran resueltos.

Después de un mes, cuando estaba en mi litera sonriente y feliz porque mi vida era tan saludable, tuve otra idea. Si el enfoque para curar las dependencias, descubriendo y resolviendo los problemas subyacentes estaba funcionando para mí, tal vez funcionaría para otras personas.

Corrí al teléfono, llamé a papá y le dije: "Creo que debemos hablar sobre la posibilidad de abrir un centro de rehabilitación de drogadictos que se concentre en sanar los problemas subyacentes, usando todos los tipos de terapia que yo estoy usando ahora".

Claro que para estas alturas, ya sabes lo suficiente sobre mi padre para imaginar su respuesta: "Parece una gran idea", me dijo. "Vamos a hablar al respecto".

◆ ◆ ◆

Ése fue el principio de lo que se ha convertido en el centro de tratamiento más exitoso del mundo. Ahora que hemos usado nuestro método holístico para curar a cientos de personas con dependencias, podemos asegurarle a cada persona que viene a Passages que puede tener una adicción terrible y degenerativa y transformarla en algo maravilloso, tal como yo transformé mi adicción en un centro de curación de primera clase.

Papá nunca se dio por vencido conmigo, aunque estuve usando drogas durante diez años. Nunca se dio por vencido, sin importar lo mal que estuvieran las cosas o cuánto dinero le hubiera yo robado. Imagina la fe que necesitó tener en mí para apoyarme en la creación de Passages, cuando yo continuamente había demostrado que no podía mantenerme sobrio. Él sabía que yo había sanado y que nunca volvería a usar drogas. Hasta la fecha, me asombra que él haya decidido apoyarme. No sólo me dio una segunda oportunidad; ésta era la cuadragésima oportunidad, y me la dio con todo el corazón.

Ahora ya he estado sobrio durante cinco años, y mi papá yo seguimos trabajando en Passages tiempo completo. Mamá sigue estando sobria y es un modelo maravilloso para mí porque siempre está feliz.

Ashley escuchó su corazón y me dio otra oportunidad; todavía seguimos juntos. Nunca me he sentido mejor que ahora, pues he sanado mis problemas, mis miedos y debilidades subyacentes, así que ya no están arruinándome la vida.

Ahora quisiera tener la oportunidad de volver a darle las gracias a papá por creer en mí. Si no hubiera sido por él, Passages nunca hubiera llegado a ser una realidad.

Papá, has comprobado ser el mejor de todos los padres. Eres la estrella de mi mundo, y tu asombrosa sabiduría ilumina mi camino. Ha sido un verdadero honor ser tu hijo. Eres la persona más sabia que he conocido en mi vida, y siempre que estoy cerca de ti siento que estoy con un sabio de la antigüedad cuya sabiduría es incuestionable. Gracias por enseñarme todo lo que sabes. Sin las valiosas lecciones que me has dado, nunca habría yo llegado a ser el hombre que soy hoy.

Finalmente, quisiera darte las gracias por haber leído mi historia y por estar dispuesto a pedir ayuda. Eres valeroso y audaz, y éste es el primer paso para sanar el resto de tu vida y estar libre de las drogas, del alcohol o del comportamiento adictivo. Es necesario ser valiente para enfrentar el destino y vencer los obstáculos que te impiden lograr la libertad y el éxito, pero creo en ti. Puedes lograrlo.

Capítulo 4

Cambiar el paradigma del tratamiento

EL DÍA QUE PAX LLEGÓ a casa, cuando tenía dieciocho años y me dijo que estaba enganchado en la heroína, yo no sabía nada sobre la heroína, excepto que era una droga ilegal callejera y que era muy adictiva. Yo no sabía, por ejemplo, que era una de las adicciones más difíciles de vencer, que la tasa de reincidencia a nivel nacional es de un 86 por ciento, y que sólo aproximadamente el 14 por ciento de los adictos a la heroína se recuperan por completo. No sabía que los síntomas de abstinencia eran severos.

Ese día, Pax estaba llorando, pero no por la severidad de los síntomas de abstinencia; todavía no los había experimentado. Estaba llorando porque lo que más quería en la vida era que yo tuviera una alta opinión de él. El pensamiento de aparecer como un adicto era más terrible para él, que los imaginables síntomas de la abstinencia. Aunque su sentimiento de inferioridad era parte del aspecto central de la dependencia de Pax, ni él ni yo estábamos conscientes de ello en ese momento.

Conservé la calma. No entendía la causa de tanta conmoción. Pensé que simplemente "lo alejaríamos de las drogas" y ya. "No hay problema", le dije. "No te preocupes por nada. Lo arreglaremos de inmediato". Yo no sabía que éste era el principio de un viaje al infierno.

Ya leíste el relato de Pax, así que el mío será breve. Llamé a nuestro médico familiar, conseguí una receta para tratar el insomnio, calambres, dolor de cabeza, espasmos musculares, dolor y nausea, y me quedé con Pax durante los siguientes dieciocho días, mientras pasaba a través de la desintoxicación de la heroína. Los primeros cinco días fueron los peores, pues sufrió calambres musculares, insomnio, nausea, dolor de huesos, y en general, el sentimiento de querer morir, pero yo le proporcioné muchos videos, conversación y películas, para cuando él quisiera tener acceso a ellos, al igual que baños de tina calientes y un cuidado lleno de cariño. Después de dieciocho días, cuando se recuperó, lo mandé a la escuela. Agradecí la experiencia y me dio gusto que fuera dolorosa y severa, pensando que él "¡nunca lo volvería a hacer!".

Los seis años siguientes fueron una batalla en la vida de mi hijo. Yo logré limpiarlo cuarenta veces o más, cada vez que reincidía. En cada fracaso, yo le preguntaba: "¿Sabes por qué lo estás haciendo? En lo más profundo de mi ser, en ese lugar intuitivo que todos tenemos, yo parecía saber que había una razón detrás de su adicción. Pero cada vez que le preguntaba por qué estaba usando drogas, él me decía que no lo sabía, excepto que le proporcionaban la mayor euforia que había experimentado en su vida. Cuando le pregunté qué experimentaba cuando usaba heroína, él me dijo que era como "mirar el rostro de Dios".

Curar la causa, no castigar a la persona

Llevé a Pax con terapeutas de drogas, terapeutas de alcohol, psicólogos, psiquiatras y todo tipo de consejeros. Sugirieron programas de tratamiento para el abuso de sustancias, programas de doce pasos y más asesoría personal, pero ninguno de ellos intentó descubrir la razón por la cual Pax estaba usando heroína. Además, la mayoría quería prescribir medicamentos, pero nosotros los rechazamos, a menos que Pax estuviera sufriendo severos síntomas de abstinencia. Casi en cada caso, sus sugerencias se enfocaban en crear un entorno que redujera la posibilidad de que él usara heroína; cambiar su círculo de amigos, asistir a reuniones sobre los doce pasos, no permitirle salir solo, no permitirle salir de casa en la noche, recogerlo después de la escuela, y ponerlo a realizar trabajo doméstico y trabajo en el jardín. En otras palabras, me estaban aconsejando que lo castigara por su mal comportamiento y que lo alejara de los contactos relacionados con la heroína. Nada de eso funciona. Las drogas adictivas están por todas partes.

El enfoque del "castigo" y el enfoque de las "malas consecuencias" en lo que concierne al tratamiento, es la manera de pensar que prevalece en todos los centros residenciales de tratamiento para el abuso de sustancias sobre los que he recibido información en Estados Unidos. Creen en actividades como lavar baños, trapear pisos y hacer trabajo doméstico en general. Eso es parte de su proceso de rehabilitación. Creen que tratar a sus pacientes como si se hubieran portado "mal" hará que dejen de usar drogas adictivas o alcohol. Su otra estrategia primordial de tratamiento se basa en decirles a sus pacientes: "Si no dejas de hacerlo, perderás tu salud, tu crédito, tu esposo o esposa, tus padres, tus amigos, tu coche, tu casa, tu dinero, etcétera".

Sin embargo, como pudiste verlo en la historia de Pax, ese enfoque no funciona, aunque la persona esté frente a las puertas de la muerte. He visto alcohólicos que siguen bebiendo aunque sus médicos les digan que morirán en seis meses si lo siguen haciendo. Independientemente de la amenaza o el peligro (divorcio, ser despedido de una empresa, que no se le permita ver a sus hijos, perder la salud, perder un trabajo, ir a prisión), los alcohólicos y los adictos siguen usando drogas adictivas y alcohol. Si esa clase de amenazas no funciona, estoy seguro de que lavar pisos y baños o hacer tareas domésticas ni siquiera los tocan.

Llevando esto al extremo, en 2003 leí en el periódico un artículo sobre un programa de tratamiento para la heroína, que estaba obteniendo buenos resultados en Rusia. El centro de tratamiento estaba en Siberia. El método que se usaba en el programa era encadenar al adicto a la heroína a un catre y golpearlo severamente con un cinturón a intervalos durante el día, a lo largo de treinta días. El centro reportaba una tasa de 95 por ciento de éxito. Tal vez ésa sea una forma eficaz de tratar la heroína en Rusia, pero siento que aunque sea eficaz y esos adictos dejen de usar heroína, harán otra cosa para compensar la condición subyacente que están tratando de remediar con la heroína. Esa condición aflorará en otra forma, por ejemplo, ataques de furia, depresión severa, nerviosismo, diversos tipos de comportamiento violento, tal vez incluso el suicidio.

Lo que tiene que corregirse son las causas, no a la persona que depende de sustancias. Por eso pienso que Estados Unidos está librando en forma poco realista su "guerra contra las drogas". Esta "guerra" se concentra en luchar contra los narcotraficantes y contra el uso de drogas en este país y en el extranjero, cuando el esfuerzo debería concentrarse ante todo en tratar las causas que impulsan a la gente a buscar las drogas. No necesitaríamos una guerra si la gente dejara de usar drogas. Es como luchar contra el uso de remedios contra el dolor de cabeza; nunca funcionará hasta que se remedie la condición que causa los dolores de cabeza en la gente. Los programas carcelarios también se beneficiarían mucho si entendieran la importancia de tratar las causas subyacentes de la conducta. No sé cuál es el porcentaje de reincidencia entre los criminales, pero es alta, y ésa es suficiente prueba de que las consecuencias de sus crímenes no impiden que los sigan cometiendo.

Los programas "uni-talla" no funcionan

Si queremos resolver el alcoholismo y las adicciones en nuestra sociedad, tenemos que cambiar el tratamiento de la dependencia que se usa en los centros para el abuso de sustancias. El tratamiento debe corresponder al mal que la persona sufre, y *el mal no es el alcoholismo o la adicción, y tampoco lo son las drogas adictivas y el alcohol.* Una vez que se diagnostica la causa correcta, ocurrirá la curación y se logrará el resultado deseado.

Lograr esta meta es difícil cuando los programas de tratamiento no son individualizados. En casi todos los centros de tratamiento del mundo, del 96 al 97% de los programas se basan en reuniones de grupo con una sola sesión individual a la semana. La mayoría de los centros ofrecen un tipo de servicio en el que "un programa responde a todos", lo cual sería como una tienda departamental que sólo vende ropa "uni-talla". Esperan que mientras sus pacientes asisten a las reuniones de grupo, cierta magia caerá en su regazo para hacer que de pronto se liberen de las drogas adictivas y del alcohol.

Así no es como suceden las cosas. Cada paciente es diferente. Las razones por las que se volvieron dependientes son diversas. Es como llevar a diez personas a una clínica para tratamiento, una tiene un hueso fracturado, otra tiene tos, otra tiene una cortada en el dedo, otra tiene diarrea aguda, otra tiene una infección en el ojo, y otros tienen diferentes problemas, pero se les trata a todos enyesándoles un brazo. En el enfoque tipo "un tratamiento es adecuado para todos", los clientes asisten a reuniones de grupo todo el día y toda la noche, y escuchan las experiencias de sus compañeros. Al final de la primera semana, todos conocen las historias de sus compañeros. Eso continúa durante otras tres semanas, y luego la mayoría de las personas se van a casa con los mismos problemas que tenían cuando llegaron.

Gran parte del "tratamiento" se basa en las amenazas que mencioné antes, amenazas sobre las terribles consecuencias que se presentarán en el futuro, no sólo para los pacientes a nivel personal, sino para sus seres queridos, si siguen abusando de sustancias. Tratar de asustar a las personas para llevarlas a la sobriedad, hablándoles de las terribles consecuencias, no detiene a quienes dependen de sustancias. La única forma de acabar con la dependencia es descubriendo y sanando las causas y raíces de la dependencia de cada persona. Las sesiones individuales son de vital importancia puesto que los problemas individuales, que son la fuente de la dependencia, son precisamente eso, completamente individuales.

Otro aspecto del paradigma del tratamiento tradicional que contribuye a su reducida tasa de éxito es el hecho de que el tratamiento en sí a menudo refuerza una autoimagen negativa. En primer lugar, pensemos en el estigma relacionado con la idea de que el alcoholismo es una enfermedad incurable y que la persona la padece. Es terrible imponerle eso a alguien. Etiquetar el alcoholismo como una enfermedad, como una causa en sí, simplemente no encaja con lo que sabemos hoy en día sobre sus causas.

La imagen que se tiene de los alcohólicos y los adictos es un estigma aún más potente. Cuando éramos niños, todos sabíamos lo que era un "borracho". Los veíamos buscando en los botes de basura, apestaban a orina y usaban viejos pantalones de mezclilla llenos de hoyos. Los veíamos durmiendo en los callejones y en las aceras. Escuchábamos historias sobre los borrachos que golpeaban a sus esposas y a sus hijos. Y lo que es peor, algunos de nosotros sufrimos esos abusos, y sabíamos que no queríamos crecer y llegar a ser alcohólicos. Existe un estigma ligado con ser alcohólico que es imposible borrar, aunque ahora seamos adultos y hayan pasado muchos años. Ese estigma existe en la mente de todos. Lo mismo ocurre con los adictos. Hemos oído hablar de ellos y sabemos que nunca queríamos ser como ellos. Pero ahora, para que una persona pueda hablar en una reunión de AA, se le pide que se presente diciendo que es adicto, alcohólico, o las dos cosas.

Poder, no impotencia

Sé que AA y otros programas de doce pasos han salvado muchas vidas. En 1935, cuando no había otros programas, los fundadores de AA, Bill Wilson y el Dr. Robert Smith, tomaron la responsabilidad del problema y entraron en acción para ayudar a una población dañada. Se les reconoce el mérito de haber establecido un grupo maravilloso que ha salvado vidas, y se reconoce el mérito de sus sucesores que han continuado con esa tradición. Sin embargo, hay cientos de millones de personas que todavía necesitan ayuda y que no están entre los dos o tres millones de personas que se calcula asisten a las reuniones de doce pasos.

Pax y yo respondemos a todas las llamadas que llegan a Passages, y hablamos con miles de personas. Muchas de ellas están completamente en contra del programa de AA. La mayoría de las personas con quienes hablamos y que no les gusta el programa de AA, nos dicen que no asisten a esas reuniones por la misma razón de que no les gusta decir que son adictos o alcohólicos.

AA afirma que está abierto a cualquier persona, como se dice en la Tercera Tradición, "El único requisito para ser miembro de AA es un deseo de dejar de beber", pero no está abierto a todos. Está abierto sólo para los que están dispuestos a declarar públicamente que son alcohólicos o adictos, y que están dispuestos a renunciar a su derecho inherente de independencia, pues se declaran impotentes ante las drogas adictivas y el alcohol, como se dice en el Paso Uno: "Admitimos que fuimos impotentes ante el alcohol; que nuestras vidas se volvieron incontrolables".

Renunciar al poder de cambiar para mejorar es inherentemente desagradable para cualquier persona, y obligar a la gente a afirmar que son adictos o alcohólicos para poder hablar en una reunión, es vergonzoso y deprimente. El estigma relacionado con esas etiquetas es tan grande que la mayoría de las personas no lo toleran. Tales declaraciones arruinan una autoimagen sana. Nos convencen de que aunque logremos la sobriedad, seguiremos estando destrozados, no estaremos plenos, estaremos desgastados, no seremos seres nuevos o llenos de frescura.

Creo que los que están renuentes a afirmar que todavía son adictos o alcohólicos saben, aunque sea a nivel subconsciente, que la programación mental inherente al hecho de proclamar que son adictos o alcohólicos, es muy perjudicial. El pequeño beneficio relacionado con afirmarlo (recordar que la persona que antes era alcohólica tiene el riesgo constante de reincidir) se desvanece ante la autoimagen negativa que crea. De hecho, esa autoimagen negativa es lo que contribuye a la reincidencia. Cuando las personas que creen que son adictas o alcohólicas están bajo una gran cantidad de estrés o sufren traumas, mentalmente se dan permiso de beber o usar drogas como remedio. Después de todo, ¿no son alcohólicos o adictos? ¿Y qué hacen los alcohólicos y los adictos? Beben y usan drogas adictivas.

La literatura de AA proclama que nadie sabe lo que crea el alcoholismo, que es un misterio. En cierta época, la gente creía que la tierra era el centro del universo y que el sol giraba alrededor de ella. Pero llegaron Galileo y Copérnico y lo cambiaron todo. Si alguien dijera esa clase de tonterías hoy en día, nos reiríamos de él. De manera similar, las causas del alcoholismo se conocen muy bien en la actualidad, y puedes leer sobre ellas en este libro. Ha llegado el momento de dejar de repetir la información errónea de que el alcoholismo es un "misterio" y avanzar hacia el futuro con un nuevo paradigma de tratamiento, un paradigma que incluya el conocimiento actual y nuestro poder innato, no nuestra impotencia, para sanarnos por completo.

La primera vez que Pax y yo tuvimos la idea de abrir Passages, un conocido mío me recomendó que hablara con un abogado de Beverly Hills que podría tener buenas ideas. Como esta persona conocía las reservas que yo tenía sobre los programas de doce pasos, me advirtió: "Ten cuidado. Él es un partidario incondicional de los programas de doce pasos".

Llamé al abogado y le hablé de las intenciones que teníamos Pax y yo. De inmediato me preguntó: "¿Su centro tendrá la orientación de los doce pasos?".

Le aseguré que sí, pero le dije que yo tenía ciertas reservas sobre el programa de doce pasos. Pude sentir que eso le había molestado. "¿Ah, sí? ¿Y cuáles son sus reservas?".

Dije; "Bueno, el primer paso...", hasta ahí llegué.

Él explotó: "¡No diga más! Acaba de perderme. Estoy fuera de esto".

"¡Espere!", le dije. "¡No cuelgue! Dígame por qué está tan enojado".

"Hace dos años, desperté en el hospital", respondió. "Había estado en coma durante tres días por beber alcohol, y sabía, sabía absolutamente y sin duda alguna, que no tenía poder sobre el alcoholismo. Decidí hacer algo al respecto. Llamé a AA, conseguí un patrocinador, y lo llamo cinco veces al día y asisto a las reuniones cinco veces a la semana. ¿Qué opina usted de eso?".

"Me parece que su poder funcionó", dije. Me colgó el teléfono.

¿Cómo pudo dejar de ver algo tan evidente? Él había decidido controlar su hábito de la bebida y lo había hecho. Eso no era ser impotente, sino todo lo contrario. Cada persona que tiene éxito en el programa de AA es una prueba viviente de que tiene poder sobre las drogas adictivas y el alcohol; el poder de dejar de usarlos. Cuando el *Libro Grande* (la biblia de Alcohólicos Anónimos) habla del paso uno, dice: "Admitimos que éramos impotentes ante el alcohol". Hago notar que se refiere al pasado, no al presente. No dice que somos impotentes ante el alcohol; dice que *éramos* impotentes ante él. Esa afirmación puede interpretarse en diferentes formas, pero me parece que implica que, aunque antes éramos impotentes, después decidimos usar nuestro poder para hacer algo respecto a nuestra dependencia.

Una oportunidad de una magnitud sin precedente

Los tiempos cambian y se hacen descubrimientos que muestran que otras técnicas y enfoques son menos eficaces. El cambio es inevitable. Permanecer rígidos cuando todo el mundo está cambiando y avanzando es buscar fracasos. El programa de AA en concreto está ante el desafío de una oportunidad de una magnitud sin precedente. No enfrentar ese desafío equivale a no hacer justicia al alto precedente establecido por los hombres valerosos que establecieron AA en un principio, ni permitirá que AA tenga un futuro en el que pueda abrir un nuevo sendero para las personas que lo necesitan en todo el mundo.

Pido perdón a todos los miembros de cada grupo de doce pasos que hay en el mundo, en especial a los miembros de Alcohólicos Anónimos, por las veces que he escrito en este libro lo que parecen ser comentarios negativos sobre algunos de los pasos y consignas que se usan en los grupos de AA. No es mi intención ofenderlos. Me encantaría ver que el programa de AA despegue y se eleve, y que en esa forma responda a millones de personas más. Después de todo, nuestra meta también es ayudar a quienes abusan del alcohol o las drogas a llegar a un punto en el que logren una recuperación completa. Al igual que ustedes, creo que una vez que se hayan recuperado, nunca más deben beber, ni usar drogas adictivas. La única diferencia entre nosotros es el camino que seguimos para alcanzar y mantener la meta de la sobriedad.

Los días en que la única forma de conseguir ayuda era pertenecer a un grupo que apoyara a las personas mientras luchaban en el trayecto hacia la sobriedad, han pasado. Hay una forma más eficaz. Bill Wilson y el Dr. Robert Smith fueron visionarios, hombres que vieron un problema y dieron pasos valientes y osados para hacer algo al respecto. Siguiendo su tradición, deseo que AA tenga el poder de cambiar, de perfeccionar ligeramente su programa y eliminar los aspectos que son desagradables para muchas personas y que sienten que no les ayudan.

La reincidencia no es parte de la recuperación

Siempre que he usado la palabra *cura* al hablar sobre los alcohólicos o los adictos en presencia de personas que trabajan en el tratamiento del abuso de sustancias, me interrumpen en medio de la frase como si hubiera yo dicho una obscenidad. "¡No hay tal cura! ¡El alcoholismo y la adicción duran por siempre!": Me lo dijeron una y otra vez. Algunos terapeutas de hecho se sienten amenazados cuando me escuchan hablar de una cura, y se ponen bastante agresivos. Constantemente usan el precepto básico de Alcohólicos Anónimos: "Una vez que uno es alcohólico, siempre será alcohólico", y "una vez que uno es adicto, siempre será adicto", como una prueba de que están en lo correcto cuando dicen que una cura es imposible.

Existen muchas pruebas aparentes que apoyan esa creencia. Un estudio gubernamental con más de un millón y medio de alcohólicos y adictos averiguó que más del 25% de quienes usaban heroína habían estado en cinco o más centros de tratamiento, sin éxito.[1] La tasa nacional de reincidencia en lo que concierne a todas las drogas, es de casi un 80%, e incluso más alto (86%) en lo que concierne al alcohol y a la heroína.[2] La mayoría de las reincidencias ocurren unas cuantas semanas después de que los alcohólicos y adictos habían intentado vivir sobrios, y muchas ocurren sólo unos cuantos días después. Hasta personas que han estado sobrias durante diez, veinte o treinta años, reinciden. La mayoría de los adictos y alcohólicos no sólo tienen una reincidencia, sino muchas. No importa con cuánta desesperación deseen dejar el vicio, una y otra vez regresan al alcohol o a la droga de su preferencia.

De hecho, existe una frase que se usa en los programas de doce pasos: "La reincidencia es parte de la recuperación". Es otro lema peligroso que se basa en un mito, y lo único que hace es permitir que las personas reincidan porque creen que al reincidir están en camino a la recuperación. El hecho de que la tasa de fracaso en algunos programas de tratamiento sea tan grande, no significa que la reincidencia deba ser la norma. *La reincidencia no es parte de la recuperación*. La reincidencia es parte del fracaso. La reincidencia es regresar a la dependencia. La *sobriedad* es parte de la recuperación. Tal vez ahora estés empezando a entender por qué la tasa de reincidencia es tan alta; lo es porque las personas sólo están tratando de dejar las drogas o el alcohol sin curar las causas subyacentes, que es como tratar de dejar de rascarte mientras sigues teniendo comezón en la pierna.

Si observas el panorama mundial de la reincidencia entre los alcohólicos y adictos, es difícil que no creas en el lema de que "la reincidencia es parte de la recuperación". Pero el éxito del programa de tratamiento de Passages es una prueba de lo contrario. De hecho, la frase "Sobriedad Fácil" [Easy Sobriety®] es una de nuestras marcas registradas. Significa que permanecer sobrio es fácil una vez que has logrado sanar con éxito las condiciones subyacentes que en un principio fueron la causa de tu dependencia.

Muchos de nuestros graduados nos llaman y nos hablan de sus éxitos en los negocios, en la vida, en el matrimonio, en las relaciones y en las condiciones generales de la vida. Hay un innegable tono de certeza en su voz, incluso un tono de victoria. Es casi imposible expresar con palabras la gratitud que sienten por haberse curado. Y son libres.

Podemos escuchar el sonido de la libertad en su voz cuando hablan de las metas que han alcanzado después de salir de Passages y de sus planes para el futuro. No hay incertidumbre, nada indica que teman desilusionarse en el futuro, como lo hicieron en el pasado. El espectro de la reincidencia no los acosa. Se casan, tienen hijos, empiezan nuevas carreras profesionales, emprenden nuevos negocios, siguen con sus negocios anteriores, tienen nuevos intereses que descubrieron mientras estaban en tratamiento, sanan sus antiguas heridas emocionales, renuevan las amistades que habían perdido, y reparan los daños que causaron.

Descubrir el dolor que te impulsa al uso y al abuso

¿Qué es lo que hace posible que nuestros pacientes tengan una recuperación tan maravillosa? En primer lugar, ellos merecen el mérito. Cada persona lo logró por sí misma. Nosotros ayudamos, pero ellos lo lograron. Participaron plenamente en nuestro programa. Aunque algunos de ellos entran al programa con renuencia, pocos días después, responden plenamente a la atmósfera de curación, al amor y a la destreza de nuestros terapeutas.

Estuvieron dispuestos a analizar profundamente su pasado, lo más recóndito de su mente y las razones por las cuales estaban abusando de sustancias o teniendo un comportamiento indeseable. Estuvieron dispuestos a buscar en su interior las razones por las cuales abusaron de sustancias o se comportaron en forma indeseable, y estuvieron dispuestos a hacer cambios en sí mismos para alcanzar la meta de quedar libres de sus dependencias. Dejaron de culpar a otras personas y circunstancias por su condición y asumieron la responsabilidad por sus acciones, en el presente y en el pasado. En muchos casos, encontramos que la causa de sus dependencias eran problemas físicos, y cuando se trataron, su dependencia terminó, en especial cuando la droga que habían elegido era un medicamento, un analgésico.

Un factor clave y esencial para la recuperación en Passages es que todos los miembros del personal consideran que una dependencia no es otra cosa que el esfuerzo que hace la persona por enfrentar la vida. Así es como tú también deberías considerarla. Sabemos que no quieres ser un borracho y que no quieres estar enganchado en drogas adictivas. Lo haces porque no puedes enfrentar la vida sin cierto apoyo, aunque ese apoyo sea dañino.

Reconocemos que has usado sustancias para recuperar el equilibrio que has perdido, para tratar de sentirte como te sentías antes de que surgiera la necesidad de usar drogas adictivas o alcohol. Sabemos que usas sustancias para alterar tu estado de ánimo, para ocultar tu tristeza, para aliviar los desengaños que te destrozan el corazón, para reducir tu estrés, para borrar tus recuerdos dolorosos, para escapar de una realidad que te lastima o para hacer llevaderos los días o noches que no puedes soportar.

Ninguna otra cosa te ha funcionado. Nada ni nadie te ha ofrecido un remedio para tus problemas y tu dolor, ningún médico, terapeuta, centro de tratamiento, especialista en adicciones; tampoco lo hicieron tus padres, tu esposa o esposo, tus hermanos o hermanas, ni tus amigos. Pero tú encontraste un remedio que sí funciona. Ése es el problema de las drogas y el alcohol: funcionan. Tal vez sólo funcionan en forma temporal, y tienen efectos colaterales terribles y mortales, pero funcionan.

Te liberan del dolor que hace que uses sustancias y abuses de ellas. En Passages nunca hemos encontrado que sea diferente; *en el fondo de la dependencia de cualquier persona, siempre hay dolor. Descubrir el dolor y sanarlo, es un paso esencial para acabar con la dependencia.*

Nancy había estado bebiendo durante veinte años. Bebía hasta que quedaba inconsciente, y las heridas que se había causado al caer eran muchas. El día que Nancy llegó a Passages, un médico examinó sus signos vitales: el pulso, la presión sanguínea y la temperatura, y dijo: "Tu frecuencia cardiaca en reposo es de ciento dos, en lugar de setenta y dos, que es lo que se considera normal. ¿Tomas alcohol para poder dormir por la noche?

"Claro", respondió ella, como si pareciera obvio. Él le recetó un medicamento sencillo para reducir y normalizar su frecuencia cardiaca. Ella terminó el programa y regresó a casa sobria. Nancy reincidió dos veces y en ambas ocasiones volvió a Passages. La causa de su insomnio se había sanado, pero ella se sentía sola, pues había estado divorciada durante varios años y le era difícil vivir así; su única compañía era una sirvienta. Finalmente, aceptó su situación con todas sus consecuencias, y ahora ya ha estado sobria durante más de dos años. En una conversación que tuve con ella hace unos seis meses, me dijo: "Nunca te olvidaré y nunca dejaré de agradecerte por haber salvado mi vida".

Definitivamente, el alcoholismo no es una enfermedad, no lo es. Esta pobre mujer había estado dañándose durante aproximadamente veinticinco años, cuando un médico competente y varios buenos terapeutas habrían podido salvarla de todos esos años de abuso.

Lo que las personas le decían es que ella era alcohólica, que siempre lo sería, que el alcoholismo era una enfermedad, que era incurable, y que sufría esa enfermedad. Lo cierto es que, desde su punto de vista, el alcoholismo no tiene remedio.

¿Qué decir de los programas de doce pasos a los que ella asistió y en los que le dijeron: "Una vez que eres alcohólica, lo serás por siempre"? ¿Puedes ver que es casi seguro que las reuniones y los centros que no abordan las causas reales de la dependencia no puedan ayudar a las personas? De hecho pueden ser más dañinos.

Una de las tareas más difíciles que tenemos en Passages es ayudar a nuestros pacientes a olvidar lo que han aprendido en otros centros de tratamiento. Éste es un ejemplo del tipo de conversación que con frecuencia tengo con mis pacientes cuando los veo por primera vez:

"Hola, soy Chris, Bienvenida a Passages".

"Hola, soy Mary. Soy alcohólica".

"No, no lo eres".

"¿Qué?".

"No eres alcohólica".

"Sí lo soy".

"¿Qué soy?".

"Eres una persona dulce y maravillosa, que sufre en su interior y que simplemente se volvió dependiente del alcohol para poder llegar al final del día".

Poco después, la persona invariablemente viene a verme y dice: "Cuando me dijiste que yo no era alcohólica, me alegraste la vida. Fue un gran alivio... No tienes idea".

Respirar aire fresco

Lo que tú crees es uno de los aspectos más importantes de tu curación y de tu oportunidad de llevar una vida feliz. ¿Recuerdas la historia que presenté antes sobre Roger Bannister, quien acabó con el paradigma de que era imposible correr una milla en menos de cuatro minutos? ¿Recuerdas que en cuanto él acabó con esa creencia, muchos otros corredores hicieron lo mismo que él había hecho?

De nuevo repito: Ahora te toca a ti acabar con el paradigma existente en cuanto a lo que piensas sobre el alcoholismo, sobre las adicciones y sobre ti mismo. *No eres un alcohólico, ni un adicto. No tienes una enfermedad incurable. Sólo te volviste dependiente a sustancias o a un comportamiento adictivo para poder enfrentar las condiciones subyacentes que ahora vas a sanar, y en ese momento cesará tu dependencia por completo y para siempre.*

Por favor, tómate un momento para decir en voz alta: *"No soy un alcohólico"* o *"No soy un adicto"*. (Si usas alcohol y también drogas o tienes un comportamiento adictivo, di: *"No soy un alcohólico ni un adicto"*.) Luego añade: *"Simplemente me he vuelto dependiente del alcohol* (de drogas adictivas, de un comportamiento adictivo o de todas estas cosas) *y ahora voy a acabar con esa dependencia para siempre"*.

¿No es como respirar aire fresco? Tal vez en este momento sientas que se levanta un peso de tus hombros; un peso que tal vez te ha estado abrumando durante años bajo el yugo de la falsedad de que eras víctima de una enfermedad incurable. Te ayudará repetir estas afirmaciones positivas varias veces al día. Es esencial que las creas para poder sanar por completo.

Tomando en cuenta el final de la historia de Pax, la información de este capítulo, y tal vez tu propia experiencia, ahora sabes por qué los enfoques tradicionales al tratamiento no funcionan para la mayoría de las personas. Pax y yo tuvimos que sufrir seis años horribles y agotadores para manejar su dependencia a la heroína, la cocaína y el alcohol, y así como cuatro años antes enfrentamos este tipo de problema cuando él estaba usando principalmente mariguana y alcohol. Pero el resultado final de esa terrible experiencia hizo que cada segundo y todos nuestros esfuerzos valieran la pena. No puedes renunciar a tus hijos, a tus seres queridos, ni a ti mismo, si tú eres el que está buscando una cura. Sólo recuerda que *no estás luchando contra las drogas, el alcohol, ni los comportamientos adictivos;* estás luchando contra las causas de tu dependencia, tema que voy a abordar en el siguiente capítulo.

No necesitas experimentar lo que Pax y yo vivimos. Puedes lograr tus objetivos, lo sé. Siguiendo la información que se presenta en este libro, pronto estarás libre de tus dependencias. Puedes estar completamente seguro.

Capítulo 5

Las cuatro causas de la dependencia

Lo que te deseo es que vivas la vida con paz, con felicidad y con buena salud, completamente libre de la necesidad de usar sustancias o comportamientos adictivos. Para lograrlo, tú y yo vamos a hacer un viaje hacia los confines internos de tu mente y de tu cuerpo, donde se encuentran las causas de tu dependencia. Sólo son cuatro:

Causa 1: Desequilibrio químico.
Causa 2: Sucesos no resueltos de tu pasado.
Causa 3: Creencias que tienes y que no corresponden con lo que es verdad.
Causa 4: Incapacidad para enfrentar las condiciones del presente.

El desequilibrio químico (causa 1) siempre es el principal culpable de la dependencia. Los problemas físicos de nuestro cuerpo no son la única causa de los desequilibrios químicos, sino que cuando las causas 2, 3 y 4 están presentes, también pueden crear desequilibrios químicos en nuestro interior. Así que aunque podrías decir que el desequilibrio químico es la causa de todas las dependencias, y estarías en lo correcto, es necesario descubrir y sanar los factores específicos relacionados con las causas 2, 3 y 4 que podrían estar presentes en tu interior, para poder liberarte por siempre de las dependencias.

Antes de leer esto, tal vez creías que las causas de la dependencia de hecho estaban fuera de ti mismo, pero ése no es el caso. Es fácil ver que la causa 1 (el desequilibrio químico) y la causa 3 (creencias que tienes y que no corresponden con lo que es verdad) están en tu interior. En el caso de la causa 2 (sucesos no resueltos de tu pasado), esos sucesos viven en tu mente, y tal vez cada día tengas que enfrentarte a los resultados de esos sucesos. En cuanto a la causa 4 (incapacidad para enfrentar las condiciones del presente), aunque las condiciones están en el exterior, tu incapacidad para enfrentarlas está en tu interior. Todas las causas están en tu interior, y ahí es adonde iremos para descubrir y sanar las raíces de tu dependencia.

No incluyo al alcohol, a las drogas adictivas o al comportamiento adictivo como causas de la dependencia, ya que no son causas; ni siquiera son parte del problema. Podemos volvernos adictos a ciertas drogas, como la morfina, debido a sus cualidades adictivas, pero después de varias semanas de dejarlas, los síntomas de abstinencia desaparecen junto con la dependencia física. De modo que algo más (una de las cuatro causas) tiene que estar presente en nosotros para que sigamos deseando usar esas drogas. Hay muchas otras sustancias y comportamientos a los que podemos volvernos adictos a nivel psicológico debido a la euforia que nos producen, pero podemos librarnos de esas dependencias en cuanto curemos alguna de las causas arriba mencionadas, que era lo que estaba detrás de la adicción.

No incluyo las tendencias genéticas como una causa de la dependencia por dos razones. En primer lugar, sólo son tendencias, y aunque pueden predisponernos a volvernos dependientes del alcohol o de las drogas adictivas, no necesariamente te vuelves dependiente sólo porque tus antepasados fueran dependientes. Algunas personas tienen una tendencia genética a engordar, pero eso no significa que van a engordar o que tienen que engordar. Hay muchas personas que están completamente sobrias o que pueden beber socialmente, aunque sus padres y abuelos hayan sido dependientes a las drogas o al alcohol.

Si tienes una tendencia genética a tener problemas de la tiroides, eso puede llevar a disfunciones glandulares, lo que produce un desequilibrio químico. Sin embargo, en lugar de incluir la genética en el asunto (pues es algo que no se puede controlar), es más exacto decir que tienes una disfunción glandular que crea un desequilibrio químico (algo que puedes controlar porque puedes buscar un tratamiento para esa disfunción).

La segunda razón por la que no incluyo la genética como una causa es que aunque podrías tener una predisposición genética a la dependencia, una o más de las cuatro causas deben estar presentes para que de hecho te vuelvas dependiente. Las cuatro causas son mucho más imperiosas que la genética. Sin embargo, he visto que muchos profesionistas en la industria del tratamiento del abuso de sustancias asienten con la cabeza al escuchar que alguien tuvo padres o abuelos que eran dependientes, como si eso lo explicara todo.

Es importante que no supongas que tu historial familiar ha marcado tu destino en cuanto a la dependencia. Si tienes antepasados que fueron dependientes a las drogas o al alcohol; si has recibido información sobre el factor genético y crees que tienes una predisposición hacia la dependencia, eso va a actuar en tu contra. *La genética juega un papel, pero es un papel muy pequeño, y tu tendencia a llegar a ser dependiente, si es que la tienes, se supera fácilmente cuando se curan las cuatro causas.*

Hemos tenido muchos pacientes que nos han dicho que tienen personalidades adictivas porque sus padres eran adictos, pero cuando investigamos el asunto, las cuatro causas siempre fueron responsables de la adicción. Entre los pacientes que han tenido éxito en Passages hay muchas personas que aseguraron tener personalidades adictivas o tener una inclinación genética a la dependencia. La tarea más importante para ayudarles a encontrar una cura, siempre fue convencerlos de lo contrario. Además, casi todos los que tienen una dependencia, tienen una autoimagen muy negativa. No incluyo esto como una causa de la dependencia porque tener una autoimagen negativa es un síntoma que siempre tiene sus raíces en una o más de las cuatro causas.

Para ayudarte a comprender más sobre cada una de las cuatro causas de la dependencia, proporcionaré algunos ejemplos de la forma en la que actúan cada una de ellas.

Causa 1: desequilibrio químico

El desequilibrio químico puede brotar de una variedad de fuentes. Las secreciones de tu cuerpo producen sustancias químicas que llegan a tu cerebro y crean sentimientos como la ansiedad, el estrés, la depresión, el enojo, la alegría, el éxtasis, la euforia y el bienestar. Los alimentos que comes, los líquidos que tomas y las sustancias químicas que ingieres también influyen en la forma en que te sientes, lo que a su vez crea más sustancias químicas. Además, los pensamientos que tienes y las emociones que sientes crean sustancias químicas en tu interior.

Muchas personas, y tal vez tú seas una de ellas, andan por ahí, en un estado de desequilibrio químico, sintiéndose muy mal casi constantemente. Algunas sienten que no tienen suficiente energía para llegar al final del día, mientras que otras sienten que no pueden desacelerarse. Algunas sienten que están enfermas o nerviosas, agitadas o incluso paranoicas, que algo malo está a punto de suceder en cualquier momento. Y otras sienten que su pensamiento se ha nublado. Todas estas sensaciones son el resultado de un desequilibrio químico.

Imagina por un momento que saliste a cenar, y después de la cena quieres tomar una taza de café. No quieres cafeína porque sabes que no te dejará dormir y tienes que levantarte temprano porque tienes una reunión muy importante, así que pides un café descafeinado. El mesero te trae el café y sabe tan sabroso que te tomas otras dos tazas. De regreso a casa sientes como si te hubieran inyectado adrenalina. Es obvio que el mesero se equivocó y no te sirvió café descafeinado.

No puedes dormir, sólo das vueltas en la cama, te sientes atontado y tenso; y al mismo tiempo sabes que tienes que levantarte a las seis de la mañana. Te gustaría agarrar al mesero y ahorcarlo. Te levantas, caminas de un lado a otro; bebes leche tibia tratando de relajarte, pero a las cuatro de la mañana todavía estás despierto. Te sientes fatal, como si hubieras estado caminando en la cuerda floja toda la noche. Estás angustiado y enojado, y temes que causarás una pésima impresión en la reunión a la que tienes que asistir.

Finalmente, habiendo dormido sólo dos horas, te levantas sintiendo como si hubieras luchado en la Segunda Guerra Mundial. Tienes un mal día, y al anochecer estás listo para irte a la cama, taparte hasta la cabeza con las cobijas y esperar a que ese mal día acabe de pasar. El desequilibrio químico que te produjo el error del mesero no fue tu culpa. Tú no eres responsable de lo que pasó. Sin embargo, tuviste un desequilibrio químico y por eso sufriste.

Cuando sufres un desequilibrio químico causado por el mal funcionamiento de una de tus glándulas, por ejemplo, podrías recurrir a una sustancia adictiva para tratar de sentirte mejor. Si tienes demasiada adrenalina, estarás tenso, nervioso, inquieto y no podrás relajarte. Eso podría llevarte a recurrir al alcohol para calmar tu sistema nervioso y tranquilizarte, o podrías recurrir a un fármaco, como Valium, para tratar de serenarte. Si tu cuerpo no segrega suficiente adrenalina, te sentirás lento y sin suficiente energía para pasar el día, y quizás recurras a la cocaína o a las metanfetaminas para recuperar la energía.

En resumen, tal vez seas una persona bienintencionada, que no tiene malos hábitos y normalmente no bebe, ni usa drogas, pero un desequilibrio químico hace que te sientas mal. Al no saber qué hacer, bebes o usas drogas adictivas para modificar tu condición. Como dije antes, uno de los principales problemas relacionados con el alcohol y las drogas adictivas es que funcionan. A menos que identifiques tu condición subyacente y la corrijas, es probable que continúes dependiendo de estas sustancias para sentir alivio.

De la ira a la paz

Cuando estaba yo escribiendo este libro, recibí por correo electrónico el siguiente mensaje de un antiguo paciente cuyo desequilibrio químico ya se había corregido, y por consiguiente, también se había corregido su dependencia. Me resisto a incluirlo aquí porque contiene muchos elogios sobre mí a nivel personal, pero es tan representativo de los mensajes que recibo casi todos los días de los pacientes a quienes curamos de sus desequilibrios químicos, que decidí reproducirlo al pie de la letra.

Estimado Chris:

He querido darte las gracias una vez más, y una vez más, a lo largo de toda mi vida: ¡¡¡Gracias por salvarme la vida!!! En realidad eres una persona maravillosa, dotada y bendecida, pero éstos son los hechos: ¿Cuántas personas han usado la expresión "me salvaste la vida"? En son de broma todos la hemos usado, pero la razón por la que yo la uso sigue en pie. Cuando fui a Passages hace dos años apenas si estaba vivo, y con tu compasión humana hacia mí, que estaba a punto de morir, me mostraste el camino y me diste las herramientas de la vida para estar sobrio y para vivir cómodo en mi cuerpo.

Nunca olvidaré el tratamiento de Passages, ni la forma en que me mostraste el camino y cómo podía yo seguirlo. Pensé que estabas loco, ¡pero no! ¡Lo único que yo necesitaba hacer era mirarme al espejo para saber que el que estaba loco era yo! Tú eres el hombre que me inspiró a ayudar a otros como tú lo hiciste conmigo. Cuando era niño, creía que el Mago de Oz vivía en la ciudad Esmeralda; pero en realidad nunca vivió ahí. Lo supe siendo adulto. Vive en una hermosa zona residencial llamada Malibú, y lo conozco muy bien: su nombre es Chris Prentiss, el Mago de Oz de Malibú, California. ¡¡¡Nunca dejaré de darte las gracias!!! Ahora realmente tengo la vida más maravillosa por primera vez en cuarenta y cuatro años; tengo paz interior, estoy sano en mi cuerpo, mi mente y mi alma. Mantente en contacto conmigo siempre. Espero con gusto la fecha en la que vamos a reunirnos.

Con mis mejores deseos, Joseph

Joseph recurrió a nosotros hace dos años; era un hombre iracundo. Había una orden de restricción que le prohibía ver a sus hijos. Lo despidieron de una empresa a nivel nacional que él ayudó a fundar y estaba en medio de los trámites de un divorcio muy violento. Estaba enojado con todo el mundo. Era tan intolerable que al terminar su primera semana en Passages le pedí que se fuera porque inquietaba a los demás pacientes. Pax habló conmigo y me pidió que le permitiera quedarse unos días más. Yo estaba renuente, pero acepté.

El que salvó la situación fue el médico que yo le recomendé a Joseph. Resulta que Joseph tenía un desequilibrio químico que no se había tratado y a causa del cual él había sufrido desde que era niño. El médico lo descubrió y le prescribió medicamentos que equilibraron los patrones de sus ondas cerebrales. Un día después, Joseph se había convertido en la persona más amable del centro; era cordial, generoso, servicial y cariñoso. Todas esas características eran sus dones naturales, pero durante muchos años él había estado a merced de un desequilibrio químico que generaba un enojo del que él no era responsable. Cuando el desequilibrio se corrigió, Joseph se transformó en una persona afable, y como se puede ver por el mensaje que me mandó, lo sigue siendo dos años después de graduarse con nosotros.

Hemos descubierto que las personas que tienen desequilibrios químicos similares al de Joseph en ocasiones requieren medicamentos que actúan como un bálsamo temporal en su proceso de curación. Sólo en muy pocos casos se requiere el uso continuo de medicamentos. De ser así, casi siempre se trata de desequilibrios químicos que han estado presentes desde el nacimiento. En la gran mayoría de los casos, la razón del desequilibrio químico puede descubrirse con la ayuda de profesionistas especializados (como se describe en el Capítulo Siete) y puede corregirse permanentemente sin que sea necesario seguir utilizando medicamentos.

Causa 2: Sucesos no resueltos de tu pasado

Llevar a cuestas las heridas que has causado a otros, las heridas que otros te han causado a ti, o el resentimiento por las pérdidas que has sufrido, ya sean financieras, espirituales, físicas o emocionales, como la pérdida de un ser querido, produce falta de armonía en la vida presente, lo que crea un desequilibrio químico (causa 1). Los sucesos de la infancia, incluso los que no recuerdas, pueden ser la causa de que hoy en día abuses de sustancias.

Mary, una mujer de más de cincuenta años originaria de Nueva York, había estado bebiendo alcohol; bebía tanto que casi todas las noches perdía el conocimiento. Bajó de peso, no podía trabajar durante el día, y en varias ocasiones había sido hospitalizada. Era casada, tenía dos hijos y toda su familia estaba sufriendo. Mary había estado en varios centros de tratamiento, pero todo había fracasado, y su esposo la trajo con nosotros sin tener muchas esperanzas. Su psiquiatra le había recomendado Passages, así que decidió poner a prueba nuestro programa como último recurso.

Mary conocía la causa de su sufrimiento, pero no podía hablar del tema. Literalmente le era imposible decirnos lo que había pasado que le estaba causando tanto dolor. Había sido víctima de tantos abusos y estaba tan avergonzada que no podía hablar de recuerdos que eran tan indignos y atrozmente dolorosos. Pasaron meses antes de que supiéramos la fuente de su dependencia. Ella había sido víctima de incesto. Sus cinco hermanos y su padre tuvieron relaciones sexuales con ella a lo largo de un periodo de varios años que empezó cuando ella era sólo una niña. Ella había reprimido esos recuerdos durante muchos años, y cuando finalmente surgieron a la superficie, ella no pudo enfrentarlos. El alcohol hacía que esos recuerdos se desvanecieran, pero ella necesitaba beber suficiente como para poder bloquearlos.

En Passages, finalmente pudo hablar de lo que le había pasado. Cuando lo hizo, su deseo de beber alcohol terminó. Aunque el deseo desapareció, tenía unas pesadillas terribles y seguía estando aterrorizada. Durante su tratamiento, mientras trabajaba con los terapeutas para sanar su dolor, volvió a sentirse bien. Ya no usa el alcohol, ni desea usarlo, y ya no tiene pesadillas.

Causa 3: Creencias que tienes y que no corresponden con lo que es verdad

Las creencias que tienes y que no corresponden con lo que es verdad harán que lleves a cabo acciones que no producen los resultados que deseas. Eso lleva a desilusiones, a frustraciones y a falta de armonía, y todo esto crea desequilibrios químicos.

La causa 3 se relaciona ante todo con el hecho de que tu filosofía personal no te apoya en tiempos difíciles, y por consiguiente experimentas angustia, estrés e incapacidad para alcanzar tus metas. Si lo que crees se opone a "lo que es", a lo que otros llaman "realidad" y a lo que yo llamo "ley universal", chocarás contra esa realidad.

Por ejemplo, si crees que la forma de ganar amigos es insultar continuamente a las personas que acabas de conocer, tus esfuerzos por conocer a más personas y cultivar una amistad con ellas serán inútiles y pronto descubrirás que lo que crees no corresponde con la realidad sobre la forma de ganar amigos. Sin embargo, si ajustas lo que crees de modo que esté de acuerdo con lo que es verdad, en lo que concierne a ganar amigos, y si actúas de acuerdo a esas creencias, tal vez haciendo un esfuerzo adicional para ser amigable, cordial y servicial, podrás ganar amigos.

Si crees que el mundo está lleno de gente que te va a engañar en toda oportunidad, serás desconfiado y transmitirás esa desconfianza a todos los que trates. Como a nadie le gusta que otros piensen que no se puede confiar en ellos, te será difícil crear amistades y conservar socios de trabajo. Si eres dueño de un negocio y crees que tus empleados te van a robar en cada oportunidad que tengan, crearás condiciones de trabajo en las que a tus empleados no les gustará trabajar para ti. Te será difícil contar con la lealtad de tus empleados. A las mujeres que creen que lo único que quieren todos los hombres es tener relaciones sexuales con ellas, les será muy difícil encontrar un amor verdadero.

Cuando a las personas les sucede algo que aparentemente es malo, todos las hemos escuchado afirmar: "Sólo es por mi mala suerte", lo que significa que por lo general tienen mala suerte. He escuchado a muchas personas decir: "Si no existiera la mala suerte, yo no tendría mala suerte". En realidad, las personas que creen que tienen mala suerte, crean la mala suerte. Entonces, cuando experimentan lo que parece ser mala suerte, dicen: "Lo sabía". Por otra parte, quienes creen que son muy afortunados, que el mundo es un lugar generoso y lleno de gente en la que se puede confiar, viven exactamente en esa clase de mundo.

Lo más importante es que si crees que vives en un universo que no te responde, que no está consciente de ti y que eres una parte tan insignificante que te pueden pasar cosas muy malas, vivirás en un estado de miedo y desconfiarás del futuro. Vivir así produce infelicidad, lo que a su vez produce un desequilibrio químico que puede llevarte a buscar drogas o alcohol como una forma de aliviar esos sentimientos. Por el contrario, cuando aprendes a vivir de acuerdo con lo que es verdad en el universo, generas sentimientos de paz, prosperidad, relajación, felicidad, gozo y armonía. Estos sentimientos producen un equilibrio químico en tu cuerpo, lo que a su vez produce buenos sentimientos, y eso lleva a la producción de más sustancias químicas que producen buenos sentimientos, y así sucesivamente.

Cambiar nuestras creencias puede cambiar nuestra vida

Muchas personas tienen creencias que no se basan en lo que es verdad en el universo, y esto puede tener efectos adversos en todo lo que hay en su vida. Simone, una de nuestras pacientes, una mujer de treinta años originaria del Bronx, creía que no era atractiva. Casi siempre tenía la cabeza baja, caminaba desgarbada y con los hombros caídos, lo que ocultaba la belleza de sus bien formados senos. Usaba el pelo largo, ocultando su rostro, y le era difícil relacionarse con la gente. Sus padres creían que ella no era atractiva y le habían fomentado una autoimagen muy negativa. Su madre solía decir: "Simone, vas a tener que aprender a agradar a la gente con tu personalidad, porque nunca tendrás éxito por tu sola apariencia". Cuando Simone tenía nueve años, su padre le dijo: "Simone, no te sientas mal porque no eres tan bonita como las otras niñas de tu clase. Papi te quiere de todos modos".

Abordé el problema con sus padres y ellos me dijeron que el problema más grave de su hija era que no era atractiva y lo sabía. Me sorprendí cuando conocí a Simone, ya que pensé que era muy bonita.

"No puedo evitar ser poco atractiva", se lamentó durante mi primera reunión con ella.

"Simone, eres una de las mujeres más hermosas que he conocido", respondí.

"Por favor no se burle de mí", me dijo.

"Simone, mírame", insistí. Ella me miró insegura, pero alejó la mirada de inmediato. "Simone, por favor mírame a los ojos y no mires en otra dirección". Tardó un poco, pero al final lo hizo.

"Simone, te juro que eres una de las mujeres más hermosas que he visto en mi vida".

Le pedí que se parara frente a un espejo conmigo. Ella estaba renuente a hacerlo, pero yo insistí. Cuando estuvimos juntos frente al espejo, le pedí que se mirara. Ella dijo que no quería, y yo le rogué que lo hiciera sólo esa vez, que lo hiciera por mí. Le pedí que se parara derecha, luego le recogí el pelo y lo coloqué sobre su cabeza. Le pedí que sonriera. La diferencia fue tan asombrosa que hasta ella pudo verla.

El mes que Simone pasó en Passages fue difícil, y al principio fue vergonzoso para ella. Pero siguió los consejos de nuestros terapeutas, siguió arreglándose el pelo de modo que no le cubriera la cara, aprendió a maquillarse, enderezó su postura, poniéndose un palo de escoba en la espalda y se vistió con ropa que la favorecía y resaltaba su belleza. Cuando salió de Passages, se veía y se sentía radiante; era una mujer que acababa de renacer. Sus padres estaban tan asombrados cuando vinieron por ella que su madre se quedó boquiabierta, se puso la mano en la mejilla y exclamó: "¡Dios mío! Hoy, Simone es una modelo".

Lo que Simone creía sobre sí misma no correspondía con lo que era verdad, y estaba arruinando su vida. Actuando a partir de la falsa creencia de que no era atractiva, había creado una vida llena de desdicha e infelicidad. Cuando modificó lo que creía en relación a lo que de hecho era verdad sobre ella misma, logró el único resultado posible: una respuesta generosa y una actitud de admiración por parte de todas las personas que conoce. Durante su última semana de tratamiento, trabajamos ante todo para lograr que perdonara a sus padres por la injusticia con la que la habían tratado.

Causa 4: Incapacidad para enfrentar las condiciones del presente

La incapacidad para enfrentar las condiciones del presente en nuestra vida produce ansiedad, frustración, estrés y miedo; y todo esto crea falta de armonía y lleva al desequilibrio químico que constituye la causa 1.

A Harry, uno de nuestros pacientes, le habían dicho una y otra vez que él era alcohólico, que el alcoholismo era una enfermedad incurable, que él tenía esa enfermedad y que simplemente tenía que "ser realista y soportarla". Nada de eso era verdad. Él simplemente estaba tratando de remediar una situación en su vida que era insoportable.

A los 60 años de edad, Harry era dueño de una vinatería francesa. Disfrutaba trabajando en la sala de catadores donde podía hablar con los clientes. Había bebido vino en forma moderada desde que era adolescente, pero empezó a beber demasiado quince años antes de llegar al Centro Passages para la Curación de Adicciones. Harry había estado en otros tres centros de tratamiento en Estados Unidos y en uno en Europa, pero reincidió después de salir de cada uno de ellos.

Todos nuestros terapeutas informaron lo mismo durante las reuniones semanales del equipo de tratamiento: No podían descubrir nada mal, excepto que Harry no era feliz en su matrimonio. Era un católico devoto, tenía seis hijos y consideraba que el divorcio no era una opción para él. Les dijo a nuestros terapeutas que aunque no le gustaba vivir con su esposa, estaba seguro de que ésa no era la razón por la que estuviera bebiendo demasiado. Tuve una sesión privada con él y le dije que sus secretos estaban a salvo con nosotros y que si en realidad odiaba vivir con su esposa, simplemente debería decirlo para que pudiéramos remediarlo.

Finalmente, sonrió y lo aceptó: "Sí, es cierto. Ella es una fuente constante de infelicidad para mí. Me desagrada estar en la misma casa con ella. Es enojona, derrochadora y no me quiere en absoluto. En realidad sospecho que me detesta tanto como yo la detesto a ella. Sé que por eso bebo demasiado, pero el divorcio es imposible".

Le pedimos a su esposa que viajara a California y asistiera con él a las sesiones individuales de tratamiento. Hicimos lo que pudimos para crear armonía entre ellos, pero fracasamos. Era obvio que la esposa estaba tan descontenta como él con la relación, pero ella también creía que el divorcio no era una opción. Entonces el equipo de tratamiento sugirió una separación. Harry y su esposa siguieron ese consejo, y ahora él está tan feliz como puede, y lo interesante es que también su esposa está feliz. Viven en la misma zona, y sus hijos los visitan a los dos. Sus hijos están contentos porque ahora sus padres son felices. Cuando la causa del estrés de Harry se resolvió, su dependencia del alcohol también se resolvió. Ya no quedó en él ningún rastro de la "enfermedad", y ahora, después de más de dos años, sigue sobrio y sigue trabajando en la sala de catadores de la vinatería.

◆ ◆ ◆

Ya sea que la causa de tu dependencia sea un desequilibrio químico, sucesos del pasado sin resolver, creencias que no están de acuerdo con lo que es verdad, una incapacidad para enfrentar las condiciones presentes, o una combinación de estas cuatro causas, debes saber esto: así como todas las causas de la dependencia están en tu interior, también lo están las soluciones. Sólo tienes que saber cómo tener acceso a ellas. El proceso empieza con un diagnóstico de los desequilibrios que hay en tu interior. Después de hacer ese diagnóstico, puedes tratar esas condiciones subyacentes y hacer que tu vida recupere el equilibrio y la armonía; entonces nunca más volverás a necesitar el alcohol, las drogas o el comportamiento adictivo.

En el Centro Passages para la Curación de Adicciones, abordamos directamente las causas reales de la dependencia, mediante un programa holístico de tratamiento que consta de tres pasos. Estos tres pasos son:

Paso 1: Cree que una cura es posible para ti.
Paso 2: Descubre y sana las causas subyacentes con un programa holístico de recuperación.

Paso 3:   Adopta una filosofía basada en lo que es verdad en el universo.

El resto de este libro se dedica a ayudarte a aprender la forma de descubrir las áreas ocultas de tu vida que te han llevado a la dependencia, y la forma de llevar a cabo en su totalidad los tres pasos esenciales para lograr tu recuperación completa.

Capítulo 6

Creer que una cura es posible para ti

Lo QUE TÚ CREES SOBRE ti mismo, sobre el alcoholismo, sobre la adicción y sobre la posibilidad de una cura, son los factores clave para determinar si vas a superar tu dependencia de sustancias o comportamientos adictivos, o si seguirás con esa dependencia. Algunas de tus creencias se basarán en lo que has experimentado y escuchado sobre el tratamiento para el abuso de sustancias. Tal vez no crees que se te pueda ayudar debido a lo que has escuchado sobre algunos centros de tratamiento. Tal vez has estado en algunos de ellos y has dejado de creer que funcionan debido a la mala atención que recibiste. Tal vez has escuchado que otras personas que tienen dependencias con frecuencia han reincidido, y por lo tanto subconscientemente te has permitido reincidir.

Tal vez nada de lo anterior es aplicable en tu caso, pero has estado bebiendo o usando drogas o teniendo comportamientos adictivos durante mucho tiempo y has intentado dejarlos tantas veces que crees que nada te puede ayudar. Basándote en ese tipo de experiencias, es comprensible que dudes que una cura sea posible, pero tus dudas no son precisas o saludables. Escribí este libro para mostrarte que una cura es definitivamente posible porque lo he visto una y otra vez.

Éste es un ejemplo personal del poder que tienen las creencias sobre el comportamiento. Cuando yo era joven, tuve que pagar muchas multas por exceso de velocidad, y eso tuvo repercusiones en mi vida adulta. Vivo en California, y un día, en 1968, recibí una notificación del Departamento de Vehículos Motorizados del Estado, diciendo que si recibía una multa más mi licencia de conducir quedaría suspendida a lo largo de un año. Sugerían que fuera a la oficina local del Departamento de Vehículos Motorizados y hablara con uno de sus psicólogos. Cuando lo hice, el psicólogo habló sobre la gran cantidad de multas por exceso de velocidad que había recibido.

"Todo mundo recibe multas por exceso de velocidad", dije a la defensiva.

"Es cierto", comentó el psicólogo. "En promedio, una persona recibe una multa cada cuatro años".

Eso me sorprendió. Yo creía que todos eran como yo y recibían esas multas todo el tiempo. Después de mi entrevista con él, dejé de recibir multas por exceso de velocidad. Yo había tenido un punto de vista destructivo, y como lo creía, eso es lo que me pasaba. Lo que crees afecta lo que te pasa. Si crees que la reincidencia es algo común, subconscientemente te permitirás reincidir, y la reincidencia realmente llegará a ser común para ti; aunque no sea común para las personas que han recibido una atención apropiada.

Una de las firmes creencias de los pacientes de Passages es que la reincidencia es rara entre ellos. *Creen que la sobriedad es la norma.* De las personas que se han graduado en Passages, menos del 16% han reincidido. Esta gran tasa de éxito es todo lo contrario a la tasa nacional de reincidencia, la cual, como ya se ha mencionado, se estima que es casi del 80% en general para quienes usan drogas ilícitas, y del 86% para quienes usan alcohol y heroína.

En Passages, habitualmente tratamos personas que antes han estado en tres, cuatro o más centros residenciales de tratamiento para el abuso de sustancias. Algunos han estado en diez o doce, y el que batió el record en este sentido, estuvo en dieciocho centros de tratamiento diferentes. Salió de Passages hace aproximadamente un año y ha estado sobrio desde entonces. Por otra parte, no tenemos noticias de que algún paciente que se haya graduado con éxito del programa de Passages haya entrado a otro centro residencial de tratamiento para el abuso de sustancias. Sólo lo hicieron dos pacientes que querían regresar con nosotros, pero no pudieron esperar a que tuviéramos lugar para recibirlos.

Muchos se hacen esta pregunta: "¿Por qué lo que estás buscando siempre está en el último lugar donde buscaste?". La respuesta es: "Porque cuando lo encuentras dejas de buscar". Lo que quiero decir es que, así como los graduados del Centro Passages para la Curación de Adicciones han superado el ciclo de la reincidencia, también tú puedes recibir ayuda si sigues el programa holístico de tres pasos que se presenta en este libro. Este capítulo se concentra en el primer paso de tu camino hacia la recuperación total.

Paso 1: Cree que una cura es posible para ti

El paso 1 tiene que ver con el profundo impacto que tienen las creencias y los pensamientos, y en el gran poder de tu mente, cuando hablamos de mente, cuerpo y espíritu. No estoy hablando de tu cerebro físico, ese cúmulo de tejido nervioso que se encuentra en la parte superior del cráneo, sino de la parte de ti que se conoce comúnmente como "el observador", la parte de ti que piensa. Aunque utilices el cúmulo de tejido nervioso para pensar, existe una parte de ti, una parte separada de ti, que dirige el pensamiento. Esa parte de ti podría estar fuera de tu cerebro, dentro de él o incluso podrías pensar con todo tu cuerpo (de lo que hablaré más en otra sección de este capítulo).

Es probable que hayas notado una parte de ti que "vigila", que parece estar presente y observando mientras te ocupas de tu vida. Ésa es la parte de ti que contiene tus creencias: lo que crees que es verdad acerca del mundo en el que vives, de las leyes universales, de tus semejantes, de tu papel en la vida y tus valores, lo que yo llamo "tu filosofía personal". Esa parte de ti tiene un papel clave en tu curación.

El cuerpo humano es una gran máquina de curación, maravillosa en su complejidad y en sus capacidades. "El cuerpo puede sanarse a sí mismo", dijo el Dr. Andrew Weil, fundador y director del Programa de Medicina Integral en la Universidad de Arizona en Tucson. "Puede sanarse porque tiene un sistema de curación", y nos dice que "es nuestra mejor esperanza en cuanto a "recuperarnos de una enfermedad".[1]

Tus mecanismos de curación son en gran medida automáticos, pero también es posible activarlos o reprimirlos mediante los alimentos que comes, las actividades a que te dedicas, la cantidad de descanso que tienes y el estrés que hay en tu vida; al igual que por lo que crees, los pensamientos que tienes, las emociones que expresas, y las emociones que sientes, pero no expresas. Tu estado mental es el factor más importante en tu curación. Si estás feliz, lleno de energía y emocionado a causa de algo que está a punto de suceder, o si en general tienes un estado mental lleno de esperanza, esto tendrá un poderoso efecto sobre el sistema inmune de tu cuerpo y responderá adecuadamente manteniéndote en un estado óptimo de salud. Si estás abatido, triste, desdichado, solitario, adolorido o deprimido, tu sistema inmune también responderá con fuerza, reflejando tu estado depresivo. Las emociones que no se expresan o que se niegan crean desequilibrio, falta de armonía y a la larga, enfermedades.

Nuestro proceso de pensamientos y nuestro proceso emocional no sólo activa o retarda el mecanismo de curación que hay en nuestro interior, sino que también literalmente nos crea, un instante tras otro. Las investigaciones han mostrado que nuestro pensamiento influye en la reproducción de células que ocurre momento a momento en nuestro cuerpo. A continuación se presenta una versión simplificada de un proceso complicado.

Nuestro increíble sistema de comunicación celular

En el centro de tu cerebro hay una glándula maravillosa llamada hipotálamo. Es la fábrica de sustancias químicas más eficiente del planeta. Entre sus múltiples funciones, produce péptidos, que son aminoácidos de cadena corta, los elementos fundamentales de las proteínas. El tipo de péptidos que produce se determina ante todo por lo que piensas y sientes. El hipotálamo produce péptidos que duplican cada emoción que experimentas: enojo, odio, tristeza, frustración y depresión, al igual que gozo, entusiasmo y felicidad.

Los péptidos se canalizan hacia la glándula pituitaria y luego a la corriente sanguínea, donde están en contacto con los miles de millones de células del cuerpo (diez mil células humanas de tamaño promedio pueden caber en la punta de un alfiler). Cada célula de tu cuerpo tiene millones de "receptores", y cada célula tiene tal vez setenta tipos diferentes de receptores. Un receptor es una molécula que podría ser "la clase de molécula más elegante, rara y complicada que existe", como lo explica la Dra. Candance Pert en su maravilloso libro, *Las moléculas de la emoción.*[2]

A principios de la década de 1970, la Dra. Pert fue la primera científica que comprobó la existencia de estos receptores con su descubrimiento del receptor de opiatos. Describe una molécula como "la pieza más pequeña de una sustancia que puede identificarse como esa sustancia", y dice que las moléculas receptoras flotan en la membrana externa de la célula y tienen raíces que la traspasan varias veces y llegan hasta el interior de la célula".[3] También dice que "la vida de una célula, sus actividades en cualquier momento, se determinan por los receptores que hay en su superficie, y por el hecho de que esos receptores estén o no ocupados por ligandos".[4] Un ligando es una molécula pequeña que se une a un receptor celular. Existen tres tipos químicos de ligandos: neurotransmisores, esteroides y los que más nos interesan en este momento, los péptidos. Según la Dra. Pert, el 95% de todos los ligandos son péptidos.

Los péptidos se acoplan a las células y crean fenómenos fisiológicos diminutos que "a nivel celular equivalen a grandes cambios de comportamiento, actividad física e incluso estado de ánimo", dice la Dra. Pert.[5] También afirma que estas sustancias químicas, los péptidos, "tienen un papel muy amplio en cuanto a regular prácticamente todos los procesos vitales".[6] Cuando los péptidos se acoplan a los receptores, asumen el control de todas las actividades de la célula, lo que incluye, entre otras cosas, determinar si se van a dividir o no, y la composición de células nuevas. Es como cuando el capitán de un barco sube a bordo y empieza a dar órdenes.

En la revolucionaria película *¿¡Y tú qué sabes!? [What the Bleep do we Know?]*, producida en 2004, el Dr. Joseph Dispenza explica que cuando se produce una célula nueva, no siempre es un clon de la célula anterior, *sino una célula que contiene más receptores para el tipo de péptido que recibió y que hizo que se dividiera.* Si la célula recibió péptidos producidos por emociones de depresión, la nueva célula tendrá más receptores para la depresión y menos receptores para péptidos de sentimientos positivos.

Constantemente hay una comunicación en dos direcciones entre nuestro cuerpo y nuestro cerebro. ¿Recuerdas ocasiones en que pensaste en algo funesto que te produjo una "sensación de zozobra" en la zona del estómago?

Ése es el tipo de comunicación que ocurre entre el cerebro y el cuerpo. Investigaciones recientes han descubierto que el cerebro no sólo se comunica con las células, sino que las células se comunican con el cerebro y con otras partes del cuerpo. De hecho, los descubrimientos más recientes de los científicos están revelando que no sólo pensamos con el cerebro. También pensamos con el cuerpo. De hecho, no sería un error pensar en todo el cuerpo como parte del cerebro. Ése podría ser un pensamiento nuevo y sorprendente, pero no lo rechaces. Ahora, muchos científicos creen que en realidad somos un "cuerpo-cerebro".

Los receptores de la célula tienen un papel clave en el increíble sistema de comunicación del cuerpo. La Dra. Pert explica que "los receptores y sus ligandos han llegado a verse como 'moléculas de información': unidades básicas de un lenguaje que usan las células de todo el organismo para comunicarse de un sistema a otro; por ejemplo, el sistema endocrino, el neurológico, el gastrointestinal e incluso el sistema inmune".[7]

El impacto de esta información sobre la forma en que nuestros pensamientos y sentimientos crean y condicionan a nuestras células, y la forma en que nuestras células se comunican, es abrumador. Piénsalo... ¿qué están comunicando los receptores de tus células al resto de tu cuerpo en este momento?

Dependemos de la división de las células para la reproducción, crecimiento, reparación y remplazo de las células dañadas, desgastadas o muertas. Se estima que ocurren 300 millones de divisiones de células cada minuto, para remplazar a las células que mueren. Cada día, muere el 2% de las células de la sangre y son remplazadas por células nuevas.

Cada dos meses tienes una dotación de sangre completamente nueva. Tomando en cuenta lo que dije sobre los péptidos, los receptores y el papel de las emociones y los pensamientos, puedes ver la cadena de sucesos que ocurren a medida que se crean células nuevas en base a lo que piensas y sientes.

Si te sientes deprimido durante una hora, produces aproximadamente dieciocho billones de células nuevas que tienen más receptores que gritan, pidiendo más péptidos tipo depresivo que péptidos que te harían sentir bien. Es como si trillones y trillones de receptores estuvieran llevándose las manitas a la boca, formando una copa tipo megáfono y gritaran: "¡Manden más depresión!".

Tener pensamientos sombríos crea un cuerpo que puede tener sentimientos sombríos y no sentimientos de gozo. También crea la necesidad de tener más pensamientos sombríos. La persona se vuelve adicta a lo sombrío. Ya sabes hacia donde te lleva eso porque ya lo has experimentado: te lleva a la dependencia.

La dependencia como una sed de emoción

El número total de receptores en el cuerpo va más allá de lo imaginable. De hecho eres un gran receptor. Es más, tomando el ejemplo de la depresión, en realidad te vuelves adicto a ese estado porque tu cuerpo exige más de lo que ha estado recibiendo. Literalmente ha desarrollado un apetito por la depresión. De modo que puedes pensar en las adicciones como una sed de emoción. Repito eso porque es esencial que captes este concepto: la adicción, cualquier adicción, es una sed de emoción.

Ya sea que seas adicto al sexo, a robar en las tiendas o a cualquier otra actividad compulsiva, tienes esa actividad para estimular una secreción química que produce un efecto en tu cerebro, el cual tiene como resultado la sensación deseada, y eres adicto a esa sensación. Cuanto más tengas ese tipo de comportamiento, mayor será tu deseo de él. Pasa lo mismo con el enojo. Nos volvemos adictos a él debido al efecto psicológico y fisiológico que tiene en nosotros. Produce adrenalina, un estimulante poderoso. En realidad nos volvemos adictos a la emoción del enojo debido al estímulo que nos da, así que peleamos con nuestro conyugue, con nuestros amigos, con nuestros compañeros de trabajo, y con cualquier otra persona que podamos involucrar en un conflicto. El resultado final es la causa 1, desequilibrio químico, debido a una sobrecarga de adrenalina y otras sustancias químicas que creamos con nuestro enojo.

No importa si tu sed es de emociones, como la excitación, el enojo, la depresión o la alegría, o si es una sed de los sentimientos que obtienes mediante el uso de drogas adictivas o alcohol; en resumen, tu sed de lo que anhelas resulta del hecho de que tu cuerpo-cerebro lo desea y lo exige. En el caso de las drogas adictivas y el alcohol, cuando nuestro cuerpo no consigue aquello a lo que lo hemos condicionado a recibir, arma todo un escándalo que toma la forma de ansiedad y síntomas de abstinencia. A veces, el "escándalo" es tan intolerable que reincidimos.

La idea de que te creas a través de lo que piensas y sientes en realidad es una buena noticia. Ahora que sabes cómo funciona tu sistema, puedes usar tus emociones y pensamientos para crear un cuerpo más receptivo a estados en los que te sientes bien. La única forma de hacerlo es sentirnos bien. La forma de crear un cuerpo que es más susceptible a la felicidad y menos susceptible a la tristeza es ser feliz. Sé que eso parece simplista, pero es la verdad, y puedes hacerlo. Escribiré más sobre este tema en el Capítulo Ocho (también escribí el libro *Zen y el arte de la felicidad*, —publicado también por Grupo Tomo— que puede ayudar a acelerar tu camino hacia una vida feliz).

Las emociones y la curación

Hipócrates, el filósofo griego, que vivió hace 2400 años, a quien se considera el padre de la medicina, dio mucho peso a las emociones. Les decía a sus estudiantes que las emociones negativas causan enfermedades y que las emociones positivas son un factor crucial en la recuperación. A lo largo de los siglos, los médicos talentosos les han dicho a sus pacientes que uno de los aspectos más importantes de la recuperación, si no es que el más importante, es la voluntad de vivir. Recuerda esto: Tu estado emocional es uno de los aspectos más importantes para curar tu dependencia. Podría ser el más importante.

Hace aproximadamente veinte años escuché la grabación de una conferencia de Norman Cousins. Cousins era escritor y editor de una revista; también fue nombrado miembro del cuerpo docente de la Facultad de Medicina de la UCLA debido a su interés en la relación entre el cuerpo, la mente y el espíritu, pues afectan la curación y los procesos de la enfermedad. Él no era médico, pero tuvo gran influencia en la curación de miles de pacientes a través de los médicos que siguieron su método de curación o trabajando directamente con los pacientes.

En la grabación, Cousins presentó una historia sobre dos médicos y sus respectivos pacientes de cáncer. Un médico recibió el informe del laboratorio sobre los estudios realizados a uno de sus pacientes y le dijo al paciente y a los miembros de su familia que estaban presentes: "Recibí el informe del laboratorio y la noticia que tengo que darles es terrible. Tiene cáncer en todo el cuerpo. Su hígado está deshecho, su estómago está deshecho, y también sus pulmones. Tiene de tres a seis meses de vida". Mandó a este hombre a su casa a morir.

Cousins estaba indignado y comentó: "¡Cómo se atrevió a darle a ese hombre una sentencia de muerte! ¿Cómo sabía que no habría una remisión? A veces ocurren remisiones". El paciente murió en menos de un mes.

El otro médico recibió un informe similar del laboratorio, pero le dijo al paciente y a su familia: "Recibí el informe del laboratorio e indica que usted tiene cáncer en el hígado, en el estómago y en los pulmones. Pero quiero que sepa que a veces ocurren remisiones. No sabemos exactamente cómo ocurren, ¡pero ocurren y eso es lo que le pasará a usted! Quiero que vaya a casa, deje de trabajar, vaya a la playa, se ría mucho... carcajadas sabrosas, desde la parte baja del vientre; y quiero que se concentre en mejorar, ¡porque usted se va a recuperar!". Recuerdo que ese paciente se recuperó y vivió muchos años.[8]

Quiero repetir esto una vez más: *Si te han dicho, y tú lo crees, que tienes una enfermedad incurable debido al alcoholismo, a la adicción o a ambas cosas, echa esa creencia por la borda en este momento. Es un grillete y una cadena que te están hundiendo e interfieren con tu recuperación total. Ha llegado el momento de que creas que vives en un mundo maravilloso, en un mundo mágico, en un mundo donde la gente que sufre, no sólo los alcohólicos y los adictos, sino todos, incluyendo a quienes sufren las enfermedades más diversas y difíciles, pueden sanar, y tú serás uno de ellos. Esa creencia te fortalece y es de primordial importancia en tu arsenal para lograr tu recuperación.*

¿Qué cree tu terapeuta?

Presta mucha atención a lo que estás a punto de leer, ya que representará la fase preparatoria no sólo para tu curación, sino para un estado continuo de bienestar para el resto de tu vida.

Si no estás familiarizado con el término "metafísica", *meta* significa "más que" o "más allá", y *física* tiene que ver con el mundo. De modo que la metafísica se relaciona con lo que es más que el mundo físico o está más allá de él. La metafísica es parte de nuestro esfuerzo como seres humanos para ir más allá de lo que vemos, tocamos, saboreamos, olemos y escuchamos, e intuir lo que hay más allá de la naturaleza tal y como la percibimos. A través de la metafísica descubrimos la verdadera naturaleza de las cosas, su esencia fundamental y sus razones para existir. En mi opinión, la metafísica es una filosofía que incorpora las leyes universales que gobiernan todo en el mundo físico, al igual que las leyes invisibles que percibimos y que regulan y controlan al mundo en niveles que van más allá de lo físico.

Existe una ley metafísica relacionada con nuestro tema sobre la curación que tiene que ver con uno de los aspectos básicos y más importantes de nuestro universo: causa y efecto. Expresándola con sencillez, esta ley metafísica dice: "Toda acción produce una reacción, y esa reacción concuerda exactamente con la acción". (No confundas esa ley metafísica con la ley física que dice: "para cada acción hay una reacción opuesta que es igual".)

La ley metafísica de causa y efecto se aplica a tus creencias como sigue: Cada creencia que tienes se manifiesta de alguna manera, causando que lleves a cabo cierta forma de acción, impidiendo que actúes o haciendo que te sientas en cierta forma. Cuando aplicamos esta ley metafísica a la cura de las adicciones, vemos que es sanadora y los terapeutas que no creen que una cura sea posible, no hablan de una cura, no buscan una cura y es muy probable que no logren una curación.

Lo que es peor, envenenan tu mente con la creencia de que una cura es imposible y que estás condenado a ser un adicto o un alcohólico por el resto de tu vida. Esa creencia produce una actitud derrotista que destruye las grandes ganancias que es posible alcanzar. La única forma en que este envenenamiento tendría un efecto positivo sería que te enojaras cuando te dijeran esas falsedades, te negaras a aceptarlas y te concentraras en probar que el terapeuta estaba equivocado.

¿En realidad te esforzarías al máximo para tener éxito en el tratamiento de cualquier enfermedad si creyeras que no existe una esperanza de que puedas recuperarte? ¿Qué clase de tratamiento esperarías recibir de un terapeuta que creyera eso? ¿Cómo crees que tu cuerpo y tu mente responderían si estuvieras rodeado de psicólogos, psiquiatras o asesores especializados en drogas y alcohol que creyeran que "una vez que eres alcohólico o adicto, siempre serás un alcohólico o un adicto", que el alcoholismo y la adicción son enfermedades incurables y que el periodo de rehabilitación en el que estás ahora no será el único, sino que tendrás muchos? De inmediato se te privaría de la esperanza.

Esos "consejeros" mal informados envenenan la mente de quienes recurren a ellos. No digo que lo hagan deliberadamente, carecen de conocimientos adecuados. Eso es triste porque la esperanza de una cura, la esperanza de un futuro limpio y brillante, libre de sustancias y comportamientos adictivos, y la esperanza de volver a tener una vida normal y saludable, libre de un temor excesivo a la reincidencia, es el estímulo más importante para una recuperación completa.

Compara esos sanadores mal informados con los sanadores y terapeutas que creen que una cura es posible. Ellos hablan sobre una cura, buscan una cura, y lo más probable es que logren una curación. Lo más importante es que te infunden la creencia de que definitivamente vas a estar entre aquellos que han logrado una curación completa. Esa creencia es lo único que produce una actitud que te fortalece y que prepara el escenario para la recuperación.

Decir "¡Sí!" a una cura

La importancia de tener la creencia correcta se basa en el hecho de que hay una parte de tu cerebro que no puede ver la diferencia entre una experiencia imaginada y una real. Algunas personas que imaginan que escuchan el rechinido de un trozo de gis sobre una pizarra experimentan escalofríos en la columna vertebral. Otras personas, cuando piensan en el sabor del limón fruncen los labios. Los sueños son otro buen ejemplo. Cuando lo que pasa en un sueño te asusta, sientes tanto miedo como si eso te estuviera sucediendo estando despierto.

Cuando los investigadores de la Universidad de Harvard realizaron exámenes con escanógrafos cerebrales, descubrieron que ver la imagen de un árbol e imaginar un árbol activaban las mismas partes del cerebro.[9] Asimismo, cuando imaginas que una cura es posible, todo lo que hay en ti, tu cuerpo físico, tu sistema inmune, tu mente, todo responde con energía sanadora, mediante un movimiento directo que da impulso y que le dice "¡Sí!" a una cura.

Tu mente es poderosa. Tal vez has oído la frase: "Aquello que puedes concebir lo puedes lograr". O como dijo Henry Ford, el fabricante de automóviles: "Bien sea que pienses que puedes o que no puedes, ¡estás en lo correcto!". Si creemos que una meta es posible, trabajamos constantemente para alcanzarla. Si creemos que una meta es imposible, ni siquiera empezaremos a trabajar en ella. En este estado mental, aunque se nos ofrezca ayuda, usualmente la rechazamos porque seguimos creyendo que la meta es inalcanzable.

Hace siete años, unos asaltantes hirieron a un hombre de unos treinta años de edad. Le acuchillaron el brazo, hiriéndolo hasta el hueso, desde el hombro hasta el codo. Cortaron todo, las venas, los ligamentos, las arterias, los músculos, los tendones y los nervios. Durante varios años después de que la herida sanara, él siguió experimentando dolores severos en el brazo y en el hombro. Buscó ayuda para aliviar el dolor y los médicos le prescribieron Vicodin. Mitigaba el dolor, pero éste regresaba cuando terminaba el efecto del fármaco, y él seguía tomándolo.

Por consiguiente, él se volvió dependiente. Como no quería estar enganchado en el Vicodin, recurrió a un gran número de neurocirujanos y psiquiatras. Visitó a quince neurocirujanos en un periodo de tres años sin obtener alivio. El último le dijo: "Hijo, tienes una neuropatía. Los nervios de tu brazo se están degenerando y tendrás dolores por el resto de tu vida. Sugiero que vayas a una clínica de manejo del dolor". Esta noticia lo dejó devastado, pero se negó a creer que no pudiera obtener alivio.

Hace aproximadamente tres años, llamó a Passages y yo respondí la llamada. Le hablé de nuestro programa de rehabilitación física y de nuestra Directora de Rehabilitación Física, la Dra. Lyn Hamaguchi. Ella es japonesa y ha recibido entrenamiento en las artes de acupuntura, acupresión y sanación por parte de un especialista en medicina tradicional china, originario de la zona continental de China. Lo invité a venir a Passages y le hablé de las maravillosas curas de la Dra. Lyn que habían ayudado a nuestros pacientes con acupuntura y acupresión. Le dije que yo me sorprendería si ella no pudiera lograr lo mismo con él, a pesar de lo que me había dicho sobre los neurocirujanos.

Él me creyó y se inscribió en nuestro programa. En *una* sesión de tratamiento, la Dra. Hamaguchi alivió aproximadamente el 90% de su dolor, y así fue fácil para él superar su adicción al Vicodin. Su tratamiento, por supuesto, incluyó muchas otras cosas, además de las sesiones de acupuntura. Él tenía que superar a nivel psicológico el dolor que sentía por haber tenido que dedicar tres años a buscar una cura, y tenía que superar el recuerdo del ataque y la furia que sentía contra quienes lo atacaron.

¿Puedes imaginar el destino de este hombre si hubiera creído lo que le dijeron los médicos y se hubiera dado por vencido? No habría buscado un tratamiento, seguiría luchando contra su dolor y seguiría enganchado en el Vicodin o en algún otro analgésico. Hoy en día, sigue estando completamente libre de adicciones.

El primer destello de esperanza

Confucio, que vivió hace 2500 años dijo: "Lo más triste es que una persona se dé por vencida". Uno de los mensajes más reconfortantes que ofrecemos a quienes se ponen en contacto con nosotros en Passages es la esperanza; la esperanza de que ellos o sus seres queridos se van a curar. Podemos percibir el alivio en sus voces, como si de pronto hubieran recibido el perdón de una larga sentencia en prisión. El programa de tratamiento para la persona que nos llama o para sus seres queridos, empieza con esa primera llamada telefónica. En las ceremonias de graduación, los graduados a menudo mencionan esa primera conversación telefónica con Pax o conmigo, diciendo que fue el momento en que sintieron el primer destello de esperanza verdadera. También hablan de los primeros compañeros que los saludaron cuando llegaron a Passages.

Conocer a alguien que también está en el programa de Passages es un momento importante. Cuando los pacientes llegan y pasan por la enorme puerta y alguien que ya ha estado en tratamiento durante una, dos o tres semanas viene a saludarlos y les dice que están en el mejor lugar del mundo, que recibirán ayuda y que ellos mismos están experimentando una cura milagrosa... bueno, eso marca una gran diferencia. Y como todos nuestros pacientes han vivido la experiencia de ser bien recibidos, están ansiosos de transmitir esa sensación de consuelo a otros.

Los pacientes y otras personas también me han hablado de la desesperación que sintieron, la misma desesperación que sentimos Pax y yo, al escuchar por primera vez que la adicción o el alcoholismo eran enfermedades incurables y que serían adictos o alcohólicos por el resto de su vida. Esas afirmaciones hacen que nos sintamos como si nos estuvieran condenando a una celda de prisión fría y oscura.

Para tener una recuperación total, es esencial que te rodees de personas que creen que una cura es posible para ti. Tus terapeutas deben hablar de una cura con mucha naturalidad y deben saber cómo lograrla. Las personas que nos ofrecen amor y esperanza cuando recurrimos a un tratamiento, nos dan valor y un apoyo entusiasta en un momento crítico cuando más lo necesitamos. Es como ser liberados de una oscura celda de prisión y salir a recibir los cálidos rayos del sol. Tú puedes salir de esa celda ahora, porque en este libro te proporcionamos esos rayos solares de sanación.

Capítulo 7

Crear tu propio programa holístico de recuperación

En los capítulos anteriores, describí lo crucial que es encontrar y sanar las verdaderas causas de tu dependencia y así poder lograr una recuperación permanente. Dije que los problemas que están detrás de la dependencia siempre tienen componentes físicos y psicológicos; cualquier cosa desde anemia, hipoglicemia o una tiroides lenta, hasta un trastorno de déficit de atención, falta de equilibrio en los patrones de las ondas cerebrales o un profundo dolor emocional. Tal vez la "razón" no siempre sea evidente para ti porque está oculta detrás de las drogas, el alcohol y otros síntomas que enmascaran tu dolor. Es necesario tener un equipo de apoyo seleccionado cuidadosamente que te ayude a descubrir y a tratar las razones específicas por las cuales dependes de sustancias o comportamientos adictivos para enfrentar la vida. Se requiere un enfoque personalizado. De eso se trata el paso 2 de tu trayecto hacia la recuperación total.

Paso 2:   Descubre y sana las causas subyacentes con un programa holístico de recuperación

Este capítulo te mostrará cómo diseñar tu propio programa personalizado para lograr una recuperación total y una salud óptima con la ayuda de varios profesionales de la salud que serán vitales en este proceso. Estos profesionales analizarán tu situación individual desde diferentes puntos de vista, tratarán cada aspecto de tu persona, y por eso decimos que es un enfoque holístico. *Holístico* significa que se relaciona o concierne con una totalidad o con sistemas completos más que con tratamientos parciales. En este caso, significa que el programa te librará de tu dependencia para siempre, curando todos los aspectos de tu persona: tu mente, tu cuerpo y tu espíritu.

Tu equipo de médicos especializados, terapeutas y profesionales de la salud te ayudarán a trabajar con tu cuerpo, tu mente, tus emociones y tu espíritu para estimular el potencial que tiene tu cuerpo para sanarse. Un equipo adecuado te guiará y te protegerá conforme profundizas en áreas que han estado ocultas para ti, pero que contienen la clave de tu libertad. Te ayudarán a impedir la reincidencia y te apoyarán a medida que recuperas tu pasión por la vida.

Jane vino a Passages para recuperarse de la dependencia del alcohol, como lo hacemos con todos los pacientes de Passages, usamos con ella un enfoque holístico e integral. Jane tenía treinta y cinco años y era casada. Bebía dos o tres botellas de vino todos los días, empezando a la hora de la puesta del sol y continuando hasta que perdía el conocimiento en la noche. Las primeras entrevistas revelaron que Jane había padecido bulimia (un trastorno alimentario). Después de desintoxicarse del alcohol, empezó a tener ataques de pánico durante las sesiones de la tarde, seguidas de pesadillas severas en medio de la noche.

A lo largo del tratamiento, nos enteramos de que desde los ocho y hasta los once años de edad, Jane había sufrido el acoso de su padrastro y nunca se lo había dicho a nadie. La meta del tratamiento era resolver la ansiedad, la culpa y la vergüenza que ella había estado insensibilizando con el alcohol. Su programa personal de tratamiento consistió de lo siguiente:

- Sesiones regulares con un médico que llevó a cabo una multitud de pruebas de laboratorio para diagnosticar cualesquier causas fisiológicas de su bulimia y también cualquier otra enfermedad que pudiera estar presente.
- Tratamientos de acupuntura para mejorar su vitalidad y diagnosticar cualesquier áreas de falta de equilibrio en sus órganos y otros sistemas corporales.
- Sesiones con un psicólogo con el que pudiera hablar del acoso que había sufrido y recibir empatía y cuidado, no traumas adicionales.
- Sesiones con su madre coordinadas por el consejero matrimonial y el terapeuta familiar para manejar los confusos sentimientos de furia hacia ella por no haberla protegido.
- Sesiones con un hipno-terapeuta para reconstruir un sentido interior de identidad más positivo y liberarla de sentimientos de culpa y vergüenza (el hipno-terapeuta también ayudó a lograr que afloraran los recuerdos reprimidos).
- Entrenamiento en técnicas de yoga y meditación para que le fuera más fácil tener calma en su interior.
- Consultas con un nutriólogo para cultivar actitudes más realistas y saludables hacia la comida y la dieta.
- Entrenamiento físico semanal para cultivar una conciencia saludable del cuerpo y del cuidado de sí misma.
- Sesiones semanales con un consejero especializado en dependencias químicas para aprender sobre las dinámicas de la dependencia del alcohol y conocer métodos libres de alcohol para enfrentar la ansiedad y el miedo.
- Sesiones maritales con el psicólogo y el terapeuta matrimonial y familiar para construir una comunicación marital

más fuerte e informarle a su esposo que los problemas relacionados con los traumas de su infancia eran la condición subyacente que había causado su dependencia al alcohol.

- Varias sesiones de terapia de grupo a la semana, durante las cuales pudo compartir con otras personas que no la juzgarían (muchas de las cuales habían tenido experiencias similares). Esto reforzó sus destrezas para fortalecer la confianza en sí misma, sus destrezas para imponerse límites y aliviar sus sentimientos de culpa y vergüenza en relación con las experiencias de su infancia.

Cada una de estas terapias y tratamientos, en su mayoría con sesiones individuales, reforzaron la curación de Jane en formas diferentes, pero al mismo tiempo apoyándose entre sí. De modo que fueron cruciales para su recuperación total.

Si estás buscando un centro de tratamiento, en lugar de diseñar tu propio programa, haz siempre las siguientes preguntas: ¿Cuántas sesiones individuales voy a recibir al día, a la semana, al mes? Si la respuesta es cuarenta o menos al mes, sigue buscando. En Passages los clientes reciben aproximadamente setenta sesiones individuales al mes. Siempre pregunta si el programa incluye el tipo de terapias efectivas que se describen en este capítulo y pregunta cuántas sesiones vas a recibir: cuántas sesiones de psicología clínica, cuántas de asesoría matrimonial y familiar, cuántas sesiones de hipnoterapia a la semana, cuántas sesiones de entrenamiento físico a la semana, cuántas sesiones de asesoría espiritual a la semana, etcétera.

Conoce tu cuerpo

El estado de tu cuerpo es un factor clave en la forma en que te sientes. Cuando uno o más de los sistemas de tu cuerpo están disfuncionales, puedes experimentar una falta de equilibrio. Un cuerpo con falta de equilibrio puede hacer que necesites aliviar sensaciones desagradables, usando drogas, alcohol o teniendo comportamientos adictivos que podrían llevarte a una dependencia. Cuando estés diseñando tu programa de recuperación, te será de gran ayuda comprender las funciones de las diferentes glándulas y órganos que forman los sistemas del cuerpo. A continuación se presenta un breve resumen:

Glándulas: una glándula es un conjunto organizado de células que responden a estímulos químicos y eléctricos y que regulan sus secreciones según estos estímulos. Existen dos clases de glándulas, las que tienen ductos y las que no tienen ductos, las cuales pasan sus secreciones directamente a la corriente sanguínea. Éstos son ejemplos de algunas de las glándulas: la glándula pineal, las suprarrenales, el hipotálamo, la tiroides, la pituitaria, la placenta, el páncreas y la paratiroides. Las secreciones de estas glándulas tienen un papel muy importante en el logro y mantenimiento del equilibrio general de tu salud.

Órganos: los órganos son estructuras que contienen al menos dos tipos diferentes de tejidos que funcionan juntos con un propósito común. El cuerpo humano tiene diez sistemas importantes de órganos:[1]

1. **Sistema muscular:** el papel principal del sistema muscular es proporcionar movimiento. Los músculos funcionan en pares para mover los miembros y dar movilidad al organismo. Los músculos también controlan el movimiento de materiales a través de algunos órganos, como el estómago y el intestino, el corazón y el sistema circulatorio. Los principales son los músculos esqueléticos y los músculos lisos de todo el cuerpo.

2. **Sistema óseo:** El papel principal del sistema óseo es dar sostén al cuerpo, proteger los delicados órganos internos y proporcionar sitios seguros para los órganos. Los huesos, los cartílagos, los tendones y los ligamentos son sus órganos principales.

3. **Sistema circulatorio:** El papel principal del sistema circulatorio es transportar a través del cuerpo nutrimentos, gases (como el oxígeno y el dióxido de carbono), hormonas y material de desecho. El sistema circulatorio está formado ante todo por el corazón, los vasos sanguíneos y la sangre.

4. **Sistema nervioso:** El papel principal del sistema nervioso es transmitir señales eléctricas a través del cuerpo. El sistema nervioso dirige el comportamiento y movimiento, y a través del sistema endocrino (las glándulas que producen secreciones internas), controla los procesos fisiológicos como la digestión y la circulación. Sus órganos principales son el cerebro, la espina dorsal y los nervios periféricos.

5. **Sistema respiratorio:** El papel principal del sistema respiratorio es proporcionar un intercambio de gases entre la sangre y el medio ambiente. En primer lugar, absorbe oxígeno de la atmósfera y lo introduce al cuerpo, y expulsa dióxido de carbono. Sus órganos más importantes son la nariz, la tráquea y los pulmones.

6. **Sistema digestivo:** El papel principal del sistema digestivo es descomponer y absorber los nutrimentos necesarios para el crecimiento y la subsistencia del cuerpo y para facilitar la eliminación de materiales de desecho. Sus órganos principales son la boca, el esófago, el estómago, el intestino delgado y el intestino grueso.

7. **Sistema excretor:** El papel principal del sistema excretor es filtrar material celular de desecho, toxinas y exceso de agua o nutrimentos del sistema circulatorio.

Sus órganos principales son los riñones, los uréteres (tubos que transportan la orina desde cada riñón hasta la vejiga), la vejiga y la uretra (el ducto que lleva la orina de la vejiga al exterior del cuerpo).

8. **Sistema endocrino:** El papel principal del sistema endocrino es transmitir mensajes químicos a través del cuerpo. Estos mensajes químicos, en coordinación con el sistema nervioso, ayudan a controlar procesos fisiológicos como la absorción de nutrimentos y el crecimiento. Muchas glándulas secretan hormonas endocrinas, entre ellas el hipotálamo, la pituitaria, la tiroides, el páncreas y las glándulas adrenales.

9. **Sistema reproductivo:** El papel principal del sistema reproductivo es fabricar células que permitan la reproducción. En el varón se crean espermatozoides para inseminar los óvulos que se crean en la mujer. Los órganos principales son los ovarios, los oviductos, el útero, la vagina y las glándulas mamarias en la mujer; y los testículos, las vesículas seminales y el pene en el hombre.

10. **Sistema linfático/inmune:** El papel principal del sistema inmune es destruir y eliminar del cuerpo microbios y virus invasores. El sistema linfático también elimina grasas y el exceso de líquido de la sangre. Sus órganos principales son la linfa, los ganglios y los vasos linfáticos, los glóbulos blancos y los linfocitos T y B.

Cómo elegir a los profesionales de la salud que mejor te ayudarán

El resto de este capítulo explora las clases específicas de profesionales de la salud con los que puedes trabajar para crear tu propio programa eficaz de tratamiento. Cada una de las terapias y técnicas que se describen aquí han ayudado a los pacientes del Centro Passages para la Curación de Adiciones, a alcanzar el éxito y son elementos clave de tu programa de recuperación.

En lo que se refiere a los profesionistas con quienes debes trabajar en la zona en la que vives, tienes que elegirlos sabiamente. En la medicina china la prioridad siempre es "la intención de sanar" porque las creencias de quienes te están tratando son de máxima importancia. El Dr. Andrew Weil, que relata muchos ejemplos de sanación espontánea y autoregeneración en personas que sufrían enfermedades que amenazaban su vida y dolores crónicos, ha señalado que "los pacientes que tienen éxito a menudo se relacionan con profesionales de la salud que los apoyan en su búsqueda de respuestas. Lo que necesitas es un profesional que crea en ti y en tu capacidad para sanarte". Además, dice que los pacientes que tienen éxito "no aceptan un 'no' como respuesta".[2]

Como señalé antes, no te conviene que te trate alguien que crea que una cura es imposible o que crea que la adicción y el alcoholismo son enfermedades y que tú las padeces. Estas personas llenan tu mente de un veneno que no sólo retrasa tu proceso de sanación, sino que hace que te enfermes y te desesperes. Sus palabras carentes de esperanza te privan de dos de los principales ingredientes para poder sanar: esperanza y entusiasmo.

Además, los profesionales de la salud que elijas para formar tu equipo de apoyo deberán, ante todo, tratar de identificar tu desequilibrio químico y descubrir lo que lo está causando. No sólo deben recetar "curitas" para aliviar tus síntomas. Deben tener la intención de llegar al fondo y encontrar las razones de que hayas perdido el equilibrio y encontrar lo que estás tratando de aliviar con el alcohol, las drogas o el comportamiento adictivo. Todos los profesionales de la salud, en especial los médicos, deberían dedicar el 95% de su tiempo a sugerir remedios para corregir esas faltas de equilibrio.

Tus profesionales de la salud deberían comunicarse entre sí. Trabajando juntos, pueden lograr más que si cada uno trabaja por su cuenta. Pídele a tu médico que se comunique con tu psicólogo y viceversa. Pídele a tu especialista en medicina tradicional china (el acupunturista) que se ponga en contacto con tu médico y le comente lo que ha descubierto. También ayuda que el psicólogo o el especialista en terapia de hipnosis se comuniquen entre sí. Claro que tú puedes encargarte de la comunicación entre tus terapeutas, pero si decides hacerlo, asegúrate de tomar notas cuando hables con ellos y de conseguir copias de los resultados de los exámenes que te hagan. Además asegúrate de que cada profesional de la salud que sea parte de tu equipo personalizado de recuperación lea este libro. Sólo entonces tendrán la misma información que tú y los demás tienen.

Para darte una perspectiva equilibrada de cómo puedes encontrar el nivel de cuidado que necesitas para curarte de tus dependencias, este capítulo contiene una sección sobre cada una de las terapias que yo recomiendo. Cada sección incluye preguntas y respuestas básicas. Las respuestas fueron proporcionadas por los terapeutas y profesionales de la salud que trabajan todos los días con personas dependientes en Passages y que son una parte clave del éxito del programa del centro.

Tendrás información sobre el papel que tiene cada profesional de la salud, sobre la forma en la que las destrezas de cada uno te brindarán apoyo, sobre lo que debes esperar de tus médicos y terapeutas, y cómo encontrar, en la zona en la que vives, profesionistas calificados que puedan ayudarte. Tal vez descubras que hemos proporcionado más información de la que necesitas, pero al leer estas páginas sabrás qué esperar. Empiezo la siguiente parte de este capítulo con mis respuestas a algunas de las preguntas que normalmente se hacen sobre la curación de dependencias con este enfoque y sobre la forma de poner este programa en acción.

ALGUNAS PREGUNTAS FRECUENTES

P: ¿Cuánto tiempo tardaré en curarme de mi adicción?

R: El tiempo que se requiere para curar una adicción es diferente en cada tipo de dependencia y en cada persona que tiene una dependencia. En primer lugar debes recordar que no te estás curando de una dependencia a sustancias o a un comportamiento adictivo. Probablemente existe una enorme diferencia entre este concepto y lo que tal vez te enseñaron sobre las dependencias y sobre ti mismo. Para darte una respuesta general sobre la duración del programa, las personas por lo general se quedan en Passages treinta días. Algunas se quedan más tiempo, pero la mayoría están aquí durante treinta días. Reciben tratamiento individual intensivo. Si estableces ese tipo de terapia intensa, deberías ser capaz de curar tu adicción en treinta días o menos. Si tienes un programa menos intenso, podrías tardar más.

A lo largo de más de setenta años, médicos y terapeutas de todo tipo han estado tratando de aprender a superar las adicciones, dando a las personas tratamientos para esas adicciones. La adicción no es el problema y nunca lo ha sido, incluyendo la adicción al etanol (alcohol), que es lo que se conoce como alcoholismo. Tratar a las personas por adicciones es una actividad infructuosa porque la adicción al etanol y a otras drogas o comportamientos adictivos no son el problema. Las adicciones sólo son síntomas de condiciones subyacentes. En cuanto descubres cuáles son las condiciones subyacentes y las sanas, tu adicción desaparecerá. Terminará así como dejas de rascarte cuando la comezón desaparece y así como dejas de tomar aspirinas cuando desparece el dolor de cabeza.

De manera similar, la mayoría de tus síntomas de abstinencia terminarán después de que te hayas alejado de las drogas y el alcohol. Los deseos que quedan se deben a la causa subyacente de tu dependencia. Los deseos persisten si la causa todavía está presente, si todavía te provoca cualquier tipo de molestias, dolor o incomodidad. Como te has acostumbrado a enfrentar tus molestias con una sustancia o con un comportamiento adictivo, la respuesta que has aprendido sigue presente. Cesará cuando se descubre y se sana la causa o causas subyacentes.

Sólo recuerda esto: *existe* una razón o razones por las cuales eres adicto, y no se trata de la cualidad adictiva de la droga o del comportamiento. La cualidad adictiva de la droga produce síntomas de abstinencia, pero normalmente no los produce durante mucho tiempo, ya que nuestros cuerpos tienen una enorme capacidad de adaptación. La causa o causas subyacentes son una de las cuatro causas que se mencionan en el Capítulo Cinco. Cuando descubres lo que en realidad está causando tu adicción y lo curas, tus deseos cesarán y podrás dejar tu adicción sin esfuerzo. Esto es lo que han dicho personas de todo el mundo. Tú podrías experimentar lo mismo.

P: Vivo en una población pequeña, donde no tenemos el tipo de terapeutas que usted recomienda en su libro. ¿Qué puedo hacer?

R: Busca profesionales de la salud en la ciudad más cercana, aunque quede muy lejos. Nada sustituye a las terapias que recomiendo. Vale la pena mudarse temporalmente a una ciudad más grande o viajar a esa ciudad y quedarse ahí varios días durante la semana. Si puedes reunir a varias personas que son adictas y necesitan ayuda, podrías hacer arreglos para que un terapeuta viaje al lugar donde vives en días específicos y trate a cada persona individualmente. Además, los terapeutas podrían organizar reuniones de grupo, si el grupo lo desea. Si no hay otra opción, algunas terapias podrían hacerse por teléfono, pero yo nunca lo he intentado, ni he sabido que alguien lo haga.

P: No tengo suficiente dinero para contratar a los terapeutas que usted recomienda en su libro. ¿Qué puedo hacer?

R: Esa es una pregunta difícil, pero no permitas que el dinero sea un obstáculo. Trata de encontrar la clase de médico, especialista en medicina tradicional china o profesional de la salud que se describe en este libro, y pídele que sea parte de tu equipo con la idea de que cuando se integre el equipo, el médico pueda anunciarse como parte de un equipo de Passages. Si está de acuerdo, entonces puedes reunir al resto del equipo, usando la misma estrategia. Ese plan no sólo ayuda al médico o terapeuta a conseguir más clientes, sino que podrán ofrecerles a sus propios clientes los servicios nuevos y valiosos que entrega un equipo Passages. Podrían ser la vanguardia de una nueva revolución en el tratamiento de adicciones. Crear un equipo de tratamiento holístico es una idea que vale la pena impulsar en este momento, y algunos médicos y terapeutas están empezando a comprender que deben formar equipo con otros terapeutas competentes para ayudar a sus pacientes.

Trabajar sin cobrar no es un concepto nuevo. Se conoce como *pro bono* y ha existido durante miles de años. *Pro bono publico* (que a menudo se abrevia como *pro bono*), es una frase latina que significa "por el bien común". Se usa para describir el trabajo profesional que se hace por el bien común sin compensación. Cuando encuentres al médico que quieres que te ayude, dale un ejemplar de este libro, *La cura para el alcoholismo y las adicciones*. Después de leerlo, podría tener suficiente inspiración para ayudarte, siempre y cuando tú te pongas a trabajar y encuentres a los demás terapeutas.

Dale este libro a cada profesional de la salud al que te acerques y explícales lo que estás haciendo. Haz que se entusiasme con la idea de ser parte de un equipo maravilloso que tiene un nuevo enfoque para sanar las adicciones (o cualquier otra cosa). Tal vez podrías pagar los exámenes de laboratorio, para que el médico no tenga que gastar en ellos. No te des por vencido a pesar de las dificultades que enfrentes. Lleva tu proyecto hasta el final.

P: ¿Qué puedo hacer si mi médico o los otros terapeutas se niegan a leer el libro?

R: Busca otro médico y otros terapeutas. No te conviene trabajar con terapeutas o médicos que creen que lo saben todo y no están abiertos a nueva información. Págales para que lean el libro si tienes que hacerlo. Es esencial que todos los miembros de tu equipo lean el libro para que entiendan tus metas y la forma en que quieres que se enfoque tu tratamiento. Si no leen el libro, será difícil alcanzar una meta común.

P: ¿Qué pasaría si alguien que necesita ayuda no quiere leer *La cura para el alcoholismo y las adicciones*?

R: En primer lugar, lee la sección sobre "negación" en el Capítulo Dos. También existe un CD con el audio libro de *La cura para el alcoholismo y las adicciones* (en inglés). Tiene diez horas de duración. Tal vez la persona que necesita ayuda prefiere escuchar el audio libro en lugar de leerlo. Si rechaza esta idea, pídele a otra persona que trate de convencerlo. No te des por vencido. La vida de la persona por la que estás preocupado está en riesgo.

Tal vez la persona cree que no hay esperanza o que la ayuda podría resultar inútil. Tal vez esa persona ha puesto a prueba otros libros o tratamientos y no ha tenido éxito. Tal vez está desilusionada. Piensa en otras formas de llegarle a la persona que te preocupa. Intenta elegir una sección específica del libro que creas que le interesará y léesela. Luego vuelve a ofrecerle el libro. Sigue insistiendo y a la larga lograrás que lo acepte. Le estás ofreciendo un gran regalo. Es el regalo de la libertad, la libertad de una vida de adicciones.

P: ¿Qué puedo hacer si mi médico no está dispuesto a desintoxicarme?

R: Ve al hospital de tu zona y busca otro médico, uno que tenga conocimientos sobre desintoxicación. Con los medicamentos que están disponibles hoy en día, es posible desintoxicarse relativamente sin dolor y sin riesgos, la persona sólo se siente mal durante unos cuantos días.

P: Si he estado tomando alcohol y usando drogas durante mucho tiempo, ¿hay peligro si simplemente dejo de beber o de drogarme sin ayuda de nadie?

R: ¡Sí! Existe el riesgo de sufrir ataques y otras complicaciones al retirarte del alcohol. Siempre consulta a un médico que tenga conocimientos sobre métodos de desintoxicación antes de dejar de tomar. El médico te prescribirá medicamentos para evitar los ataques y cualquier otra cosa que considere necesaria para protegerte mientras te estás desintoxicando. Lo mismo ocurre cuando te desintoxicas de barbitúricos, benzodiazepinas y opiaceos; debes hacerlo bajo supervisión médica. En general, lo mejor es que un médico evalúe los riesgos a tu salud cuando decidas desintoxicarte de cualquier sustancia.

P: Como parte del programa de recuperación, usted recomienda pruebas de laboratorio para determinar si existen desequilibrios. ¿Qué pruebas de laboratorio recomienda usted que use mi médico?

R: Exámenes generales que hagan posible determinar si la persona necesita vitaminas y minerales, grasas esenciales, aminoácidos, probióticos y antioxidantes.[3] (Este tema se explora más a fondo en la siguiente sección.)

MEDICINA INTEGRAL

Para alcanzar tu meta de salud óptima, consigue primero el apoyo de un buen médico. Busca un médico que incorpore enfoques naturales y holísticos al bienestar, integrando así la medicina tradicional y la medicina alternativa.

Aunque sientas que no tienes ningún problema físico, asegúrate de trabajar con un médico. Te sorprenderá lo que descubrirás sobre ti mismo cuando un médico competente, *que también practica la medicina alternativa,* realiza una evaluación diagnóstica adecuada. Ésta es tu oportunidad de poner a tono todo tu cuerpo.

Tu médico te ayudará durante tu proceso de desintoxicación y abstinencia; diagnosticará tus enfermedades leves y graves, y determinará si tus glándulas y órganos están funcionando en forma apropiada. También determinará si tienes alergias y diagnosticará si existen deficiencias de las vitaminas y minerales importantes, un factor crucial en la salud de quienes han caído en una dependencia del alcohol o las drogas.

Es probable que tu médico holístico sugiera que purifiques el interior de tu cuerpo con diversos sistemas de limpieza, como la limpieza hepática, limpieza de la vesícula biliar, limpieza del colon y limpieza sanguínea. Estos procedimientos aclararán tu mente y darán brillo a tu piel. Tu sensación de bienestar y vitalidad se incrementará en gran medida varias semanas después de terminar el tratamiento. Si tu médico no lo sugiere, pídeselo.

Antes de hacer tu cita con el médico, asegúrate de que ese médico use complementos nutricionales, vitaminas, consultas relacionadas con la dieta, planificación de dietas y cambios en el estilo de vida como parte usual de su régimen de tratamiento. Cuando elijas un médico, puedes utilizar las mismas "preguntas que te haces antes de tu primera visita" que aparecen en la sección de este capítulo sobre hipnoterapia. Recuerda que estás creando tu plan para volver a tener una salud óptima, y estás a cargo de ese plan; el médico es parte de tu plan.

La mayoría de los médicos que tienen un enfoque holístico anuncian su especialidad. Puedes buscarlos en la sección amarilla. También hay muchos recursos en Internet que pueden ayudarte a localizar el doctor adecuado. (Si no tienes computadora, pídele a un amigo que te permita usar la suya, o ve a un establecimiento donde puedas usarla, pagando una cuota módica por hora.) Puedes encontrar listas de médicos que practican la medicina holística, buscando en "medicina alternativa", "profesionales de medicina holística" o "médicos homeópatas". También puedes buscar médicos naturistas.

En la siguiente sección de preguntas y respuestas, el Dr. Patrick Hanaway, director médico de Genova Diagnostics, en Carolina del Norte, la Dra. Gayle Madeliene Randal, y el Dr. Litos Mallare, que son médicos que nosotros recomendamos a nuestros clientes de Passages, presentan recursos adicionales para ayudarte a encontrar el mejor médico, y explican por qué un enfoque holístico es importante.

Preguntas y Respuestas con el Dr. Patrick Hanaway

P: ¿Qué es la medicina integral?

Dr. Patrick Hanaway: La medicina integral (conocida también como medicina holística, medicina funcional, medicina complementaria, medicina alternativa o medicina total) es una forma moderna de ver a la persona en su totalidad en el proceso de recuperar la salud y el bienestar. A lo largo de los últimos cien años, la medicina ha progresado rápidamente en las áreas de cirugía, urgencias, traumatología y enfermedades infecciosas. Sin embargo, la naturaleza de la mayoría de los problemas de salud son el resultado de opciones negativas en la conducta, como beber, fumar, comer demasiado, usar drogas, no dormir, no hacer ejercicio, etc. Cuando nuestro cuerpo, nuestra mente y nuestro espíritu no están alineados, consciente o subconscientemente buscamos remediarlo con comida, alcohol, drogas, sexo, televisión y otras diversiones para olvidar o suprimir los síntomas de falta de equilibrio.

Muchos fármacos que se usan en la medicina moderna, como los antidepresivos y los analgésicos, se desarrollaron para eliminar los síntomas de falta de equilibrio. El enfoque de la medicina integral es apoyar al individuo, escuchando toda la historia de las enfermedades y faltas de equilibrio que hay en su vida. La meta es entender lo que causó esa falta de equilibrio, comprender lo que fue "la gota que derramó el vaso", y descubrir los factores que limitan la capacidad del cuerpo para recuperar el equilibrio.

P: ¿Puede usarse el enfoque de la medicina integral para ayudar a una persona con las adicciones?

Dr. Patrick Hanaway: ¡Sí! Este enfoque puede usarse para ayudar en el tratamiento de la dependencia del alcohol, de otras sustancias o de comportamientos adictivos como comer demasiado, fumar, ver demasiada televisión, utilizar demasiado el Internet, demasiada indulgencia en el sexo, comprar o trabajar compulsivamente. De hecho, tratar a la persona en su totalidad: el cuerpo, la mente y el espíritu, es vital para alcanzar el éxito. Para sanar es necesario encontrar la fuente de la enfermedad y el desequilibrio. En Passages, la meta es reunir muchas modalidades de curación para ayudar a cada individuo a descubrir la fuente de su desequilibrio y luego apoyar el proceso de curación. Ésa es una curación verdadera. Sanar no es simplemente tomar un fármaco para eliminar las sensaciones de desequilibrio que están causando el comportamiento adictivo.

Cualquier persona cuyo cuerpo y cuya mente no están en equilibrio tendrá síntomas como tristeza, miedo, enojo, sentir que no vale nada, arrogancia, sentirse incómoda o sentirse mal. Un enfoque holístico a la curación requiere que cambiemos la forma en que vemos estos síntomas. Debemos reconocer que no son problemas, sino señales de falta de equilibrio que pueden indicarnos el camino hacia la curación. Los sistemas antiguos de medicina como el sistema de medicina tradicional china y la medicina ayurvédica, que se han estado utilizando durante cinco mil años, han reconocido los síntomas como indicadores de falta de equilibrio. La medicina occidental, por otra parte, ha concentrado su energía en eliminar esos mismos síntomas con la creencia errónea de que la salud simplemente es ausencia de enfermedades.

P: ¿Cómo me ayudará un médico que utiliza la medicina integral?

Dr. Patrick Hanaway: En primer lugar, un médico que usa la medicina integral escuchará tu historia y te hará preguntas sobre las fuentes de la falta de equilibrio; es decir, tendrá una conexión contigo y se relacionará contigo como una persona total, no sólo a través de una etiqueta de diagnóstico como "adicto" o "alcohólico" a la que haya llegado después de conversar unos minutos.

Los resultados de muchos estudios muestran que los médicos dedican sólo ocho minutos al contacto directo con cada paciente. En promedio, el médico escucha al paciente diecisiete segundos antes de interrumpirlo. Por lo general, eso impide que el paciente pueda decirle lo que vino a decirle, una historia que podría revelar el punto central del problema o al menos podría proporcionar puntos clave sobre el misterio de la falta de equilibrio. El médico que usa medicina integral tiene una visión más amplia de la curación, lo que le permite más tiempo para descubrir datos clave y dar al paciente un tratamiento personalizado, incrementando así las oportunidades de éxito.

El papel de tu médico es evaluar los sistemas interconectados en tu interior para crear un tratamiento individualizado que esté diseñado para responder a tus problemas y necesidades específicos. El médico tomará en cuenta los sistemas de funciones gastrointestinales, las funciones inmunes, inflamaciones, desintoxicación, metabolismo de energía, equilibrio hormonal, estructura física y procesamiento mental.

Un enfoque multidisciplinario como el que se usa en Passages, donde doce terapeutas diferentes trabajan con cada paciente, permiten que el equipo de tratamiento vea con más claridad todos los aspectos de un individuo, como si estuvieran mirando todas las facetas de un diamante. Aunque es posible que un terapeuta no vea un "defecto" en el diamante, es más probable que lo descubran muchos terapeutas que lo están buscando en formas diferentes, y pongan a la persona en el camino correcto hacia la curación. Una vez que se descubre el "defecto", todos los terapeutas lo perciben y concentran su experiencia en la tarea de restaurar un equilibrio perfecto en la persona.

P: ¿Qué papel tiene la nutrición y cómo se individualizan los tratamientos nutricionales?

Dr. Patrick Hanaway: Después de una aguda desintoxicación, cuando la persona ha dejado de tomar, de fumar, de fumar mariguana, de inyectarse droga, de inhalar cocaína, o de tener otro tipo de comportamiento adictivo, se pone énfasis en la nutrición y en la dieta adecuada. Una evaluación funcional de la nutrición basada en pruebas de laboratorio nos proporciona una visión única de las necesidades nutricionales del individuo. Podemos medir los senderos metabólicos (la serie de procesos mediante los cuales la comida se transforma en energía o en los productos que se necesitan para mantener la vida) y así encontrar la respuesta a esta pregunta: ¿Tiene el individuo la mezcla correcta de vitaminas, minerales, aminoácidos, grasas esenciales y azúcares para funcionar a nivel óptimo? Entonces se hacen las recomendaciones relacionadas con la mezcla adecuada de vitaminas y minerales para lograr la salud y el bienestar óptimos.

Además, el médico evaluará los aminoácidos (los pilares fundamentales de la vida) para asegurarse de que la dieta contenga la mezcla adecuada de proteínas. Pueden hacerse cambios en la dieta y en las funciones digestivas para fomentar y mejorar el equilibrio de aminoácidos. Los aminoácidos son los elementos fundamentales que se necesitan para desarrollar los neurotransmisores. Los neurotransmisores son sustancias químicas que transmiten mensajes entre diferentes células nerviosas o entre las células nerviosas y los músculos. Las vitaminas son también factores esenciales que ayudan a desarrollar los neurotransmisores. Por consiguiente, una dieta deficiente y una mala digestión pueden de hecho cambiar tu estado de ánimo. Una de las grandes verdades que hemos recibido de Hipócrates, el médico griego de la antigüedad, que se conoce como el fundador y padre de la medicina y como el médico más grande de su época, es que "somos lo que comemos".

El revestimiento de nuestro tracto intestinal, lo que comúnmente se conoce como "intestino", de hecho se regenera por completo cada cinco días. Este revestimiento es de vital importancia en el manejo de la absorción selectiva de macronutrientes (grasas, azúcares y aminoácidos) y de micronutrientes (vitaminas y minerales). Los requerimientos de cada persona son diferentes en lo que concierne a estos macronutrientes y micronutrientes, dependiendo de su medio ambiente, del estado actual de falta de equilibrio y de sus predisposiciones genéticas.

La evaluación nutricional también toma en cuenta las alergias a los alimentos, la hiperpermeabilidad intestinal y la posible presencia de toxinas de metales pesados, como plomo, mercurio, arsénico y cadmio, que pueden comprometer la función normal de las enzimas en el cuerpo. Cuando hay hiperpermeabilidad intestinal, las partículas "extrañas" de gran tamaño estimulan en exceso al sistema inmune. Ese proceso de inflamación produce compuestos dañinos conocidos como radicales libres, que dañan a las células vivas y hacen que los alimentos se echen a perder. La inflamación impide el proceso normal de sanación del cuerpo y consume grandes cantidades de antioxidantes valiosos. Tomar cantidades adecuadas de Omega 3, que se encuentra en alimentos como el pescado y el aceite de pescado, puede disminuir este proceso de inflamación y fomentar la salud.

Otros exámenes médicos (de sangre, orina o saliva) que determinan la capacidad de responder al estrés, son de gran importancia para las personas que han tenido problemas de adicciones. La función normal de las glándulas suprarrenales se relaciona con responder al estrés agudo (luchar o huir), pero en una situación de mala nutrición y estrés crónico, estas glándulas pierden su capacidad para responder adecuadamente. Posteriormente, esta falta de equilibrio lleva a la depresión y a la fatiga crónica. En nuestra cultura, muchas personas han recurrido al alcohol, a la nicotina, a la cafeína, al chocolate y a otros estimulantes para aliviar estos síntomas. Esta estrategia de reprimir y ocultar no funciona a largo plazo, pues ocasiona una multitud de problemas. Podría compararse con cubrir las luces de emergencia del tablero del coche, cuya función es indicar que el nivel de aceite en el motor es bajo.

P: ¿Necesito seguir por siempre con los cambios nutricionales que recomienda el médico?

Dr. Patrick Hanaway: No. Existe una diferencia entre los requerimientos nutricionales para hacer que la persona recupere la salud y la vitalidad, y los requerimientos para conservar el equilibrio y la armonía. Se aplican los mismos principios, pero la intensidad de aplicación de estas terapias nutricionales disminuye a medida que hacemos que la persona, como un todo, recupere el equilibrio y reponga las reservas del cuerpo. No obstante, es esencial que siempre te nutras adecuadamente si deseas mantener un nivel óptimo de salud y vitalidad.

P: ¿Los desequilibrios y el riesgo de adicciones no se deben a la genética?

Dr. Patrick Hanaway: Uno de los malentendidos fundamentales de la medicina moderna es culpar a la estructura genética de las faltas de equilibrio. Nuestras variaciones genómicas sólo se desenvuelven cuando las variantes genómicas se "interpretan" en el ambiente erróneo. Por ejemplo, Pepe podría necesitar más ácido fólico que Juanita, pero esto no significa que Pepe tenga una enfermedad genética que deba tratarse. De hecho, la variación genómica podría no manifestarse jamás como una falta de equilibrio si Pepe toma cantidades adecuadas de ácido fólico. Conocer estas diferencias puede ayudarnos a determinar nuestras necesidades únicas de vitaminas y a evaluar nuestra capacidad para metabolizar drogas. También puede ayudarnos a refinar nuestra comprensión de los riesgos que tenemos de desarrollar una enfermedad. Aplicar esta clase de medicina personalizada puede ayudarnos a llevar una vida más feliz y saludable.

Preguntas y Respuestas con el Dr. Litos Mallare

P: ¿Qué clase de médico debería buscar para que me ayude a curar mi adicción?

Dr. Litos Mallare: Estás buscando un médico que tenga conocimientos sobre el tratamiento de adicciones y que pueda ofrecerte un tratamiento eficaz. Tal vez sea difícil encontrar un médico que realmente tenga conocimientos en el área de curar adicciones. Tratar el abuso de sustancias es más complicado que tratar una simple infección con un antibiótico. Algunos médicos creen que los años que pasaron en la facultad de medicina y como residentes, son suficientes, pero existe una gran cantidad de información esencial que no se proporciona en la facultad de medicina, ni en la residencia.

La mayoría de los médicos tienen experiencia en el campo de la medicina de adicciones a través de las diversas ramas de la medicina que practican. Las especialidades más comunes en las que los médicos tienen algo de entrenamiento en el campo de la medicina de adicciones son la medicina familiar, la medicina interna y la psiquiatría. Independientemente de la especialidad que tenga el médico que elijas, es conveniente que pueda integrar un enfoque biológico, psicológico y social en el tratamiento para que tu curación sea completa. Evita los médicos que sólo utilizan el enfoque biológico y sólo prescriben medicamentos como tratamiento. Debes evitar esta clase de médicos.

Aunque el tratamiento médico es un componente esencial en la curación de adicciones, rara vez es posible que un médico sea el único que cure a la persona. Existen muchos factores en el tratamiento de las adicciones y todos se relacionan con las condiciones subyacentes. Un médico sólo puede abordar una porción de esos factores. El médico que elijas debe estar dispuesto a integrar esos factores en un plan de tratamiento individualizado que debe incluir a los otros miembros de tu equipo, como se describe en este libro.

También ayuda trabajar con un médico que incorpore la medicina natural al igual que la medicina tradicional. Una pregunta que debes plantear antes de hacer una cita con el médico es: "Además de la medicina occidental, ¿usa el médico enfoques alternativos para la curación, como la reposición de vitaminas y minerales, complementos, y el uso de terapias que pertenecen al campo de la medicina?". Otra pregunta clave es: "¿Toma el médico muestras de sangre para enviarlas al laboratorio para que se haga un análisis de química sanguínea?". Si esto no es parte de su protocolo usual de tratamiento, asegúrate de que el médico esté dispuesto a usar los servicios de un laboratorio para que se te haga un análisis de química sanguínea. Si no está dispuesto a hacerlo, o se muestra renuente, encuentra otro médico. El análisis de la química sanguínea es muy importante y es una parte esencial del tratamiento en Passages.

P: ¿Cómo puede ayudarme un médico competente?

Dr. Litos Mallare: Una de las funciones más importantes de tu médico es ordenar exámenes de laboratorio, interpretarlos, comentar los resultados contigo, y presentar un plan para corregir cualesquier deficiencias, utilizando la ayuda de todos los miembros de tu equipo. Un médico competente también determina la necesidad de una desintoxicación y te ayuda a pasar a través de los agudos síntomas de abstinencia, si es que los tienes. El médico escribe un historial médico y lleva a cabo un examen físico para determinar si hay problemas médicos que sea necesario abordar mientras estás en tratamiento. El médico podría recomendar especialistas médicos en base a los hallazgos que resulten del historial médico, el examen físico y las pruebas de laboratorio. El médico trabaja con terapeutas que no son médicos con el fin de integrar un plan multidisciplinario de tratamiento que se crea específicamente para ti.

Muy a menudo, los pacientes llegan a un centro de tratamiento para adicciones con una receta médica que prescribe medicamentos psicotrópicos, como los antidepresivos. El médico lleva a cabo una evaluación psiquiátrica para determinar la necesidad de tratamiento psiquiátrico o la intervención de un psiquiatra. En psiquiatría, el término *diagnóstico doble* describe a una persona que tiene un problema relacionado con la adicción a sustancias o un problema relacionado con comportamientos adictivos, además de tener un trastorno psiquiátrico, como la depresión. A veces es difícil determinar qué ocurrió primero, la adicción o el trastorno psiquiátrico. ¿La adicción a las drogas o el comportamiento adictivo causaron la depresión, o la depresión llevó a la persona a usar drogas o a recurrir a un comportamiento adictivo para enfrentar los terribles sentimientos de depresión? Un meticuloso historial psiquiátrico y un periodo de sobriedad pueden ayudar a responder esta pregunta.

Tú mismo, o un ser querido, casi siempre pueden superar la depresión con sobriedad y terapia sin la necesidad de recurrir a fármacos psicotrópicos. Lo único que hacen los fármacos psicotrópicos es bloquear las sensaciones desagradables que experimentas mientras tu cuerpo realiza la tarea de sanarse por sí mismo. El problema de usar estos medicamentos es que aunque bloquean tus sensaciones, es difícil, si no imposible, descubrir y sanar la causa subyacente que es responsable de las sensaciones desagradables.

El médico te guiará a lo largo de todo el tratamiento y lo modificará o ajustará según sea necesario. Seguirá consultando a los demás profesionales para maximizar la eficacia de tu tratamiento y curar tu adicción. El médico también te recomendará que consultes a otros profesionales y hará los arreglos necesarios para que recibas cuidados posteriores y te mantengas sobrio o libre de comportamientos adictivos.

P: ¿Cuál es el papel de la buena nutrición para curar una dependencia? ¿Mi médico me recomendará complementos nutricionales específicos?

Dr. Litos Mallare: Es difícil, para la mayoría de las personas, mantener una dieta saludable, y es aún más difícil para quienes han abusado de las drogas o el alcohol, o para quienes tienen otros comportamientos adictivos. Los que tienen dependencias por lo general descuidan los hábitos saludables de alimentación. Los efectos colaterales del abuso de drogas o alcohol, como el vómito y la diarrea, también causan estragos en la dieta y en la buena nutrición. Los adictos al alcohol están más propensos a deficiencias en tiamina (vitamina B1), ácido fólico y otras vitaminas del complejo B, magnesio y vitamina C. La deficiencia de tiamina puede causar insensibilidad en los pies y en las manos (neuropatía) y daños cerebrales irreversibles que se manifiestan en una pérdida de memoria que es similar a la demencia.

Tomar complementos de vitaminas y minerales junto con las dosis diarias que se recomiendan, debería impedir deficiencias vitamínicas. Tu médico podría sugerir otros complementos para responder a deficiencias en la absorción de nutrimentos o deficiencias causadas por el tipo de dieta que elijas (como una dieta vegetariana).

P: ¿Por qué son tan importantes los exámenes diagnósticos de laboratorio?

Dr. Litos Mallare: Los informes de laboratorio son de gran ayuda al diagnosticar las deficiencias que he mencionado. El papel del laboratorio también es fundamental para determinar tu estado general de bienestar físico. Además, pueden darte una visión profunda sobre tu estado emocional. Por ejemplo, si tienes cansancio adrenal o tiroides lenta, sentirás letargo, estarás menos entusiasta y no podrás desempeñarte al máximo. Por lo tanto, podrías estar haciendo algo para estimularte y así incrementar tus niveles de dopamina o adrenalina; por ejemplo, podrías apostar, correr riesgos, usar cocaína o metanfetaminas, fumar o tomar demasiado café, refrescos con cafeína o "bebidas energéticas".

P: ¿Qué tipo de exámenes debería ordenar el médico que le ayuden a diagnosticar mi condición?

Dr. Litos Mallare: El médico ordenará pruebas de laboratorio después de completar tu historial médico y de llevar a cabo un examen físico. El uso de drogas y alcohol puede dañar al cuerpo, y ciertas pruebas de laboratorio pueden ayudar a determinar este daño. El alcohol, por ejemplo, puede dañar directamente al hígado, al esófago, al páncreas y al estómago. Ciertos comportamientos relacionados con el uso de drogas pueden causar infecciones y enfermedades de transmisión sexual. También hay condiciones médicas que podrían orillar a la persona a usar drogas o alcohol con el fin de aliviar sus síntomas. Un ejemplo que ya mencioné sería el hipotiroidismo, que podría causar síntomas parecidos a los de la depresión. Puede hacerse un examen de sangre sencillo para determinar la presencia de hipotiroidismo.

También podría ser útil hacer pruebas de alergias, vitaminas, minerales y metales pesados, pues las anomalías en estas áreas pueden alterar la forma en que te sientes y hacer que uses sustancias adictivas o caigas en comportamientos adictivos para remediar tu situación. Las pruebas básicas de laboratorio, como las pruebas de electrolitos y el hemograma (conteo sanguíneo completo o biometría hemática) podrían también revelar anomalías que podrían estar causando alteraciones en tu estado de ánimo. Tu médico podría ordenar otras pruebas de laboratorio o procedimientos diagnósticos, como radiografías o tomografías computarizadas, si sospecha que existe cierta condición. Repito, es importante hacer un examen completo con el fin de determinar y tratar cualquier condición médica que pudiera estar contribuyendo a tu adicción a sustancias o a tener comportamientos adictivos.

P: ¿Dónde puedo encontrar un médico bien calificado?

Dr. Litos Mallare: Podría ser difícil encontrar un médico que también estuviera calificado en medicina natural o medicina alternativa. Si no puedes encontrar un médico que practique la medicina alternativa, la mejor opción es encontrar un médico que reconozca el valor de la medicina natural y homeopática y esté dispuesto a consultar a un naturista o a un homeópata al llevar a cabo un tratamiento. Lo importante es la capacidad del médico para abordar la práctica de la medicina con una mente abierta.

Otro recurso son las recomendaciones de tus amigos, colegas y familiares, y también de las instituciones relacionadas con el cuidado de la salud. Pueden ayudarte a encontrar un médico calificado. La red mundial también es un recurso valioso. Puedes entrar a Internet y buscar redes a nivel estatal y obtener datos sobre médicos calificados. Recuerda que el hecho de que alguien sea un médico calificado no significa que es el médico adecuado para ti. Tendrás que reunirte con él, hacerle preguntas, interactuar con él y así determinar si es el médico que necesitas. Si tienes dificultades, sigue buscando hasta que encuentras el médico que te funcione. Es una parte esencial de tu curación.

P: ¿Cómo sé que he encontrado el médico adecuado para mí?

Dr. Litos Mallare: A veces no sabrás de inmediato si el médico que elegiste es el adecuado. Establecer una buena relación al principio del tratamiento es una buena señal de que las cosas saldrán bien. Más adelante en el tratamiento, esa buena relación y confianza podrían dañarse debido a desacuerdos. Es importante que en la reunión inicial le comuniques al médico tus expectativas e inquietudes sobre ciertos aspectos del tratamiento. Si es el médico adecuado, te escuchará y también te hablará de las metas del tratamiento y de lo que él espera de ti y para ti. Los desacuerdos que se presenten más adelante en el tratamiento, por lo general pueden resolverse recordando lo que se dijo en la reunión inicial.

El médico no debería imponerte lo que debes hacer, sino guiarte para encontrar una cura para tus adicciones, sin importar que seas adicto a una sustancia o a un comportamiento adictivo. El médico debería animarte y darte esperanza de que una cura es posible. Lo ideal es que el médico adecuado haga que confíes en que tendrás éxito y encontrarás una cura para tu adicción.

P: ¿Qué puede decirme del tratamiento con metadona o de las clínicas de metadona?

Dr. Litos Mallare: Usar metadona no cura a la persona de la dependencia a los opiáceos. De hecho la prolonga, y dejar el tratamiento con metadona es más difícil que dejar los opiáceos originales. La metadona permanece en el cuerpo el doble del tiempo y es al menos el doble de difícil dejarla.

Sin embargo, hay estudios que demuestran que las personas con dependencia a los opiáceos que reciben tratamiento con metadona tienen una tasa de mortandad menor y tienen mayores ingresos al año que las que no reciben este tipo de tratamiento. También se ha demostrado que el tratamiento con metadona reduce el uso de drogas ilícitas y la actividad criminal, que son las principales razones de que el gobierno respalde el uso de la metadona. La actividad criminal siempre se reduce en las áreas cercanas a las nuevas clínicas de metadona recién inauguradas.

En países como Estados Unidos existe una controversia relacionada con el tratamiento con metadona, entre los líderes del gobierno federal, la comunidad médica, los funcionarios de salud pública y el público en general; muchos creen que estar libre de drogas es la única meta válida. Passages no usa metadona en absoluto, y tiene una tasa de reincidencia muy baja. El equipo de Passages cree que las personas pueden quedar libres de drogas y mantenerse en ese estado, y por lo general lo comprueban. El tratamiento con metadona sólo aborda los comportamientos relacionados con la dependencia a opiáceos, no aborda la adicción como tal.

P: ¿Debería mi médico coordinarse con los otros profesionales que estaré consultando?

Dr. Litos Mallare: Tu médico debería consultar a todos los profesionales que están involucrados con tu recuperación, y debería hacerlo con frecuencia. En Passages, a cada paciente que llega se le asigna un equipo de doce personas. Todos los miembros del equipo se reúnen al menos una vez a la semana para hablar de su tratamiento y progreso, y a veces se comunican diariamente, cuando se descubre información relacionada con su rehabilitación. Tu equipo debería hacer lo mismo. En ocasiones, la información que descubre un terapeuta es vital para guiar a tu médico en el desarrollo de un plan de tratamiento más eficaz que ayude a lograr una cura.

Preguntas y Respuestas con la Dra. Gayle Madeliene Randall

P: ¿Cuál es el papel de la desintoxicación en mi recuperación, y cómo puede un médico que practique la medicina integral ayudarme a lo largo de ese proceso?

Dra. Gayle Madeleine Randall: La desintoxicación es el proceso de eliminar sustancias dañinas que se han almacenado en tu cuerpo como resultado del abuso de sustancias, y de eliminar productos tóxicos que se han desarrollado en tu cuerpo a causa del descuido, el medio ambiente y los alimentos que contienen ingredientes dañinos como pesticidas y fertilizantes químicos. Todos los que abusan de sustancias necesitan un proceso de desintoxicación de cierto tipo al inicio de su recuperación.

La meta de un buen programa de tratamiento es descubrir y sanar las causas subyacentes de la dependencia a las drogas o al alcohol (el alcohol simplemente es otra droga: etanol). Para hacerlo, debes descontinuar en forma gradual el uso de las drogas que has estado usando, lo cual podría requerir el uso temporal de otra droga, menos dañina, para evitar problemas peligrosos como los ataques. En Passages, el equipo de tratamiento también favorece la reducción de fármacos que encubren las emociones, como los medicamentos que reducen la ansiedad, y en algunos casos, incluso los fármacos como los antidepresivos, de modo que las emociones reprimidas puedan llegar a la superficie. El proceso de curación puede ser más meticuloso. La duración de la desintoxicación puede variar ya que algunas drogas se eliminan del cuerpo más lentamente que otras. Una de las metas más importantes de la desintoxicación es alcanzar un estado mental limpio. Al desenterrar las causas básicas de la dependencia, es posible lograr que la mente de la persona sea lo más clara que se pueda.

Es absolutamente necesario que un médico se involucre en el proceso de desintoxicación. El descontinuar abruptamente el uso de algunas sustancias puede ser muy peligroso. De manera específica, dejar repentinamente el alcohol, las benzodiazepinas (Valium, Xanax, Librium y medicamentos relacionados), los barbitúricos, y en ocasiones los opiáceos, puede provocar condiciones peligrosas que ponen en peligro la vida.

Durante la desintoxicación, se restaura el número de receptores de tu cuerpo. Toda sustancia psicoactiva (como el alcohol, las benzodiazepinas y los opiáceos) actúa en sitios específicos del cerebro y en otras partes del cuerpo que se conocen como receptores. La sustancia es como una llave que entra al cerrojo, o receptor, en el que puede encajar. Esta acción de "llave en el cerrojo" es lo que hace que los nervios se disparen y tiene como resultado la respuesta psicoactiva, o de "euforia por las drogas" que provoca el uso de sustancias adictivas. Si una sustancia se usa en exceso, el número de receptores en el cerebro y en otras partes del cuerpo se reduce porque cuando se dispone de una gran cantidad de sustancias psicoactivas, el cuerpo siente que las necesita menos. Por eso requieres una cantidad cada vez mayor de la droga que estás usando para alcanzar el efecto que buscas. Este proceso tiene como resultado una tolerancia cada vez mayor a la sustancia; y cuando se usa más droga para superar la tolerancia, ocurren daños en los nervios.

Durante el proceso de incrementar el número de receptores que vuelven a la normalidad a través de la desintoxicación, el sistema nervioso es muy sensible. Si se le deja fuera de control, este proceso puede provocar nerviosismo, delirio, y ataques (movimientos que sacuden el cuerpo e incluyen la incapacidad de hablar, pérdida de la memoria, pérdida del equilibrio, y en ocasiones pérdida de la función intestinal y de la vejiga). También pueden presentarse vómitos, los cuales podrían bronco-aspirarse y causar neumonía o la muerte.

Los médicos que tratan la desintoxicación de sustancias necesitan una formación específica y deben recibir certificación por parte de sociedades aprobadas en el campo de la medicina para adicciones. En el tratamiento de la dependencia a opiáceos, a menudo se usa un medicamento conocido como buprenorfina o Suboxone, y puede ser administrado por médicos que han recibido un entrenamiento especial en el área de la dependencia de opiáceos. El uso de metadona es un enfoque más antiguo en la desintoxicación de opiáceos y es menos popular de lo que solía ser porque la metadona permanece en el cuerpo durante un periodo muy largo. La prolongada vida media de la metadona provoca dificultades al retirarse de esta droga y los síntomas de abstinencia persisten durante mucho tiempo. No obstante, debes saber que si acabaste utilizando metadona, puedes desintoxicarte de ella con una guía médica adecuada.

Independientemente del tipo de dependencia que tengas, asegúrate de decirle al médico que no quieres tomar medicamentos que remplacen a las drogas, como la buprenorfina en el caso de los opiáceos, el aprazolam en el caso del alcohol o la metadona en el caso de la heroína. Aunque tal vez sea necesario utilizar algunos de estos medicamentos al inicio de la desintoxicación, tu meta final es estar libre de drogas. Evita a los médicos que quieran tratar tu dependencia a sustancias remplazándolas con fármacos y no haciendo nada más. Los fármacos que se usan para remplazar a las drogas te dejan siendo adicto, con la puerta abierta para volver a recurrir a las drogas que querías dejar al inicio del tratamiento.

Lo ideal es que a lo largo de tu desintoxicación y recuperación trabajes con un médico especializado en medicina integral, que utilice enfoques naturales y holísticos al igual que medicina tradicional. Es consolador tener un médico bien capacitado que te ayude a pasar a través del delicado proceso de desintoxicación. Los médicos que conocen la medicina integral también sugieran terapias holísticas para facilitar y acelerar tu proceso de desintoxicación y recuperación. Recomendarán las medidas holísticas más convenientes para tu situación específica, ya que cada persona es diferente y tiene diversos conjuntos de requerimientos y necesidades.

También es importante que el médico que elijas participe muy de cerca en tu proceso de recuperación. El médico adecuado creará un plan contigo. No sólo te impondrá lo que deberías hacer, sino que te ayudará y te guiará para encontrar una cura para tu adicción. Cuando vayas a consulta, un buen médico dedicará la mayor parte de su tiempo a hablar contigo y a escucharte para saber qué es lo que necesitas. Las investigaciones han comprobado que los pacientes tienen mejores resultados cuando los profesionales de la salud los escuchan, y se comunican eficientemente, y son comprensivos con ellos.[4]

P: ¿Cómo usará el médico las pruebas de laboratorio para mi recuperación?

Dra. Gayle Madeleine Randall: Es probable que la mayoría de las personas tengan varios malestares físicos que se relacionan con los problemas que brotan de su abuso químico y que de hecho son parte de la causa de su dependencia. A menudo, el abuso de sustancias químicas puede causar problemas físicos adicionales o empeorar los problemas ya existentes. Necesitas un médico que pueda resolver adecuadamente los factores subyacentes de tu situación específica. Tu médico debería usar pruebas de laboratorio como estudios de química sanguínea y análisis endocrinos. Los exámenes y las pruebas tienen un papel muy importante en lo que concierne a descubrir factores fisiológicos y psicológicos que son significativos y que podrían obstaculizar tu recuperación e impedir tu curación.

Otras dos áreas en las que las pruebas de laboratorio son sumamente valiosas son los exámenes relacionados con los niveles de los neurotransmisores y las deficiencias nutricionales. Los neurotransmisores casi siempre se desequilibran cuando la persona tiene una dependencia de drogas. Los neurotransmisores son mensajeros químicos que transmiten impulsos a lo largo de todos los sistemas del cuerpo. Son responsables del funcionamiento de los órganos, del cerebro, de los pensamientos, los músculos, de todo. He observado que en el caso de pacientes con dependencias, cuando los desequilibrios de los neurotransmisores se abordan de manera adecuada con terapias de apoyo, la recuperación es mucho mejor y el deseo de consumir drogas se reduce o se elimina.

Las deficiencias nutricionales también son comunes cuando existe una dependencia. Se producen por descuido y también por los efectos tóxicos directos de la substancia de la cual abusa la persona. Las pruebas de laboratorio pueden identificar las deficiencias para que el médico haga las recomendaciones específicas que te ayuden a mejorar tu salud. Llevar una buena dieta y un estilo de vida saludable, son puntos clave del bienestar. Todas las personas, dependan o no de sustancias químicas, pueden beneficiarse del ejercicio, la buena nutrición y las terapias basadas en vitaminas y minerales. Quienes están en las garras de una adicción progresiva, a menudo permiten que su salud se deteriore. Si alguien está usando drogas o alcohol, es muy probable que el conservar la salud no sea una prioridad, y ésta es otra razón importante para concentrarte en la salud durante tu proceso de curación. En mi práctica privada uso esta frase con mis pacientes: "Tu salud merece una atención óptima". El médico perfecto para ti sería un médico que entienda este principio, que sea holístico en su enfoque y que esté en sintonía con los procesos naturales de sanación de tu cuerpo, de tu mente y de tu ser emocional y espiritual, y apoye esos procesos.

Tal vez no puedas encontrar un médico que esté calificado para encargarse de la desintoxicación y que también tenga un enfoque integral y holístico. En ese caso, encuentra un médico que te ayude a alejarte de la sustancia por la cual has desarrollado una dependencia, y luego encuentra a un médico que se encargue de tus desequilibrios químicos y nutricionales.

P: ¿De qué forma se ha cambiado el curso del tratamiento de adicciones con base en los avances de la medicina de mente y cuerpo?

Dra. Gayle Madeleine Randall: La ciencia que respalda a la medicina de mente y cuerpo se concentra en las interacciones entre el cerebro, la mente, el cuerpo y el comportamiento. La medicina de mente y cuerpo reconoce las poderosas formas en que los factores emocionales, mentales, sociales, espirituales y de conducta afectan directamente a la salud. El Dr. Ned Kalin, director de psiquiatría en el Instituto Health Emotions [Salud-Emociones] en Madison, Wisconsin, resume estos conceptos como sigue: "Lo que está ocurriendo en el campo de la mente y el cuerpo equivale al inicio de la teoría cuántica en la física".

Antes del desarrollo de la tecnología reciente, los médicos formados en la medicina occidental tradicional a menudo rechazaban la medicina de mente y cuerpo, considerando que carecía de pruebas y se basaba en la charlatanería. Aunque sus grandes pioneros como el Dr. Herbert Benson, ofrecieron investigaciones de muy alto nivel a principios de la década de 1970, el campo de la medicina de mente y cuerpo siguió siendo objeto de rechazos hasta la última década. El Dr. Benson acuñó la frase "respuesta de relajación" y describió sus descubrimientos en un *best seller*. Mostró que la meditación que induce la respuesta de relajación reduce el ritmo cardiaco, controla la respiración y las ondas cerebrales. Esto se opone a la "respuesta de luchar o luchar", que a menudo experimentan los pacientes que tienen dependencias y que se automedican, y los pacientes que están en proceso de desintoxicación. La meditación y el tipo adecuado de respiración pausada producen cambios en el sistema nervioso y en el hipotálamo, e incrementan la actividad cerebral relacionada con las emociones positivas y con cambios en los estados de conciencia, y mejora del sistema inmune.[5] En Passages, la respiración consciente se incluye de manera habitual en el proceso de rehabilitación.

El trabajo realizado por la Dra. Candance Pert también ha sido una piedra angular en nuestro trayecto hasta el nivel en el que estamos hoy en día, en cuanto a comprender la conexión entre la mente y el cuerpo y la forma en que esa conexión interactúa con el tratamiento de dependencias. La Dra. Pert estaba estudiando una maestría cuando descubrió el receptor opiáceo en 1972. También es muy importante que haya descubierto que los receptores pueden encontrarse fuera del cerebro, en muchas partes del cuerpo. Esto ayudó a comprender que los procesos neuroquímicos, e incluso los procesos del pensamiento y las emociones, no reciben su impulso del cerebro. En realidad "pensamos" con todo nuestro cuerpo. Este descubrimiento clave ha desplazado, de una vez por todas, la visión de la emoción como algo que se centra por completo en el cerebro, y es otra pieza del rompecabezas de la conexión entre la mente y el cuerpo.[6]

La Dra. Pert enseña que "tu cuerpo es tu mente subconsciente". Lo que afecta a la mente afecta al cuerpo, y lo que afecta al cuerpo afecta a la mente. Por ejemplo, cuando experimentas síntomas provocados por la dependencia a las drogas, eso afecta tus emociones, y cuando experimentas angustia emocional a causa de tu adicción, eso tiene efectos negativos en tu cuerpo. ¡Todo está conectado! Por eso necesitas abordar la curación total de tu cuerpo y tu mente cuando te estás recuperando de una adicción. Las personas que se desintoxican sin llegar a las causas psicológicas básicas que los han llevado a la dependencia, casi siempre reinciden. Tratar el abuso de sustancias, enfatizando la curación emocional sin también abordar los desequilibrios del cuerpo, a menudo lleva a la reincidencia, debido a la ansiedad del cuerpo por consumir drogas y a las incomodidades que experimenta.

P: ¿Hay otros avances científicos que estén cambiando la forma en que se lleva a cabo el tratamiento de adicciones?

Dra. Gayle Madeleine Randall: Otro campo de investigaciones que han causado un impacto en las dinámicas de la dependencia ha aparecido en los informes de neurocientíficos, psicólogos y filósofos occidentales, y de eruditos budistas, que aparecen en el libro de Daniel Goleman, *Emociones destructivas: ¿Cómo podemos vencerlas? Diálogo científico con el Dalai Lama [Destructive Emotions: How Can We Overcome Them? A Scientific Dialogue with the Dalai Lama?].*[7] Las emociones destructivas son las que nos causan daño o causan daño a otros. El Dr. Richard Davidson de la Universidad de Madison, un pionero en el campo de la neurociencia, identificó los circuitos cerebrales involucrados en una gama de emociones destructivas, que van desde los deseos de los adictos por consumir drogas, hasta los miedos que paralizan a los fóbicos (personas que sienten un miedo intenso e irrealista que puede interferir con su capacidad para socializar, trabajar o vivir la vida diaria).

Estos datos contienen grandes promesas en el campo del tratamiento de adicciones. Muestran que la meditación y la respiración consciente pueden producir cambios neuroquímicos benéficos, fortaleciendo las áreas del cerebro que inhiben el pensamiento negativo y el comportamiento destructivo. Cuando estas áreas se fortalecen, los sentimientos perturbadores pueden remplazarse con sentimientos de ecuanimidad y gozo.[8] El solo hecho de respirar de manera consciente y aprender a meditar, puede ayudarte a reducir tus deseos incontrolables de usar drogas y los pensamientos negativos que llevan al abuso del alcohol y las drogas. Además, las áreas del cerebro que son responsables de inhibir el pensamiento negativo pueden modularse en forma benéfica al equilibrar los niveles de los neurotransmisores, especialmente en el lóbulo prefrontal izquierdo.

P: ¿Puede usted hablarnos más sobre los neurotransmisores?

Dra. Gayle Madeleine Randall: La adicción y la dependencia de sustancias afectan profundamente los procesos cerebrales, pues alteran el nivel de los neurotransmisores y de sus diversos receptores. Este tipo de cambios inevitablemente llevan a cambios de comportamiento. En Passages, la recuperación de los pacientes cuenta con el apoyo de estudios sobre sus niveles neuroquímicos y el tratamiento de sus desequilibrios.

La mayoría de las personas a quienes se les diagnostican trastornos de depresión y ansiedad sufren de desequilibrios químicos y de neurotransmisores. Algunas personas dan a este desequilibrio el nombre de "trastorno de neurotransmisores", un término que no me agrada porque implica que existe una enfermedad, cuando en realidad es un *desequili-*

brio resultante del estrés, la adicción u otros factores. Los desequilibrios de los neurotransmisores también pueden ser resultado de la bulimia, la anorexia, la fibromialgia, la fatiga crónica, el insomnio, el dolor crónico, la menopausia o cualquier condición que produzca una tensión grave en el sistema.

Una de las formas en que se ha tratado médicamente el desequilibrio en los neurotransmisores es a través de inhibidores selectivos de la recaptura de la serotonina (ISRS) e inhibidores selectivos de la recaptura de la norepinefrina (ISRN), dos tipos de antidepresivos. Desde que empezaron a usarse estos fármacos a finales de la década de 1970 y principios de la década de 1980, las prescripciones para su uso se han incrementado más y más. La medicina que se basa en evidencias ha producido estudios y artículos que revelan diversas implicaciones clínicas del uso de ISRS e ISRN, lo que incluye el tratamiento de la depresión, el insomnio, la ansiedad, la menopausia, la adicción y otras condiciones. El uso excesivo de ISRS e ISRN ha demostrado que el mundo médico ha descubierto y reconocido el impacto clínico que los niveles de los neurotransmisores tienen en la salud.

Desafortunadamente, aunque los niveles de los neurotransmisores tienen un efecto tremendo en la salud, se ha cuestionado la eficacia de los ISRS y los ISRN. Antes dije que los neurotransmisores son mensajeros químicos esenciales que regulan la función del cerebro, los músculos, los nervios y los órganos. Los neurotransmisores más comunes son la serotonina, el GABA (ácido gamma-aminobutírico), la dopamina, la norepinefrina, la epinefrina, el glutamato y la acetilcolina. Es muy común que las personas que tienen un estilo de vida de baja calidad y malas dietas tengan niveles bajos de estas importantes sustancias químicas, lo que a menudo es el caso en las personas dependientes a las drogas. El tratamiento convencional usa fármacos tipo ISRS como Zoloft, Prozac, etc., que tal vez ofrezcan a algunos pacientes el alivio de sus síntomas. Funcionan redistribuyendo la serotonina del interior de las células nerviosas hacia las sinapsis (espacios entre los nervios que se comunican entre sí), donde transmite su mensaje químico. Esta redistribución artificial permite que los mensajes químicos se envíen, aunque los niveles totales de los neurotransmisores del cuerpo sean bajos.

El problema relacionado con este enfoque es que estas drogas no reabastecen las deficiencias de serotonina, ni otros niveles faltos de equilibrio en los neurotransmisores. De hecho, podrían reducir la neurotransmisión al incrementar la actividad de unas enzimas conocidas como monoaminooxidasas (MAO), que descomponen los neurotransmisores. Es común que las personas experimenten sólo una mejoría temporal debido a este efecto. Por consiguiente, se hacen cambios frecuentes en los antidepresivos, y los médicos prescriben tipos diferentes o incrementan las dosis una y otra vez para compensar la disminución de su eficacia. Ésta es una forma en que las personas acaban siendo adictas a los antidepresivos.

Vale la pena repetir que el problema con los ISRS y los ISRN es que sólo engañan al cuerpo, haciéndolo pensar que tiene más neurotransmisores de los que tiene en realidad, bloqueando en forma selectiva su recaptura en el espacio sináptico entre las terminaciones nerviosas. Eso significa que el neurotransmisor permanece entre las células nerviosas que se comunican entre sí y lo usan. En lo que se ha escrito sobre este tema, encontramos una descripción del "Prozac *poop out*" (el hecho de que el Prozac deje de producir efecto). Esto ocurre cuando sin importar cuánto ISRS tomes, no puedes obtener un efecto benéfico. La razón es que los antidepresivos tipo ISRS no reabastecen la serotonina; sólo engañan al cuerpo haciendo que piense que tiene más serotonina de la que en realidad tiene, al recopilarla y mantenerla en el espacio sináptico.

La *Revista Harvard* informó que un estudio realizado en 1995 por Maurizio Fava, profesor de psiquiatría en la Facultad de Medicina de Harvard, descubrió que el efecto benéfico del Prozac acaba en un año, más o menos en la tercera parte de quienes lo toman. En el año 2000, el Dr. Joseph Glenmullen, instructor clínico de psiquiatría en la Facultad de Medicina de Harvard y médico en los Servicios Universitarios de Salud [University Health Services], escribió un libro que lleva el título de *Prozac Backflash*, en el que señala los efectos negativos de los antidepresivos sobre los que no se han dado informes completos. En su análisis de este libro, la *Revista Harvard* señala: "*Prozac Backflash* documenta no sólo la tolerancia, el síndrome de abstinencia y la dependencia a las drogas, sino toda una gama de peligros relacionados con 'drogas similares al Prozac': inhibidores selectivos de la recaptura de la serotonina (ISRS). 'Ahora tenemos evidencia inequívoca, a partir de una amplia gama de efectos colaterales, de que las drogas tipo Prozac dañan el funcionamiento normal del cerebro', explica Glenmullen".[9]

Además de estos problemas relacionados con los antidepresivos tipo ISRS, hay otro problema que se ha revelado y que complica aún más la situación. Informes muy recientes revelaron que la eficacia de los antidepresivos podría ser menor que la que se ha supuesto en los estudios que se han publicado. El estudio que se concentra en este problema fue dirigido por el Dr. Erick Turner, profesor asistente de psiquiatría, fisiología y farmacología en la Universidad de Salud y Ciencia de Oregon y director médico del Programa de Trastornos del Estado de Ánimo del Centro Médico para Asuntos de Veteranos, en Portland. El estudio de Turner y sus colegas, publicado en el número del 17 de enero de 2008 de la revista *New England Journal of Medicine,* sugiere que la publicación selectiva de los informes relacionados con los resultados de las pruebas con antidepresivos exagera la eficacia de las drogas. Los artículos que se estudiaron en la Administración de Alimentos y Fármacos de Estados Unidos (FDA) sobre las pruebas realizadas con doce antidepresivos bien conocidos entre 1981 y 2004, involucraron a 12 564 pacientes. Investigaron la literatura sobre el tema para determinar si los resultados presentados a la FDA se habían publicado en revistas médicas. También compararon los resultados de las pruebas publicadas con la versión de los resultados de la FDA.

Fue claro que el hecho de que los estudios se publicaran o no, dependía de sus resultados. Turner y su equipo encontraron que, de acuerdo con la literatura publicada, casi todos los estudios que se llevaron a cabo (94 por ciento) tuvieron tratamientos con resultados positivos. Por otra parte, los datos de la FDA mostraron que sólo aproximadamente la mitad (51 por ciento) de los estudios eran positivos. El estudio de Turner tuvo el cuidado de señalar que los resultados no significan que ciertas drogas sean ineficaces, sino que la publicación selectiva en la literatura médica "puede hacer que los médicos y los pacientes crean que las drogas son más eficaces de lo que son en realidad, lo que puede influir en las decisiones relacionadas con prescribir ciertos medicamentos".[10] Descubrir que la literatura médica podría exagerar la eficacia de los antidepresivos al no publicar los estudios que tuvieron resultados negativos, significa que los médicos podrían, de hecho, prescribir antidepresivos en exceso, basándose en lo que creyeron que era información confiable, tomada de revistas revisadas por sus colegas.

P: ¿Cómo podría la investigación sobre neurotransmisores ayudarme en el tratamiento del alcoholismo, la drogadicción u otras adicciones?

Dra. Gayle Madeleine Randall: Las nuevas investigaciones y el progreso tecnológico que nos permiten medir los niveles de los neurotransmisores son un avance importante que representa una promesa en el tratamiento de dependencias. Al igual que la tecnología en general, las aplicaciones médicas están destinadas a crecer, y esto definitivamente es cierto de las aplicaciones clínicas relacionadas con los neurotransmisores. La medicina clínica experimentó un cambio evolutivo cuando las pruebas de los neurotransmisores pasaron del campo de la investigación a un escenario clínico, en el lapso de los últimos cinco años.

Este nuevo avance tecnológico ha experimentado un crecimiento fantástico durante los últimos años y ahora ha evolucionado hasta convertirse en nuevas aplicaciones terapéuticas que pueden ayudar en el tratamiento de adicciones. Varias empresas tienen la tecnología para medir niveles de neurotransmisores y han desarrollado complementos para tratar las faltas de equilibrio.[11] También existe tecnología que nos permite evaluar con mayor precisión la función adrenal.

Los principales neurotransmisores que están activos en nuestro cuerpo se dividen en dos tipos: los que inhiben o calman y los que excitan o estimulan. Los principales neurotransmisores que inhiben que podemos medir son la serotonina y el GABA, y los principales neurotransmisores que excitan son la dopamina, la norepinefrina, la epinefrina (o adrenalina), y el glutamato. No es sorprendente que el abuso de sustancias los afecte gravemente, al igual que la toxicidad y el estrés prolongado, que siempre tienen relación con la dependencia de sustancias.

Lo más importante es que estos datos definitivamente indican que tomando en cuenta la sustancia o sustancias que se usan, la duración del uso y el tiempo que ha transcurrido desde la última vez que se usaron, es posible restaurar el equilibrio de los neurotransmisores con terapias a base de aminoácidos y vitaminas. Esta restauración del equilibrio puede tener como resultado una mayor recuperación que se manifiesta en el hecho de dormir mejor, en una mayor sensación de bienestar, mayor energía, menos ansiedad y menos deseos de tomar drogas, por mencionar sólo algunos de los resultados que se han observado. Los aminoácidos se obtienen de la proteína que hay en la dieta, pero no se obtienen los niveles adecuados para corregir incluso una deficiencia moderada en los neurotransmisores. El uso planificado de complementos de aminoácidos y neuro-factores esenciales, puede reabastecer los niveles bajos de neurotransmisores en forma natural.

Este proceso debería estar bajo la supervisión de un profesional bien informado, ya que existe un orden específico y un periodo que necesitan estas sustancias químicas para restaurarse, dependiendo del patrón y de las causas de los desequilibrios. Si los niveles de neurotransmisores se restauran sin tomar en cuenta los patrones y las causas, pueden presentarse efectos colaterales desagradables y cambios indeseables en el estado de ánimo. Los pacientes que han tenido dependencias podrían tardar más en restaurar por completo los niveles y en sanar los nervios.

Mi recomendación para los pacientes con dependencias es que pidan que se evalúen sus niveles de neurotransmisores y reciban la terapia apropiada por parte de un profesional capacitado en este campo. Ésta es una herramienta increíblemente útil para sanar las dependencias. Cuando se administra una selección de aminoácidos y otros precursores herbales y vitamínicos básicos, específicos para la serotonina, es posible restaurar los niveles y sentirte mejor en forma natural, sin dañar el funcionamiento normal del cerebro. Esta misma tecnología y estos mismos principios pueden aplicarse a otros neurotransmisores que se hayan reducido, y también a los adrenales.

La curación tiene una relación muy estrecha con restablecer el equilibrio. A partir de los descubrimientos del equipo de Passages en el marco del modelo de las adicciones, Passages ha diseñado un sistema de complementos nutricionales que pueden ayudar al cuerpo a recuperarse de las adicciones en forma natural, proporcionando los elementos básicos de los neurotransmisores que podrían faltarte. Puedes encontrar más datos sobre los complementos en www.passagesmalibu.com. Estos complementos de ninguna manera reemplazan el cuidado de los profesionales y médicos de tu equipo. Recuerda que siempre se debe consultar a un médico antes de descontinuar el uso de sustancias y cuando se inicie una desintoxicación, en especial en el caso del alcohol y las benzodiazepinas. Además de la atención médica adecuada, estos complementos pueden ser de gran ayuda para recuperarse en forma natural.

Cada "cuerpo" tiene su propia capacidad innata para lograr el equilibrio mediante el cuidado, el amor y el apoyo adecuados. Tu sistema inmune, tu neuroquímica y tu metabolismo tienen mecanismos para autocorregirse que están presentes a nivel genético. A pesar de los terribles efectos perjudiciales de las sustancias químicas y el estilo de vida que tal vez hayas elegido hasta este momento, tu cuerpo puede sanarse y se va a sanar. Con la desintoxicación, la ayuda crucial de los diversos terapeutas que se describen en este libro, y un programa de vitaminas, minerales, y terapias que apoyen el aspecto neurológico, también puedes sanar tus profundas heridas emocionales y lograr lo que todos queremos para ti: un equilibrio mental, corporal y espiritual que tenga como resultado un bienestar y un vigor físico duraderos.

MEDICINA CHINA TRADICIONAL

Tu siguiente paso para crear tu programa holístico de curación es encontrar un profesional de la medicina china tradicional. Eso significa que tiene una licencia para practicar acupuntura y herbología. El enfoque de la medicina china tradicional es muy diferente al de la medicina occidental. Su propósito es, ante todo, traer equilibrio al cuerpo. Es muy probable que un especialista en medicina china tradicional te de un programa de acupuntura, acupresión y tés herbales. A veces los tés tienen un sabor amargo, pero han llegado a gustarme; tienen el sabor de la tierra. Si no te gusta podrías tomar cápsulas con agua.

Los tés herbales te fortalecen y rejuvenecen; también desintoxican y limpian tu cuerpo. La acupuntura y la acupresión estimulan los *tsubos* (puntos de presión) que se encuentran a lo largo de los meridianos del cuerpo (rutas o canales nerviosos a través de los cuales fluye la energía del cuerpo) para mejorar la circulación hacia los órganos, equilibrar el *qi* (energía), aliviar la tensión, eliminar las toxinas que se han almacenado en las células y mejorar todas las funciones corporales.

En Passages, muchos casos de dependencia se curan gracias a las técnicas de curación orientales. Muchos de nuestros clientes que han sido adictos a analgésicos como el Vicodin, el OxyContin y la metadona, y a otros opiáceos como la heroína, han respondido bien a la acupuntura y a la acupresión. Estas técnicas pueden liberar endorfinas, que son sustancias químicas que se producen en el cuerpo de forma natural y que hacen que se "sienta bien", pero que han sido inhibidas por el abuso del alcohol y las drogas.

"La acupuntura parece calmar precisamente la parte del cerebro que controla la respuesta emocional al dolor", dice la Dra. Kathleen K. S. Hui, neurocientífica del Centro Martinos de Imágenes Biomédicas en el Hospital General de Massachusetts. También hemos descubierto que las alergias a los alimentos, el estrés, la depresión, la ansiedad, la anorexia, la bulimia, la fatiga crónica, la disfunción orgánica, la disfunción glandular y otros desequilibrios del cuerpo responden muy bien a las técnicas de medicina oriental.

248 *La cura para el alcoholismo y las adicciones*

Puedes encontrar un especialista en medicina china tradicional en tu zona por Internet. Dile con honestidad la razón exacta por la cual quieres verlo y cuál es tu situación. Después de que el médico te haya examinado, pregúntale cuál cree él que sea la condición de tu sistema. Pregúntale cuál sería su plan de tratamiento y cuánto tardaría. Asegúrate de que tu especialista en medicina tradicional china se comunique con tu otro médico.

El Dr. Ji Zhang, L.Ac, O.M.D. es un especialista en medicina tradicional china originario de la China Continental. Estudió medicina en China, luego se especializó en acupuntura y acupresión, y más tarde en herbología. Es autor de una obra que en la opinión de muchas personas es la enciclopedia herbal más completa que se haya publicado jamás. Menciona más de diez mil hierbas diferentes. Desafortunadamente, sólo está disponible en chino. El Dr. Zhang afirma que es muy valioso combinar la medicina occidental con la oriental; cada una de ellas tiene sus propias virtudes y juntas pueden lograr más que cada una por separado. Los siguientes conceptos, que proporciona el Dr. Zhang, te ayudarán a entender por qué la medicina tradicional china es esencial para facilitar la curación del alcoholismo o la adicción.

Preguntas y Respuestas con el Dr. Ji Zhang

P: ¿Qué es lo característico de la medicina tradicional china?

Dr. Ji Shang: Las dos características que son únicas en la medicina tradicional china son el enfoque holístico y la individualización. La teoría médica china incluye el análisis de la salud física, emocional y espiritual, y no sólo aborda los síntomas físicos. Reconoce que las personas son individuos con diferentes constituciones y diferentes relaciones con el entorno, y por lo tanto, los tratamientos se hacen a la medida para responder a los requisitos específicos de cada persona.

Tal vez la característica más importante de la medicina tradicional china es la capacidad de tratar condiciones crónicas o casos difíciles para los que la medicina convencional no tiene respuestas. Actualmente, la medicina tradicional china tiene cada vez más aceptación en occidente pues es eficaz y produce una curación permanente. Se enfoca ante todo en el diagnóstico para corregir la causa subyacente de la enfermedad.

P: ¿Qué incluye la medicina tradicional china?

Dr. Ji Shang: La medicina china es un método de curación que tiene cuatro mil años de antigüedad. La meta final del tratamiento en la medicina tradicional china es lograr el equilibrio entre las energías *yin* y *yang* del cuerpo, fomentando el flujo natural del *qi* (energía vital) en el cuerpo. El tratamiento puede incluir una variedad de técnicas, como la acupuntura, trabajo corporal, medicina herbal, ejercicio, terapia con dietas y meditación. En el siglo xv, un misionero jesuita en China creó el término *acupuntura* con las palabras latinas *acus*, que significa aguja y la palabra *puntura*.

A lo largo de los siglos, el uso de la acupuntura se ha extendido por todo el mundo. Hoy en día, son cada vez más los médicos y los científicos que aceptan que estos tratamientos de hecho funcionan. Según el Dr. David Brestler, Director del Centro de Dolor de la Universidad de California en Los Ángeles (UCLA), "son más las personas que han sido tratadas con acupuntura que con los otros sistemas de medicina combinados". Los miles de documentos que se han publicado en la última década han comprobado el fundamento científico de la acupuntura y han demostrado con éxito su eficacia mediante el uso de diferentes métodos de investigación.

La aceptación de la acupuntura como un tratamiento eficaz y un método médico valioso es cada vez mayor, y estamos siendo testigos de una integración de la ciencia médica moderna y la medicina china. Debido a la gran demanda de la medicina tradicional china por parte del público, y gracias a extensas investigaciones científicas, cada vez son más los países que incorporan la acupuntura a la corriente general de la medicina. En noviembre de 1997, el Consejo Estadunidense de Salud [American Health Councel] identificó la acupuntura como un tratamiento útil para el dolor, la nausea, el asma y la artritis. En China, los médicos también usan la acupuntura como el método primordial de anestesia para realizar diversos tipos de cirugía, en especial cuando el paciente es alérgico a la anestesia, cuando su constitución corporal es demasiado débil o cuando los medicamentos que se usan en la anestesia ponen en riesgo la vida del paciente.

P: ¿Cómo funciona la acupuntura?

Dr. Ji Shang: La acupuntura impulsa al cuerpo a llevar a cabo la sanación natural y mejorar su funcionamiento. Esto se hace introduciendo agujas muy finas y aplicando calor o estímulos eléctricos en puntos precisos de acupuntura en el cuerpo. En la China de la antigüedad, los médicos descubrieron que existen catorce canales principales de acupuntura en el cuerpo, los cuales abarcan más de setecientos puntos diferentes que están distribuidos en la superficie de la piel y que conectan en forma individual los diferentes órganos y otros tejidos. El *qi* (energía vital) fluye y circula en estos canales y sus colaterales para producir las funciones de los diversos órganos y para irrigar y nutrir los tejidos.

En la teoría médica china, lo que crea todas las enfermedades son las perturbaciones y disfunciones en el *yin* (negativo, sombra, femenino, frío, interno, superior, etc.), en el *yang* (positivo, brillante, masculino, calor, externo, inferior, etc.), en el *qi* y en la sangre. A través de diversos métodos de estimulación mediante manipulación, como la vigorización (que se usa para las deficiencias y astenias) y la eliminación (que se usa para dispersar excesos y eliminar patógenos), la acupuntura funciona para ajustar, corregir y equilibrar las perturbaciones y disfunciones con el fin de curar enfermedades.

Investigaciones recientes han encontrado evidencias de que los puntos de acupuntura son conductores estratégicos de señales electromagnéticas. Estimular los puntos a lo largo de estos senderos a través de la acupuntura hace posible que las señales electromagnéticas se transmitan a mayor velocidad que en condiciones normales. Estas señales pueden iniciar el flujo de sustancias bioquímicas que eliminan el dolor, como las endorfinas, y de células del sistema inmune hacia los sitios específicos en el cuerpo que se han lesionado o son vulnerables a la enfermedad.

P: ¿Cómo se siente la acupuntura?

Dr. Ji Shang: Las personas experimentan las agujas de acupuntura de diferentes formas. Por lo general, la mayoría de los pacientes no sienten ningún dolor cuando se insertan las agujas; algunas podrían experimentar un mínimo dolor o incomodidad. Las agujas de acupuntura son muy delgadas y sólidas, y están hechas de acero inoxidable. Como la punta de estas agujas es suave, la inserción a través de la piel no se siente como la inserción de las agujas que se usan para inyecciones o para tomar muestras de sangre. Una vez que las agujas están en su lugar, la mayoría de los pacientes describen sensaciones como de "pesadez", "insensibilidad", "hormigueo" o una "sensación rara". Éstas son reacciones positivas al estímulo de los puntos. La acupuntura es segura porque en ella no se usan drogas o equipo peligroso, como los rayos X. No se llevan a cabo procedimientos irreversibles, como las operaciones quirúrgicas. Sólo se usan agujas desechables.

P: ¿Cómo funciona la medicina herbal china?

Dr. Ji Shang: La medicina herbal china, que es un componente primario de la medicina china tradicional, es en sí un poderoso método de sanación. Todas las hierbas son naturales y vienen de materias vivas como plantas, minerales y productos animales. En China se han identificado más de diez mil hierbas, y más o menos 400 de ellas se usan comúnmente hoy en día. Usar el poder de las plantas medicinales para la curación es una tradición mundial. Los habitantes de la China antigua usaron hierbas durante miles de años. El uso de hierbas está aumentando alrededor del mundo en una variedad de procedimientos para fortalecer la salud, pues los consumidores están cada vez más conscientes de los efectos benéficos que paseen.

Nuestro cuerpo se compone de trillones de células y cada célula necesita nutrimentos especiales para funcionar de manera apropiada. La mayoría de los nutrimentos que les damos a nuestras células vienen directamente de lo que comemos. Una dieta "inadecuada" o una enfermedad pueden reducir nuestra capacidad para proporcionar nutrimentos a nuestras células. Los complementos dietéticos combinados con una alimentación adecuada pueden ayudar a corregir las deficiencias nutricionales y a restaurar el equilibrio en las células. Como las hierbas son sustancias naturales, se absorben con facilidad en el cuerpo y rara vez tienen efectos adversos. Cada hierba tiene una combinación única de componentes que interactúan directamente con la química del cuerpo. Estas interacciones químicas específicas influyen en todos los órganos o tejidos.

Muy a menudo, las hierbas chinas se administran en combinaciones y en fórmulas diseñadas para cada persona individualmente. Las combinaciones de hierbas no son sólo una suma de los efectos de cada hierba individual. Una fórmula herbal puede tener un efecto sinérgico o amortiguador, dependiendo de la forma en que se combinan las hierbas y dependiendo de los requerimientos del cuerpo. Una buena fórmula maximiza el efecto de cada hierba y proporciona un apoyo nutricional a varios sistemas del cuerpo humano.

Los medicamentos tradicionales a menudo controlan los síntomas, pero no alteran los procesos de la enfermedad. Por ejemplo, los antibióticos eliminan bacterias, pero no mejoran la resistencia de la persona a la infección; los diuréticos eliminan bacterias, pero no mejoran la función de los riñones.

Las hierbas chinas, en combinaciones adecuadas, pueden fortalecer el proceso de sanación del cuerpo, proporcionando ingredientes equilibrados y holísticos. Duplican el trabajo en equipo que existe por naturaleza en el sistema inmune del cuerpo y aumentan la capacidad de los glóbulos blancos y de algunas de las proteínas de la sangre para trabajar juntas y defender la salud del cuerpo. En esa forma, las hierbas chinas tratan las condiciones subyacentes, no sólo los síntomas. Las hierbas rara vez causan efectos colaterales indeseados.

P: ¿Cómo es el masaje terapéutico chino?

Dr. Ji Shang: El masaje terapéutico chino, o Tuina, es una técnica que se basa en los mismos principios que la acupuntura. En lugar de agujas para estimular el flujo del *qi* en los canales (meridianos) del cuerpo, se usa la presión de los dedos, las manos, los codos, etc. Se aplica en puntos específicos de acupuntura a lo largo del meridiano o en toda un área del cuerpo para ayudarlo a recuperar el equilibrio.

El masaje Tuina es un medio profundo y vigoroso que estimula la circulación y ayuda al cuerpo a rejuvenecer y a evitar enfermedades. Los resultados a largo plazo por lo general son menos profundos que los de la acupuntura, pero la liberación inmediata del estrés y la tensión hace que Tuina sea una técnica médica muy valiosa. El Tuina también ayuda en trastornos como el insomnio, la indigestión, dolores del cuerpo, problemas de las articulaciones, dolores de espalda y rigidez del cuello.

P: ¿Por qué es esencial la medicina tradicional china para encontrar una cura para el alcoholismo o la adicción?

Dr. Ji Shang: La medicina tradicional china se ha usado para tratar el alcoholismo durante más de mil años en China. Hace doscientos años, los médicos chinos empezaron a buscar un método terapéutico y hierbas que ayudaran en la desintoxicación para tratar la adicción al opio. En la mayoría de los centros de tratamiento de China hoy en día, se usa una combinación de medicamentos occidentales y medicina oriental, incluyendo la acupuntura y las hierbas, para tratar a los pacientes.

Cuando se usan medicamentos occidentales como terapia principal durante el proceso de desintoxicación, muchos pacientes tienen diversos síntomas, como fatiga, insomnio persistente, ansiedad, depresión, irritabilidad, inquietud, agitación, falta de apetito, espasmos musculares, temblores y brío en las extremidades, estreñimiento, falta de apetito, escalofríos y fiebre, y sensaciones de hormigueo, punzadas y dolor en todo el cuerpo. Incluso después de la desintoxicación, algunos pacientes siguen teniendo estos síntomas, que se conocen como síndrome de abstinencia. Éste es un factor importante que lleva a la reincidencia. Cuando la acupuntura y las prescripciones herbales se agregan al programa, la situación física y mental mejoran en gran medida. La acupuntura puede equilibrar y corregir el sistema nervioso central, dando vigor al cerebro para que genere más endorfinas, que pueden aliviar el dolor físico y moderar las emociones.

Cuando un paciente tiene un largo historial de adicciones, el sistema de generación de endorfinas en el cerebro se ha dañado debido al uso excesivo de una droga química externa cuya estructura química es similar a la de las endorfinas. En esos casos, las señales de retroalimentación que llegan al cerebro reducen la generación interna de endorfinas. La acupuntura estimula y vigoriza la generación de endorfinas y en esa forma puede calmar al sistema nervioso central, aliviar el estrés, moderar la ansiedad y la depresión, y dar al paciente una mayor sensación de bienestar. Esto ayuda a aliviar la mente del irresistible deseo psicológico de tomar drogas y alcohol, y funciona en combinación con los medicamentos occidentales para tratar males psiquiátricos.

Cuando las personas que han sido adictas siguen un tratamiento de acupuntura, su enorme debilidad en cuanto a generar endorfinas se restaura en forma gradual hasta llegar a un nivel normal. Después de su recuperación, el sistema de generación de endorfinas permanece lo suficientemente fuerte para impedir la reincidencia porque ya es normal; en otras palabras, el paciente ya no tiene un irresistible deseo físico de usar drogas.

Actualmente, el mecanismo de la reincidencia que se relaciona con alteraciones en diversas partes del sistema nervioso, no es muy claro. Por lo tanto es difícil corregirlo con un solo medicamento occidental. Como la medicina tradicional china es un sistema médico que cuenta con diagnósticos y terapias holísticas, utiliza múltiples enfoques para resolver el problema. Por eso la medicina herbal china también se usa en la rehabilitación de alcohólicos y drogadictos.

P: ¿Cómo me ayudará la medicina herbal china a lograr una recuperación?

Dr. Ji Shang: Las hierbas chinas actúan para liberar al cuerpo de toxinas que todavía estén presentes y limpiarlo mediante lo siguiente:

- Estimular la orina para eliminar toxinas.
- Eliminar el calor tóxico y el calor húmedo. Este método es especialmente útil al tratar a los alcohólicos. (En la medicina china, el "calor" puede manifestarse como tez roja, irritabilidad, enojo, dificultad para quedarse dormido, heces sueltas y diarrea maloliente, lengua roja con recubrimiento amarillento y grasoso, o pulso rápido.)
- Quitar obstrucciones en los intestinos para eliminar toxinas, en especial cuando el paciente tiene estreñimiento.
- Impulsar la circulación de la sangre y la circulación del *qi* para eliminar toxinas de los órganos y otros tejidos. Investigaciones recientes indican que en los pacientes adictos, la medicina herbal china estimula y regula la microcirculación y ayuda a eliminar toxinas.

La medicina herbal china también puede:

- Calmar al espíritu, reducir la sensibilidad del sistema nervioso, mejorar la condición mental del paciente e impedir la reincidencia a las drogas y al alcohol.
- Tonificar deficiencias, fortalecer la constitución y restaurar la generación interna de endorfinas.
- Relajar la tensión mental, moderar la ansiedad y aliviar la depresión.

P: ¿Cómo trabaja la medicina tradicional china en conjunción con la medicina occidental? ¿Cómo y por qué las dos juntas pueden lograr más que cada una en forma separada?

Dr. Ji Shang: Los medicamentos occidentales para tratar a los pacientes alcohólicos y adictos normalmente son sustancias químicas muy fuertes y por lo general tienen resultados inmediatos. La adicción se detiene fácilmente. El aspecto negativo de esto es que algunos de estos medicamentos tienen severos efectos colaterales o pueden llevar fácilmente a una nueva adicción. En algunos casos, los pacientes tienen que tomar un medicamento sustituto por el resto de su vida. Por el contrario, la medicina tradicional china es una terapia natural que tiene menos efectos colaterales. Puede vigorizar, regular y equilibrar en lugar de dañar al cuerpo. La medicina tradicional china se concentra en los factores y en las fuentes del problema, no sólo en los síntomas.

En la teoría médica china, las drogas adictivas dañan el cuerpo y llevan a diversos tipos de alteraciones que se relacionan con una deficiencia de *yin*, de *yang*, de *qi* y deficiencia sanguínea. Estos tipos de deficiencias no pueden desaparecer de inmediato después de la desintoxicación y permanecerán durante mucho tiempo. Por lo tanto, lo óptimo es empezar usando medicamentos occidentales como el principal método de desintoxicación y luego usar medicina china como una ayuda para mejorar los síntomas. Después de la desintoxicación, las dosis de los medicamentos occidentales pueden reducirse gradualmente y el paciente puede usar el tratamiento chino para apoyar la constitución del cuerpo, para evitar la reaparición de síntomas, para conservar la salud y finalmente, para alejarse en forma permanente de las adicciones y del uso de todos los medicamentos sustitutos.

P: ¿Qué capacidades debería yo buscar en un especialista en medicina tradicional china?

Dr. Ji Shang: El especialista debería tener una formación muy sólida tanto en medicina china como en medicina occidental. Lo ideal es que el médico se haya graduado en un instituto de medicina tradicional china y haya estado ejerciendo al menos durante cinco a diez años. Si no puedes encontrar un especialista en medicina tradicional china que también tenga estudios de medicina occidental, asegúrate de que tu especialista en medicina china se comunique con regularidad con tu médico.

Debe tener experiencia en el tratamiento de adicciones y de alcoholismo. Lo mejor es encontrar un especialista en medicina tradicional china que trabaje en un centro para el tratamiento de adicciones.

P: ¿Cómo debo prepararme para una consulta con un especialista en medicina tradicional china?

Dr. Ji Shang: Háblale al especialista en medicina tradicional china de todo tu historial médico, háblale en especial de lo relacionado con tu adicción o uso del alcohol. Consigue con tu médico una copia de tus exámenes médicos y llévalos a tu cita.

Descríbele tus síntomas actuales y lo que más te aqueja. Infórmale por completo al especialista, y a cada uno de los profesionales con quienes estés trabajando, de todos los demás medicamentos y tratamientos que estás recibiendo para que se apoyen unos a otros y no se opongan entre sí. Por ejemplo, podría no ser recomendable tomar algunos productos herbales si en ese momento estás tomando otro tipo de medicamento.

Antes de ir a ver al especialista, no comas ni bebas nada ni hagas ejercicio, ya que esto podría afectar a tu lengua y tu pulso, que son muy importantes para el diagnóstico correcto en la medicina china.

P: ¿Qué tan rápido puedo esperar ver resultados de la medicina tradicional china?

Dr. Ji Shang: En lo que se refiere al dolor, a veces es posible sentir una mejoría inmediata con acupuntura. En lo relacionado con alteraciones mentales, puedes sentir relajación durante el tratamiento, incluso cuando las agujas estén todavía en el cuerpo. Normalmente verás resultados más rápidos con acupuntura que con las hierbas chinas, ya que las hierbas normalmente producen efectos en forma más gradual.

Cuando se usan hierbas para algunos síntomas crónicos, puedes esperar resultados después de una semana. Aunque las hierbas son más eficaces para tratar la fuente del problema, la acupuntura es más eficaz para tratar los síntomas. Por lo general es mejor combinar la acupuntura con las hierbas.

P: ¿Puede darme un ejemplo de su experiencia el cual ilustre cómo la medicina tradicional china ayudó a alguien a recuperarse?

Dr. Ji Shang: Eric, de cuarenta años de edad, sufría por haber sido adicto a la mariguana a lo largo de veinticinco años y también fumaba tabaco. Vino a verme para recibir tratamiento para hormigueo muscular, dolores y espasmos, al igual que para ansiedad, irritabilidad e insomnio persistente. Le dije: "Si quieres sanar la fuente de tu problema, será mejor que dejes de fumar y de usar drogas". Él estuvo de acuerdo.

Primero utilicé acupuntura en la oreja y puse cinco semillas herbales en los puntos de acupuntura, en la superficie de la oreja, los cubrí con vendajes pequeños y le dije a Eric que presionara estos puntos varias veces al día. Le hice un tratamiento de acupuntura corporal, insertando aproximadamente diez agujas en el cuerpo, y le di medicina herbal, con la instrucción de que bebiera té herbal dos veces al día. Después de una semana, pudo dejar de fumar mariguana y tabaco sin dificultad y por completo.

◆ ◆ ◆

Además del relato del Dr. Ji Zhang, estamos incluyendo otros ejemplos de la eficacia de la medicina tradicional china al tratar a nuestros clientes en Passages. Hace dos años, llegó a Passages un médico para recibir tratamiento para una adicción a los analgésicos. Su hombro había recibido un fuerte golpe en un accidente automovilístico hacía varios años, y sus dolores eran continuos y severos. Se había sometido a tres cirugías con el propósito de aliviar el dolor, pero no lo había logrado. En su primera sesión de acupresión, nuestro terapeuta eliminó el 80 por ciento del dolor, abriendo los meridianos que llevan energía a esa zona del hombro. Después de eso, fue fácil curar su adicción a los analgésicos ya que el dolor había desaparecido.

En Passages también hemos tenido mucho éxito en lo relacionado con aliviar dolores de cabeza, utilizando acupuntura y acupresión para abrir los meridianos que llevan energía a los hombros, al cuello, al cráneo y al cuero cabelludo, que es donde se genera el dolor. El cerebro en sí no genera los dolores de cabeza (aunque la persona sienta que así es) ya que los tejidos del cerebro no pueden sentir dolor. Los huesos del cráneo y los tejidos del cerebro no tienen nervios que sean sensibles al dolor. El dolor de cabeza se origina en los nervios del cuero cabelludo, en los músculos del cuello y la cabeza y en los vasos sanguíneos que se encuentran en la base del cráneo.

Han llegado a Passages aproximadamente dos docenas de personas cuyo problema principal era que tenían migrañas. En algunos casos, las migrañas eran dolores de cabeza muy fuertes, al grado que estas personas habían recurrido a la sala de urgencias de un hospital para recibir medicamentos. En cada caso, el paciente había utilizado analgésicos para aliviar esos dolores de cabeza y había acabado con una adicción a los analgésicos prescritos. Cada una de estas personas salió de Passages sin síntomas de dolor de cabeza y con su dependencia curada.

Incluso pacientes que no tienen migraña, sino sólo dolores de cabeza crónicos, informan que esos dolores desaparecieron después de unos cuantos tratamientos de acupuntura, acupresión, productos herbales y masaje profundo. También comprobaron la eficacia del yoga, la psicología, el entrenamiento físico y la asesoría nutrimental para aliviar estos síntomas.

Aproximadamente treinta millones de personas sufren de dolores de cabeza crónicos, y la mayoría los sufre ocasionalmente. Si te has vuelto adicto a los analgésicos, no sigas tratando de encubrir el dolor con drogas. Busca ayuda para identificar su causa y tratarla.

PSICOLOGÍA CLÍNICA

Un psicólogo clínico puede ser de gran ayuda en tu vida pues puede ayudarte a entender y a resolver el dolor subyacente del que has estado huyendo o que has estado ahogando con drogas, con alcohol o con comportamientos adictivos. Asegúrate de que el psicólogo sepa que *no* lo estás contratando para que trate tu abuso de sustancias o tu comportamiento adictivo. Como el alcoholismo y la adicción no son el problema, sino sólo los síntomas de los problemas, estás contratando al psicólogo para que te ayude a descubrir y a enfrentar los problemas psicológicos subyacentes que te llevaron a la dependencia. Si el psicólogo clínico que elijas no está consciente de esta diferencia, consigue otro de inmediato. A ti no te corresponde darle entrenamiento en ese campo.

En tu primera visita a un psicólogo clínico, vas a evaluar cómo te sientes acerca de trabajar con esa persona. Sé franco con ella.

Dile que tienes un problema de dependencia, que estás en un programa que te ayudará a descubrir los problemas subyacentes que podrían ser la causa de que te volvieras dependiente de sustancias o de ciertos comportamientos, y que también estás buscando otras modalidades para lograr una curación.

Sugiero que al principio hagas los arreglos necesarios para ver al psicólogo tres veces a la semana. Si sólo lo consultas una vez a la semana, el tratamiento puede tardar mucho más. Tres sesiones a la semana no sólo serán más eficaces, sino que también producirán resultados más pronto. Trabajar con un psicólogo no es un acuerdo a largo plazo. Vas a verlo para llegar al fondo de lo que está causando tu dependencia; luego seguirás adelante con tu vida.

"La dependencia brota de un deseo de escapar del dolor", dice el Dr. Keith McMullen, Director Clínico en el Centro Passages para la Curación de Adicciones. "La sobriedad constante requiere una comprensión de las fuentes del dolor y abordarlas, en lugar de encontrar una forma rápida de enmascarar el dolor". En la siguiente sección, el Dr. McMullen explica por qué trabajar con un psicólogo clínico puede ayudarte a sanar tu dolor, cómo elegir el mejor psicólogo para ti, y qué esperar de la terapia.

Preguntas y Respuestas con el Dr. Keith McMullen

P: ¿Qué es un psicólogo clínico?

Dr. Keith McMullen: Un psicólogo clínico es un terapeuta que tiene un doctorado en psicología clínica y es experto en la evaluación, el diagnóstico y el tratamiento de trastornos mentales. Un psicólogo clínico tiene varios años de formación académica, tiene uno o más años de práctica como interno, cierto número de horas adicionales de experiencia supervisada, y ha aprobado los exámenes necesarios para obtener una licencia. Además, tiene estudios que muestran que se ha especializado en cierto aspecto del campo de la psicología.

P: ¿Por qué trabajar con un psicólogo clínico es esencial para mi recuperación?

Dr. Keith McMullen: La dependencia de sustancias químicas es sintomática de problemas subyacentes, y los psicólogos clínicos están preparados para evaluar y tratar ese tipo de padecimientos. En muchos lugares, se requiere que los psicólogos tengan entrenamiento especial en el área de la dependencia a sustancias químicas y que tengan conocimientos sobre las necesidades específicas de quienes sufren a causa de estas dependencias y sobre los problemas psicológicos subyacentes que los pacientes evaden, utilizando drogas y alcohol. El estricto internado que realizan y los requisitos prácticos que se exigen de él, dan al psicólogo clínico un entrenamiento profundo en las áreas de la evaluación y el tratamiento.

P: ¿Cómo me ayudará un psicólogo clínico?

Dr. Keith McMullen: Un psicólogo clínico ayuda empezando con una evaluación completa de los síntomas de un paciente. En las primeras entrevistas, el psicólogo escucha los datos específicos que el paciente presenta como problemas, y lo entrevista para obtener un historial psicológico completo. Si los problemas y los diagnósticos son complejos y confusos, el psicólogo clínico está preparado para administrar una batería completa de pruebas psicológicas para clarificar el diagnóstico. Después de determinar la naturaleza de los problemas subyacentes, el psicólogo colabora con el paciente para desarrollar un plan de tratamiento con intervenciones en las que ambos estén de acuerdo, con metas a corto plazo y metas a largo plazo. Los métodos de intervención varían de acuerdo con la orientación teórica del psicólogo, pero se caracterizan por la apertura del paciente y por el hecho de que hable de sí mismo con el psicólogo, y que el psicólogo le ofrezca su apoyo con empatía y sepa guiar.

P: ¿Qué debería esperar cuando voy a ver a un psicólogo clínico?

Dr. Keith McMullen: Cuando estés entrevistando a los terapeutas para encontrar al indicado para ti, deberías esperar que se comenten todos los aspectos de la relación profesional, lo que incluye el costo, los horarios, la política a seguir cuando no se cumplen las citas, las pólizas de seguros, el hecho de estar accesibles en horas que no se ajustan al horario acordado, y situaciones similares. El psicólogo debe describir abiertamente la teoría y los métodos que ofrece y lo que espera de ti. La meta de la terapia debe determinarse con tu plena participación. El psicólogo debería responder a tus preguntas con claridad, abiertamente y sin ofenderte. Siempre debes sentirte seguro y tener la seguridad de que se te está escuchando. Nunca sigas con una terapia si no tienes una sensación de seguridad y respeto. Después de empezar a trabajar con el psicólogo, es posible que sea necesario procesar los conflictos interpersonales como una parte valiosa de la curación, pero desde el principio el cliente debería tener un fuerte sentimiento de seguridad y confianza. Debes entrevistar a varios terapeutas y encontrar a alguien con quien te sientas seguro y en quien confíes.

P: ¿Cómo debo prepararme para una visita a un psicólogo clínico?

Dr. Keith McMullen: Prepara una declaración detallada de lo que necesitas y esperas exactamente. Debes estar preparado para ofrecer una descripción clara de tus problemas, de tus síntomas y de tus metas. Además, prepara una lista de las preguntas que le vas a hacer al terapeuta. ¿Qué necesitas saber sobre el psicólogo que te ayude a decidir si has encontrado o no a la persona adecuada? En la medida de lo posible, debes tener una idea clara de lo que necesitas y hacer preguntas para averiguar si has llegado al lugar correcto. Debes estar preparado para dar un historial detallado de las experiencias de tu vida. Escribirlo con anticipación puede ayudarte a facilitar la evaluación de los problemas subyacentes.

P: ¿Qué resultados voy a ver?

Dr. Keith McMullen: Al principio, podrías experimentar un incremento en el dolor, a medida que profundizas en tus problemas subyacentes. La dependencia es el resultado del deseo de escapar del dolor, y la sobriedad empieza aprendiendo a tolerar ese dolor. Conforme se descubren las causas del dolor, desarrollarás una comprensión más profunda de los patrones de conducta que has aprendido y que perpetúan el dolor, y desarrollarás nuevas formas de enfrentarlo. La meta es eliminar patrones autodestructivos, aliviar el dolor constante y aprender formas de adaptarte cuando te sientas mal. El dolor es una señal de que es necesario sanar algo. Para seguir estando sobrio es necesario entender las fuentes del dolor y abordarlos en lugar de buscar una forma rápida de enmascararlo.

P: ¿Cuáles son algunos de los problemas psicológicos comunes que hacen que la gente se automedique?

Dr. Keith McMullen: Siendo muy jóvenes, aprendemos pautas para la supervivencia. El entorno en el que nacimos condiciona estas pautas. Estas pautas "funcionan" en nuestra familia, pero normalmente no funcionan con la misma eficacia cuando las llevamos a la vida fuera de nuestra familia.

La dependencia puede ser el resultado de una sensación de impotencia cuando nuestras pautas no funcionan. Existen muchos problemas que hacen que las personas se automediquen, y una de las principales es la incapacidad de adaptarse a las circunstancias del presente. Nos atoramos en pautas condicionadas que no pueden adaptarse. Esto produce baja autoestima, depresión, cambios en el estado de ánimo, ansiedad, trastornos alimenticios, obsesiones, trastornos de identidad, falta de propósito, y muchas otras condiciones. Cualquiera de estos problemas puede estar detrás de una dependencia, como una forma de enfrentar la vida.

P: ¿Es necesario que todos los que tienen adicciones vean a un psicólogo?

Dr. Keith McMullen: Todos los que han llegado a ser dependientes de las drogas o del alcohol pueden beneficiarse de la terapia profesional. Algunas personas pueden beber alcohol sin que éste tome el control de su vida y las lleve a un comportamiento autodestructivo recurrente, otras no. Si has perdido el control de tu vida, lo has hecho por razones que son mucho más profundas que el hecho de disfrutar la euforia producida por el alcohol o las drogas. Si sentir esta euforia es más importante que la salud, el amor a la familia o los amigos, o que tener una vida y una carrera significativas, existen problemas subyacentes que deben abordarse.

P: ¿Puede dar algunos ejemplos de la forma en que trabajar con un psicólogo puede marcar una gran diferencia en liberarse del alcoholismo o la adicción?

Dr. Keith McMullen: Fred, un paciente de Passages, había estado fumando mariguana desde los catorce años de edad y había bebido en exceso desde los dieciséis años. Su padre era un abogado prominente, y Fred y su hermano mayor eran socios de su empresa. A los veinticinco años, Fred era cada vez menos confiable, no terminaba su trabajo en los casos y llegaba cada vez más tarde al trabajo. Su hermano era un hombre exitoso y estaba cada vez más enojado por tener que sacar adelante el trabajo que Fred dejaba sin hacer. Su padre había amenazado a Fred con despedirlo de la empresa en varias ocasiones, pero nunca lo había hecho. En lugar de eso, siempre se aseguraba de que Fred tuviera un lugar donde vivir y pagaba todos sus gastos.

Después de desintoxicarse de la mariguana y del alcohol, Fred parecía emocionado con el tratamiento y participaba activamente en todas las actividades. Todas las noches tocaba la guitarra y cantaba para los clientes y frecuentemente pedía pases para asistir a eventos musicales de la localidad. Era evidente que Fred no estaba en este mundo para ser abogado, y que era un músico de corazón. Se dio cuenta de que había estado usando la mariguana y el alcohol para manejar el estrés y la insatisfacción de dedicarse a una profesión que no le interesaba en absoluto.

El tratamiento consistió en validar la verdadera vocación de Fred y desarrollar su confianza para clarificar y lograr la meta a largo plazo de llegar a ser un profesional de la música. Fred también participó en la terapia familiar, lo que le ayudó a aprender a afirmarse ante su padre y su hermano y facilitar la aceptación de su verdadera identidad. Su padre estuvo de acuerdo en pagar su educación musical siempre y cuando él permaneciera sobrio, y sabiendo que después de los gastos por su educación, dejaría de darle apoyo financiero. En cuanto Fred pudo vivir de acuerdo con su verdadera pasión en la vida, dejó de necesitar la mariguana y el alcohol para poder tener una sensación de bienestar.

Otra paciente, Sophie, hija de una familia real, también se liberó de la adicción cuando aprendió a ser honesta sobre sus verdaderos deseos, que eran contrarios a las expectativas de su familia. Durante el tratamiento, ella reveló que aunque el prestigio de ser parte de la realeza tenía sus beneficios, detrás de esa elegante fachada, a ella le interesaban más las cosas sencillas de la vida. Siendo muy joven, se escapaba a las habitaciones de los sirvientes y sus hijos, les llevaba regalos y se aseguraba de su bienestar y comodidad. Siendo niña, también mantuvo su dolor oculto, mostrando siempre un exterior controlado y pulcro.

Llevó estas pautas de conducta a su vida adulta, viviendo como actriz y modelo, ocultando su deseo de una vida más sencilla y escondiendo su dolor y sus necesidades. Manejaba su ser oculto, buscando la forma de curar su dolor. Gracias al tratamiento, Sophie pudo salir del personaje detrás del cual se protegía, pudo hablar de su dolor en sesiones individuales y en sesiones de grupo, y llegó a experimentar el hecho de ser amada y aceptada como ella era en realidad. Fue capaz de aceptar sus necesidades y de aprender formas de comunicarlas. En lugar de siempre ser la que daba algo a otros, empezó a permitir que otros le dieran algo a ella.

Al terminar el tratamiento, Sophie tenía planes para combinar ambos aspectos de sí misma en proyectos en los que pudiera ayudar a los necesitados y al mismo tiempo desarrollar su gran talento como actriz e intérprete. Al poder expresar su dolor y dejar de ocultarlo, pudo encontrar apoyo y consuelo en sus amigos y en su familia, no en la cocaína.

TERAPIA MATRIMONIAL Y FAMILIAR

La terapia matrimonial y familiar se concentra en la familia y en las dinámicas de la relación. "Las heridas y las lesiones que ocurren en el contexto de nuestra familia pueden llevar al abuso de sustancias", dice Noah A. Rothschild, uno de los especialistas en terapia matrimonial y familiar en Passages. "Un especialista en terapia matrimonial y familiar puede ayudar a una persona que sufre de una dependencia a descubrir el origen de esa dependencia y a resolver sus causas". Consultar a un especialista en terapia matrimonial y familiar también puede ayudarte a "descubrir las capas (o sedimentos) que bloquean tu ser interior e impiden que se realice y se exprese", nos dice Noah. En la siguiente sección, Noah explica con más detalle la forma en que se desarrolla este proceso. También describe cómo la terapia matrimonial y familiar puede ayudarte y ayudar a tu familia a resolver problemas relacionados con tu dependencia y a ser más auténticos y comunicativos entre sí.

Preguntas y Respuestas con Noah Rothschild

P: ¿Por qué es importante para mí trabajar con un especialista en terapia matrimonial y familiar?

Noah Rothschild: Un especialista en terapia matrimonial y familiar crea un entorno seguro para ayudarte a descubrir el origen y las causas subyacentes de tu dependencia. La dependencia empieza como una forma de dolor del pasado que normalmente se originó en nuestra dinámica familiar en nuestros primeros años. En esencia, todos llegamos a este mundo con una identidad central que es lo que realmente somos. Esa parte de nosotros sabe que somos perfectos, plenos y completos, tal como somos. Dependiendo de la forma en que las personas que se encargaron de nosotros en la infancia respondieron a nuestras necesidades, esa identidad central recibió estímulos o desaliento. La primera infancia es muy importante para determinar cómo enfrentaremos las relaciones y los retos de la vida, y si podríamos desarrollar una dependencia negativa posteriormente en la vida.

Muchos adictos sufren a causa de un escenario de abandono o de pérdida en sus primeros años o de un escenario abrumador en el que no se les permitió tener un yo separado del de sus padres. Algunos ejemplos de un escenario de abandono serían tener un padre o una madre adictos, ausentes, o perder a un padre o a una madre siendo niños, o simplemente el hecho de no ser escuchados en la familia. Ejemplos de un escenario abrumador sería tener padres que nos usaron para satisfacer su necesidad de tener compañía, padres adictos (que nos obligaron a actuar como padres hacia ellos, siendo nosotros niños), o padres que simplemente fueron demasiado asfixiantes. Ambos tipos de escenario llevan a un niño a ocultar el sentido central de sí mismo.

Siendo niño, para protegerte de ser lastimado por la pérdida de una persona o para protegerte de que otros te asfixiaran y te perdieras a ti mismo, hiciste lo único que sabías hacer: aprendiste a enterrarte en tu dolor. Al paso del tiempo, tuviste que construir más capas y defensas para protegerte. Siendo niño, hiciste lo que necesitabas hacer para sobrevivir, pero si hubieras podido expresar y resolver ese dolor, probablemente no habrías llegado a ser un adicto.

La dependencia es sólo otra defensa contra el dolor. Si eres una persona que tuvo un escenario de abandono o de pérdida en la infancia, has sido demasiado sensible o tus sentimientos han sido demasiado intensos. Por lo tanto, querías insensibilizar tus sentimientos y tu dolor a través de la dependencia. Si tuviste un escenario abrumador o no se te permitió tener un sentido separado de identidad, tal vez aprendiste a insensibilizarte ante las abrumadoras necesidades y exigencias de tus padres. Más tarde, para poder sentir algo, buscaste estar vivo a través de sustancias y te volviste dependiente.

Éstos son sólo algunos de los muchos escenarios que podrían aplicarse a ti. Independientemente de cuál sea tu escenario, detrás de la dependencia normalmente hay una creencia negativa central sobre ti mismo, por ejemplo: *Nadie puede amarme. Soy malo. No soy suficientemente bueno. Si la gente me conociera, me abandonaría.* Un especialista en terapia matrimonial y familiar puede ayudarte a descubrir las capas que bloquean tu ser central e impiden que se realice y se exprese en su totalidad. Tu terapeuta te dará una visión profunda de la forma en que el escenario familiar de tu infancia sigue afectándote en el presente. Con este nuevo nivel de conciencia, podrás encontrar el dolor del pasado que te llevó a la dependencia y podrás sanarlo.

P: ¿Por qué es importante trabajar con otros miembros de mi familia o con personas significativas en mi vida cuando estoy buscando una cura?

Noah Rothschild: Es importante trabajar con otros miembros de la familia por varias razones. Una de ellas es que ellos tienen información vital sobre quién eres tú, tu comportamiento y la forma en que tus dependencias les han afectado. Además, para que estés dispuesto a dejar tu dependencia, necesitas entender cómo esa dependencia ha afectado a las personas que están más cerca de ti. Sin la retroalimentación de la familia, a menudo no nos damos cuenta de la forma en que nos estamos comportando y de la forma en que nuestra dependencia está destruyendo nuestra vida y nuestras relaciones. Con la información que proporciona la familia, puedes empezar a responsabilizarte de la dependencia y sus efectos. Esto hace posible que reconozcas que eres responsable de tus cambios.

Parte de tu cambio y de dejar tu dependencia es reparar el daño causado por tu comportamiento. Si tu familia está pre-

sente, tendrás la oportunidad de liberar la emoción, la vergüenza y la culpa que has reprimido. También podrás pedir
perdón a los miembros de tu familia en un entorno terapéutico, donde el especialista te ayudará a hacerlo. Tener a un
terapeuta presente es más benéfico que tratar de hablar sobre
temas difíciles con los miembros de tu familia estando tú
solo. Además, este proceso te ayudará y ayudará a tu familia
a ser auténticos y a comunicarse plenamente. Es probable
que tus relaciones familiares y tu comunicación con la familia hayan sido distantes o se hayan interrumpido durante
cierto periodo debido a tu dependencia, así que ésta es tu
oportunidad para recuperarlas. La capacidad de comunicación que tú y tu familia tengan te ayudará mucho a mantenerte sobrio.

La terapia familiar también ayuda a impedir que tu dependencia pase a tus hijos. Aunque no lo creas, tu dependencia
causa un impacto en tus hijos. Ellos merecen una oportunidad de aprender de tus experiencias y de decirte cómo los ha
afectado tu dependencia. Sin la oportunidad que te ofrece
este tratamiento, es más probable que tus hijos se vuelvan
dependientes.

Finalmente, al estar en terapia y resolver tus dependencias,
podrás cambiar y es importante que tu familia cambie contigo siendo parte de la terapia. Los roles familiares están muy
bien definidos, y si los miembros de la familia no cambian
contigo, podrían presionarte inconscientemente para que
vuelvas a tu antiguo rol, lo que haría difícil que te mantuvie-
ras sobrio. Para que el tratamiento tenga éxito, lo mejor es
involucrar a los miembros de la familia.

P: ¿Tiene que involucrarse toda mi familia?

Noah Rothschild: Una vez que has establecido una relación
con tu terapeuta, es vital que todos los miembros de tu fami-

lia inmediata que tengan la edad adecuada se involucren en tus sesiones de terapia familiar. Estas sesiones pueden hacerse con tu terapeuta o con otro terapeuta. Si otro terapeuta está trabajando con toda la familia, pídele a tu terapeuta que se comunique con el otro en lo relacionado con las metas y el progreso de la terapia.

Lo ideal es que tu esposa (o esposo) y tus hijos reciban terapia individual para explorar y resolver sus problemas en lo que concierne a tu dependencia. Si tus hijos están de acuerdo con esta idea, es muy importante que tengan su propia terapia para que no les pases tu dependencia. Si los miembros de la familia tienen su propia terapia, podrán aportar más a las sesiones de terapia familiar, y eso hará que afloren más problemas no resueltos, lo que mejorará el funcionamiento general de la familia.

P: ¿Qué resultados podré ver con la terapia familiar?

Noah Rothschild: Al descubrir las capas o sedimentos que están impidiendo que tu identidad central se realice y se exprese, estarás más consciente de ti mismo y te sentirás más vivo en tu vida diaria, sin el uso de sustancias.

Verás que haces nuevas elecciones y vives en una forma que está más en armonía con tu verdadera identidad, no con una identidad falsa que se creó en el pasado. Podrás vivir tu vida con un sentido de propósito y estar totalmente presente en tus relaciones. A medida que llegas a ser quien eres en realidad, experimentarás mejores relaciones con otros y tendrás el valor de desprenderte de las relaciones tóxicas. Además, aprenderás nuevas formas de enfrentar la vida sin dependencias negativas.

P: ¿Cómo cambiarán mis relaciones familiares por el hecho de que yo esté recibiendo tratamiento?

Noah Rothschild: La terapia mejorará tus relaciones familiares a largo plazo. Puedes esperar experimentar una mejor comunicación en tus relaciones familiares. Sin embargo, debes estar consciente de que a menudo, conforme un adicto mejora, otro miembro de la familia podría empeorar y empezar a causar problemas. Esto puede deberse, en parte, al resentimiento y al dolor que esta persona ha reprimido al enfrentar tu dependencia, y que ahora está aflorando para así sanarse. Cuando la familia se involucra en la terapia, estos problemas pueden resolverse y expresarse en un entorno seguro.

P: ¿Qué pasa cuando un miembro de la familia se niega a involucrarse en la terapia familiar conmigo?

Noah Rothschild: Si los miembros de la familia se niegan a involucrarse en la terapia, debes explicarles la importancia que tiene para tu sobriedad y para tu tratamiento que ellos participen. Muchas veces es difícil para los miembros de la familia confiar en que realmente te has comprometido a cambiar, si en el pasado han sufrido a causa de tu dependencia. Tal vez si les demuestras que realmente estás tomando en serio tu sobriedad y les muestras que puedes mantenerte sobrio durante cierto periodo, eso será suficiente para convencerlos y lograr que asistan a la terapia familiar.

Averigua si estarían dispuestos a involucrarse en cierta forma. Por ejemplo, si no quieren reunirse con el terapeuta, podrían aceptar hablar por teléfono con él. Si se siguen negando a participar, anímalos a que al menos inicien una psicoterapia personal. Es posible que poco tiempo después de iniciar esa terapia personal, decidan involucrarse en la terapia familiar.

Sin embargo, es importante respetar la decisión de los miembros de la familia. Puedes ver esto como una excelente oportunidad de darles un buen ejemplo. Al ver un cambio en ti, un miembro de tu familia podría sentirse inspirado a cambiar.

P: ¿Qué debería yo esperar cuando consulto a un especialista en terapia matrimonial y familiar?

Noah Rothschild: Deberías esperar entrar en una relación que tiene el potencial de transformar tu vida. Deberías esperar ver a tu terapeuta en sesiones individuales al menos una vez a la semana. Dos veces a la semana sería más benéfico. Puedes esperar que un especialista en terapia matrimonial y familiar sea amigable y te dé un sentido de seguridad para que puedas explorarte como persona y puedas explorar tu dependencia. Lo ideal es que tu terapeuta sea alguien que te vea como una persona que sufre a causa de una dependencia y no que te etiquete simplemente como un adicto. Debes esperar que tu terapeuta haga un historial minucioso de tu vida, incluyendo el escenario familiar de tu infancia, la situación actual de tus relaciones familiares, las causas recientes de tu tensión, y tu uso de las drogas y el alcohol.

Es probable que un especialista en terapia matrimonial y familiar te pida que te sometas a un proceso terapéutico durante varios meses como paciente externo. En un programa residencial, sería ideal que te comprometieras a permanecer en el programa durante al menos un mes (dos meses serían mejor) y que luego seas parte de la terapia como paciente externo. Debes saber que podrías sentirte peor antes de empezar a sentirte mejor, pero si te comprometes con el proceso, te sentirás mejor, te verás mejor y tu vida será mejor. Tu terapeuta a menudo te apoyará y será comprensivo, pero también debes esperar que te presente desafíos.

Todos tenemos una tendencia natural a resistir el cambio y a mantener el statu quo. Un buen terapeuta te señalará esa resistencia y te retará para que crezcas. Como resultado, durante algunas sesiones podrías sentir que el terapeuta te agrada mucho, pero en otras podrías enojarte con él porque te señala aspectos de ti mismo que son difíciles de confrontar.

Debes saber que todo esto es parte del proceso terapéutico, y debes reconocer la resistencia cuando se presente y seguir adelante con el proceso. También debes darte cuenta de que la mayoría de la terapia se lleva a cabo afuera de las sesiones. Cuando se hable de los problemas en la terapia, estarás más consciente de los problemas en tu vida y en tus relaciones. Ten la perspectiva de que los problemas que se presenten son oportunidades de crecer y de llegar a ser quien realmente eres. Tu terapeuta será tu ancla y estará ahí contigo a cada paso del camino.

P: ¿Cómo debo prepararme para la visita con un especialista en terapia matrimonial y familiar?

Noah Rothschild: Debes prepararte para la visita, llegando sobrio a la sesión. Es muy difícil, si no es que imposible, realizar una terapia cuando una persona está intoxicada. Debes llegar a la sesión con una actitud abierta y honesta. La terapia no es un lugar para ocultar información, ni para actuar con engaños o manipular. Aprovecharás cada sesión al máximo si hablas con la verdad y eres honesto con tu terapeuta.

Espero que ya estés consciente del impacto negativo que tu dependencia ha tenido en tu vida y que estés listo para cambiar. Te sorprenderá, pero esto a menudo no es el caso, y muchas veces los pacientes vienen a la terapia porque su cónyuge o su familia los presionan para que lo hagan. Cualquiera que entre a terapia debe al menos estar dispuesto a superar su dependencia y mejorar su vida.

P: ¿Necesito ver a un especialista en terapia matrimonial y familiar si ya estoy viendo a un psicólogo clínico?

Noah Rothschild: Si tu psicólogo clínico se especializa en dependencias y en terapia familiar, tal vez no sea necesario ver a otro especialista. Pero si puedes pagar la terapia y dispones del tiempo para ella, lo mejor es que consultes a ambos, ya que abordarán la situación desde ángulos diferentes. Lo que distingue a un psicólogo clínico de un especialista en terapia matrimonial y familiar, es que los primeros a menudo aplican pruebas psicológicas. Muchos psicólogos están mejor entrenados en el campo de la investigación, en la aplicación de pruebas psicológicas y en el tratamiento de enfermos mentales. La mayoría de los especialistas en terapia matrimonial y familiar han recibido una formación que se concentra específicamente en las dinámicas de la familia y en las relaciones familiares. Recuerda que la predisposición a la dependencia brota en el contexto familiar, de modo que si alguien tiene un entrenamiento intenso y tiene práctica en este campo, sería la persona adecuada para ayudarte.

P: ¿Puede usted dar un ejemplo de la forma en que la terapia matrimonial y familiar pueden ser la clave de la recuperación?

Noah Rothschild: Jeff, un joven de veintitantos años, llegó a la terapia para poder liberarse de sus excesos en el consumo de cocaína que duraban una semana y de sexo ilícito con prostitutas. Después de manejar su dependencia, solía tener periodos breves durante los cuales quería cometer suicidio. Llegó a la terapia por la insistencia de un amigo a quien le había revelado sus pensamientos suicidas. Cuando llegó a su primera sesión, no había usado cocaína por una semana, se sentía muy deprimido y estaba pensando en el suicidio porque había perdido la esperanza de superar su dependencia. Estuvo de acuerdo en ponerse en contacto conmigo para evitar dañarse, y decidimos reunirnos dos veces a la semana. También estuvo de acuerdo en no usar drogas y en llamarme si sentía que no podía evitar usarlas.

Jeff me reveló que su madre había perdido a dos bebés antes de que él naciera y que era hijo único. Aunque Jeff decía que no recordaba haber tenido sentimientos fuertes siendo niño, dijo que parecía que sus padres tenían miedo de perderlo. Recordaba que le decían que no tenía permiso de jugar ciertos deportes o participar en actividades que atemorizaban a sus padres. Cuando terminó sus estudios de preparatoria, dejó la casa de sus padres para ir a la universidad durante un semestre, pero lo expulsaron por usar drogas en el dormitorio. Poco después regresó a casa y empezó a trabajar para su padre. Vivía en la casa de huéspedes de sus padres y trabajaba en el negocio de su padre.

Después de varias sesiones, llegó a ser evidente que a Jeff nunca se le había permitido separarse de sus padres. Era obvio que este patrón de conducta seguía actuando en el presente, pero él no estaba listo para reconocerlo. Durante varias semanas en las que recibió sesiones de terapia, Jeff aseguraba que le gustaba vivir en la casa de sus padres porque podía ahorrar dinero, pues no tenía que pagar renta y comía lo que cocinaba su mamá.

Más o menos en la sexta sesión, ocurrió un gran avance cuando lo reté a que mirara realmente en su interior y buscara por qué se sentía tan desdichado con su vida, que había tenido que recurrir al uso de la cocaína y a tener sexo con prostitutas para poder sentirse bien. En ese momento, realmente pudo ver que su relación con sus padres estaba limitando su vida. Admitió que aborrecía trabajar para su papá y le molestaba que su papá nunca pudiera enfrentar los desafíos de su madre. Aseguraba que su papá era un hombre completamente distinto cuando los dos estaban juntos.

Admitió que casi siempre experimentaba una terrible insensibilidad interna y no sabía qué quería en la vida. Se avergonzaba porque nunca había tenido una relación duradera con una chica y dijo que cuando tenía sexo con prostitutas sólo quería sentir algo. Reconoció que la única forma de sentir algo era estando drogado o cuando se perdía el efecto de las drogas y él pensaba en el suicidio. Después evitaba la depresión usando cocaína de nuevo. Mostré comprensión ante el enojo de Jeff y le dije que "cualquier niño cuyos padres no le permitían ser él mismo se sentiría enojado con ellos y aprendería a ocultarse".

En nuestra siguiente sesión, Jeff realmente identificó sus sentimientos. Dijo que sentía que nunca había sido correcto que él fuera él mismo y que nadie lo amaría si él fuera como es. Le señalé que él había aprendido eso siendo niño y que tenía esta falsa creencia básica: "no es correcto ser yo mismo, y si soy como soy, nadie podrá quererme". Al admitir que en el fondo sentía que nadie podría amarlo, lloró y liberó mucha tristeza. También llegó a comprender que siendo niño se había desconectado de sí mismo y de sus emociones para enfrentar a sus temerosos padres. Había vivido casi veinticinco años abandonándose a sí mismo.

Poco a poco, empezó a recuperarse como persona. Jeff ya había dejado de usar drogas y se había alejado de las prostitutas y ahora había empezado a tener sensaciones. Hubo sesiones en las que expresó tristeza y enojo, pero reconoció que estaba feliz por poder tener sensaciones. Empezó a aprender a amarse a sí mismo y estaba orgulloso de ser quien era, de ya no necesitar drogas y de sentirse vivo. Hasta se inscribió en una clase de actuación, que era algo que siempre había querido hacer.

Después, Jeff tomó la iniciativa para involucrar a sus padres en la terapia y empezó a compartir sus sentimientos con ellos. Al principio, sus padres fueron cautelosos, pero a la larga pudieron escuchar cuál había sido su papel en el dolor de su hijo, un dolor que lo había llevado a ser un adicto. Jeff también supo algo sobre la infancia de sus padres y empezó a verlos como realmente eran. Después de todo, ellos también habían sido niños cuyas necesidades no recibieron respuesta, y estaban haciendo su mejor esfuerzo a partir de lo que sabían.

Poco después desarrollamos un plan para que Jeff se mudara de la casa de sus padres y viviera solo, y siguió sintiéndose bien. Dejó de trabajar para su padre cuando encontró un trabajo que disfrutaba más. Ahora ha estado sobrio durante casi dos años y tiene citas conmigo cada dos o tres meses.

HIPNOTERAPIA

En algunos casos de dependencia, en especial cuando la persona no puede encontrar la causa subyacente de esa dependencia de ninguna otra forma, ni con ningún otro terapeuta, la clave podría ser la terapia de hipnosis. Si crees que necesitas la ayuda de un terapeuta especializado en hipnosis, asegúrate de dedicar el suficiente tiempo a encontrar uno que sea adecuado para ti.

Cómo elegir a un hipnoterapeuta
Paul Gustafson

"La reputación, las recomendaciones y las páginas amarillas del directorio telefónico a menudo son los primeros pasos para elegir cualquier tipo de ayuda profesional.

No dejes que la reputación de nadie te impresione demasiado. Aunque las buenas credenciales y los grandes logros son cualidades admirables, lo más importante es la forma en que se adaptarán a tus necesidades específicas y a tu personalidad. Así que no dejes de buscar. Una regla práctica que es útil, es dedicar tanto tiempo a encontrar un buen terapeuta como el tiempo que dedicarías a escoger un coche nuevo. El éxito de un amigo o pariente podría ser un buen indicador, pero deberías tomar una decisión después de conseguir suficiente información y encontrar a la persona más apropiada para ti.

"Preguntas que debes hacerte en tu primera visita:

- ¿El terapeuta hace que yo me sienta bienvenido?
- ¿Me trata con respeto?
- ¿Me hace muchas preguntas sobre mi persona?
- ¿Parece que le interesan mis problemas?
- ¿Es puntual?
- ¿Sabe escuchar?
- ¿Hace que me sienta cómodo?
- ¿Su oficina parece un refugio para mí?

"Preguntas que debes hacerle al hipnoterapeuta:

- ¿Cuánto tiempo se ha dedicado usted a esta profesión?
- ¿Puede darme referencias?
- ¿Cuál es su preparación académica?
- ¿Qué puede hacer para ayudarme con mis problemas?
- ¿Cuánto cobra?
- ¿Enseña autohipnosis?
- ¿Qué lo hace mejor que otros hipnoterapeutas?
- ¿Graba las sesiones?
- ¿Recibo yo una copia de la grabación?
- ¿Usted se somete a la hipnosis?

"Los hipnoterapeutas competentes te tratan con respeto. Su prioridad como profesionales debe ser tu bienestar y tu éxito. De inmediato empiezan a crear una compenetración positiva contigo. Son tus aliados. Se interesan en enseñarte y guiarte para lograr tus metas positivas. Te enseñan autohipnosis. También deben tener un sistema para recopilar información útil sobre ti y el área que te concierne. Es importante para ellos tener tu perfil, conocer tus miedos, lo que te gusta, lo que te disgusta y definitivamente necesitan tener datos relacionados con tu salud. Los terapeutas informados usan esa información para organizar y crear sesiones de hipnoterapia que respondan a tus situaciones específicas y que estén diseñadas para ti como persona.

"Los costos por los servicios de hipnoterapia varían. Lo que decidas sobre un terapeuta no debe basarse en el costo, sino en la información que recabes sobre él de acuerdo a las preguntas anteriores. Tu camino hacia la salud y la felicidad debe basarse en atención profesional de alta calidad. Si haces las preguntas adecuadas, podrás percibir con quién te sientes cómodo, podrás ver cuál es su enfoque y lo que sugiere como tratamiento, y tendrás una idea de cuántas sesiones recibirás y cuál será el precio.

Un buen hipnoterapeuta podrá darte un estimado del número de sesiones que se requerirán para obtener los resultados deseados. Hazle preguntas sobre el proceso de la hipnosis.

"El hipnoterapeuta es simplemente el facilitador o el guía que te conduce hacia tu espacio interior, donde están las respuestas y las soluciones para todos tus males. Tú eres quien lleva a cabo el trabajo en sí. Casi todas las personas que se someten al estado hipnótico, que es un estado de calma, de relajación y de concentración, y tienen el deseo de lograr cambios en su vida, lo logran. Un buen terapeuta te ayuda a tranquilizarte y te guía hacia tus metas. Tú aportas el deseo y la aceptación abierta de las sugestiones positivas que podrán ayudarte a hacer cambios enriquecedores en tu vida.

◆ ◆ ◆

En la siguiente sección, MaryLou Kenworthy, una de las hipnoterapeutas de Passages, explica cómo la hipnosis puede ayudarnos a ponernos en contacto con las causas ocultas de la dependencia, que a menudo se relacionan con los recuerdos de la infancia. "Cuando somos niños, sólo tenemos pocas formas de enfrentar la vida, y muy a menudo lo único que podemos hacer es enterrar nuestros sentimientos heridos", dice. "Esto nos ayuda a sobrevivir los traumas y el dolor. No obstante, eso no nos es útil siendo adultos, ya que lo que está enterrado en nuestra mente subconsciente en cierta medida dirige nuestro comportamiento y maneja nuestra vida". La hipnosis es una forma de liberarnos y de vivir la vida que merecemos.

Preguntas y Respuestas con MaryLou Kenworthy

P: ¿Cómo puede la hipnoterapia ayudarme a encontrar las causas ocultas de mi dependencia?

MaryLou Kenworthy: Éste es un ejemplo de la forma en que la hipnosis puede ayudar a revelar las raíces ocultas de nuestro dolor para que podamos aprender a manejarlas. Michael era un hombre muy exitoso, de treinta años de edad, que solía lograr más de lo que se esperaba de él. Siempre estaba activo, pero no había podido tener un compromiso serio y establecerse. Su pauta de conducta era sabotearse cuando las cosas iban demasiado bien en su vida. Una de las formas en que lo hacía era bebiendo alcohol y usando cocaína incontroladamente. ¿Se sentía indigno? Creía que no porque tenía confianza en sí mismo. A menudo hablaba de estar enojado y a veces de tener miedo, pero no sabía por qué tenía estos sentimientos. Aseguraba que su infancia había sido típica y normal.

En hipnosis, hice que entrara a sus sentimientos de enojo y miedo; eso le ayudó a remontarse a la primera vez que tuvo esas emociones. Lo que descubrió estaba muy lejos de ser una infancia normal. Su padre había abusado de él una y otra vez y lo humillaba frente a sus amigos. Sus sentimientos de enojo y miedo hicieron que se remontara a una ocasión, cuando tenía seis años de edad, y le dijeron que podía jugar afuera si se quedaba en el patio frente a la casa. Cuando su papá lo encontró jugando en la acera (a unos centímetros del patio), lo humilló, lo golpeó en las costillas y lo metió a la casa jalándolo del cabello. Hizo todo esto frente a los hijos de los vecinos, lo que añadió la vergüenza y la humillación a sus heridas. El abuso físico y emocional continuó durante los primeros años de su adolescencia.

El miedo que le tenía a su padre y al mundo creció al mismo tiempo que su enojo. Siendo muy joven empezó a destacar, pues lograba más de lo que se esperaba de él; lo hacía para que su padre pensara "bien" de él. Pero de pronto sentía enojo y se saboteaba con una actitud de "te lo voy a demostrar". La familia se cambió de casa varias veces durante su infancia, lo que produjo más sentimientos de inseguridad en su interior. Empezó a soñar despierto sobre lastimar a su padre o sobre su deseo de que su madre se divorciara de él. Cuando ella finalmente se divorció, Michael se sintió culpable.

Desarrollar un exterior rudo era la forma de enfrentar la vida y de protegerse. Siendo adulto, descubrió que siempre que se sentía cómodo empezaba a sabotearse. Ahora que tenía un negocio de éxito y una nueva esposa, empezó a beber más y más y a usar cocaína. En lo profundo de su ser todavía se sentía como un "niñito malo" que no merecía tener cosas buenas en la vida. Esperaba ser castigado, así que se castigaba a sí mismo.

Al remontarse a la fuente de su enojo, de sus miedos e inseguridades, pudo sentir esas emociones, pudo expresar durante la sesión lo que necesitaba decirle a su padre cuando era niño y liberar esos sentimientos. Pudo entender que había sido un niño bueno, sobrevivió y supo que merecía tener una buena vida. Este proceso liberó la pauta del sabotaje. Como el alcohol y las drogas eran el medio del sabotaje, la necesidad de usarlos también se liberó. Michael empezó a sentir respeto por sí mismo.

A veces, reprimir los recuerdos y los sentimientos relacionados con ellos nos ayuda a manejar el dolor. En el mundo de un niño, la represión es la única forma de protegerse. Sin embargo, esto no nos es útil siendo adultos, porque los sentimientos que están enterrados vivos nunca mueren. Se convierten para nosotros en un veneno y se manifiestan en nuestra vida como cierto tipo de enfermedades.

P: ¿Cómo puede la hipnosis ayudarnos a romper antiguos patrones de conducta de los que no estamos conscientes?

MaryLou Kenworthy: En una ocasión trabajé con una paciente, una joven iracunda y desafiante de veintitantos años. Había abusado de la cocaína, pero negaba tener un problema de drogas y culpaba a los demás de sus problemas. Esta joven minimizaba sus sentimientos y los acumulaba. Se reía para encubrir sus heridas profundas, y lo había hecho durante tanto tiempo que no se daba cuenta de que lo estaba haciendo. Se le dificultaba confiar y tenía una autoestima muy baja. A lo largo de los últimos diez años, esta joven había desarrollado un patrón fijo para huir de sus sentimientos. Buscaba la aprobación y el amor de su padre, y cuando él no tenía tiempo para ella, arremetía contra él y lo lastimaba.

A medida que progresó la terapia, reveló que su mundo había empezado a desplomarse cuando sus padres se divorciaron. Esto ocurrió cuando ella tenía unos trece o catorce años (una edad en la que la sensibilidad es muy intensa) y se sintió abandonada. Había estado muy cerca de su padre hasta entonces, pero él de pronto se fue. Su madre y su padre se concentraron en su propia vida y ella sentía que era invisible. Recordaba que sentía un dolor más profundo en lo relacionado con su padre, casi como si él la hubiera rechazado a nivel personal.

Ella empezó a buscar amor en donde pudiera encontrarlo y se volvió promiscua y usaba drogas para ocultar su dolor.

El tratamiento fue como una montaña rusa para esta joven, dependiendo de si su padre le estaba prestando atención o no, hasta que logró un avance sensacional. Trabajamos con todas las ocasiones (del pasado y del presente) en las que había sentido que su padre la había abandonado y la había lastimado. Al parecer su madre no le preocupaba; consideraba que no era importante.

Luego, en la terapia, hice que se remontara a *la primera vez* en que había sentido que no la querían. Tenía que ver con la respuesta que ella recibió de su madre al nacer. Su madre evitaba tomarla en sus brazos y nunca la acariciaba. Ella nunca se había sentido segura, deseada o amada, desde que estaba en la cuna. En la adolescencia se acercó a su padre debido a ese rechazo inicial de su madre. Cuando sus padres se divorciaron y su padre se fue de la casa, los sentimientos de no ser deseada, ni amada volvieron a aflorar. Se sentía vulnerable, insegura y completamente sola.

Al remontarse al suceso inicial de ser rechazada por su madre, esta joven pudo ver el incidente y volver a sentirlo en un entorno seguro. Bajo hipnosis, pudo confrontar a su madre "como la hija" y expresar su dolor y su enojo. Este proceso finalmente le permitió liberar, comprender y perdonar. Rompió el patrón que le estaba causando tanto dolor y al hacerlo liberó su necesidad de insensibilizar sus sentimientos con la cocaína.

P: ¿Puede la hipnoterapia ayudarme a ponerme en contacto con mis sentimientos?

MaryLou Kenworthy: Ponernos en contacto con nuestros sentimientos es un aspecto clave para sanar nuestras dependencias. En la historia de Amy, que se presenta a continuación, puedes ver cómo los sucesos de la infancia pueden llevarnos a oprimir nuestros sentimientos, lo que lleva a un creciente abuso de sustancias.

Amy tenía dependencia al alcohol y a la mariguana, y tenía un historial de haber usado cocaína, LSD y éxtasis. Tenía veintiocho años y era muy inteligente, pero tenía problemas con la confianza, tenía miedos (al dolor y al fracaso), tenía resentimientos y se sentía presionada por sí misma y por sus padres. Decía que de niña siempre había sido miedosa y se había sentido muy triste. No entendía por qué el miedo parecía ser la emoción que estaba controlando su vida. Después de una semana de sesiones, hice que sintiera el miedo y la tristeza y percibiera en qué parte de su cuerpo estaban estos sentimientos. Este proceso hizo que se remontara a las edades de tres y cinco años, las primeras ocasiones en que había sentido miedo. A los tres años, Amy había estado en un accidente automovilístico y al volver a vivirlo en sesión afloraron detalles que fueron significativos y reveladores.

Había sido lanzada contra el parabrisas y su padre la llevó en brazos al hospital, podía escucharlo gritando, lo que la asustaba aún más. Luego vio el miedo en el rostro de su madre, lo que hizo que se le llenaran los ojos de lágrimas estando en sesión. La dejaron con los médicos y no pudo ver a sus padres durante un rato, lo que hizo que se sintiera sola, más atemorizada, y hasta enojada. Al recordarlo, Amy se dio cuenta de que lo más significativo de este incidente fue la mirada de temor en el rostro de su madre. Como era tan pequeña, ese miedo quedó grabado en su mente subconsciente.

El siguiente incidente que recordó bajo hipnosis, fue una cirugía a los cinco años de edad. Tenía miedo, sentía dolor, y de nuevo se sintió abandonada. A esta edad y aún siendo mayor, un niño no entiende por qué no puede estar en casa con mamá y papá. Es traumático que lo dejen en un lugar aterrador, como un hospital, sin saber por qué tiene heridas físicas y emocionales. Se le priva de toda sensación de seguridad y amor. Es un momento muy confuso para un niño. Amy volvió a ver el miedo de su madre y se hizo la promesa de que no iba a llorar. No sabía por qué. Conforme avanzó la sesión, ella se permitió llorar por sí misma y por su mamá. Su dolor y su miedo se expresaron en sus desgarradores sollozos.

Amy había estado cargando con la tristeza y el miedo en su interior y nunca se había permitido expresarlos. Ahora, afloró una avalancha de emociones y ella se sintió limpia. Dijo que era como si se le hubiera quitado un gran peso de encima. Reconoció que tal vez la razón por la cual no quería llorar era impedir que su mamá estuviera triste y sintiera miedo, pero que ahora se había dado cuenta de que ya no necesitaba mantener la tristeza en su interior. Amy también dijo que esto explicaba por qué siempre había tratado de ser perfecta para su mamá (lo que creaba sentimientos de presión y resentimiento).

Como resultado de estas experiencias, siempre que Amy sentía que había desilusionado a su mamá, buscaba el alcohol y la mariguana para adormecer sus sentimientos. Estaba cansada de estar triste y tener miedo todo el tiempo y pensó que el alcohol la haría feliz. Al ponerse en contacto con estos sentimientos de tristeza y miedo, los entendió y los expresó; eso trajo consuelo a su yo, a los tres y a los cinco años de edad. Amy empezó a sentirse libre, feliz y segura. Entendió que no era necesario ahogar el dolor y el miedo con sustancias tóxicas, ahora que ya había resuelto los problemas que rodeaban a estos sentimientos. Empezó a confiar en la vida, a hablar con la verdad, a expresar sus emociones, y a seguir sus sueños. Eso fue hace un año, Amy sigue estando bien y feliz.

BUEN ESTADO FÍSICO

El buen estado físico juega un papel importante en tu recuperación. Te dará una sensación de fuerza y confianza. Lo ideal es que hagas ejercicio hasta que te quedes sin aliento al menos una vez al día; me refiero a respirar con fuerza al menos durante cinco minutos. Te ayudará hacer *jogging* (aunque lo hagas en un solo lugar), hacer ejercicio o andar en bicicleta (en movimiento o estacionaria). Además, el lugar que elijas para quedarte sin aliento es importante.

De preferencia, haz ejercicio al aire libre o al menos frente a una ventana o una puerta abierta. Si estás en mala forma, empieza poco a poco y aumenta el tiempo hasta llegar a un periodo de cinco minutos. Si sientes algún dolor en cualquier parte del cuerpo, detente. Trabaja sólo en un nivel donde estés completamente cómodo. Además de mover el cuerpo, es importante que te estires. Puedes entrar a Internet, ir a una librería o a una biblioteca y conseguir un libro sobre estiramiento, específicamente. (Asegúrate de que el libro sea sobre estiramiento y no sobre ejercicios o yoga, aunque esos libros también enriquecerán tus rutinas de entrenamiento.)

En la siguiente sección, David Appell, Director de Condición Física en el Centro Passages, explica por qué un buen programa de ejercicios, diseñado para las necesidades de tu cuerpo, te llenará de energía y te ayudará a recuperarte. David es un entrenador certificado y fundador del Athletic Performance Center [Centro de Desempeño Atlético]; también te explicará cómo encontrar el programa y el entrenador adecuado para ti.

Preguntas y Respuestas con David Appell

P: ¿Cómo ayuda el ejercicio a curar la dependencia química?

David Appell: El cuerpo humano, al igual que la mente, necesita "sentirse bien"; sentir que puede tener un buen desempeño y que lo tendrá. El ejercicio da al cuerpo físico la sensación de salud, hace que la sangre vital fluya a través del sistema muscular, te ayuda a dormir bien y mejora la densidad de los huesos. Con ejercicios correctivos, puede mejorarse la mala postura (una causa importante del dolor de espalda) para que recuperes la confianza que se relaciona con la postura correcta. Muy a menudo, las personas que están recibiendo tratamiento para curar sus dependencias dicen: "Hoy me siento cansado o deprimido". Eso indica que necesitan dar impulso a su sistema de energía mediante ejercicios que pongan a prueba su sistema muscular y cardiovascular durante la misma sesión de ejercicios.

P: ¿Qué clase de ejercicios debería hacer? ¿Es suficiente caminar o necesito una rutina de entrenamiento más rigurosa?

David Appell: Al principio de tu programa de condicionamiento, a menudo caminar es suficiente. Llegará el momento, debido a la "respuesta de adaptación", en que tu cuerpo se acostumbrará a caminar y querrá una rutina más rigurosa. A medida que mejora tu condición física, puedes añadir actividades como tenis, golf, andar en bicicleta, montar a caballo y ejercicios de resistencia (pesas, bandas, máquinas, control de peso). Todas estas son formas maravillosas para desarrollar pasatiempos y al mismo tiempo respirar mejor.

También se deben incluir en tu programa ejercicios de estiramiento. La flexibilidad de una persona puede mejorar dramáticamente con el programa adecuado. Los beneficios del estiramiento son múltiples. Aumenta y mantiene la gama de movimiento en las articulaciones, ayuda en el proceso de recuperación, pues aumenta la circulación, reduce la tensión muscular y disminuye los calambres, el estrés y el dolor en los músculos.

P: ¿Qué tan importante es quedarse sin aliento al hacer ejercicio?

David Appell: Hacer que tu cuerpo se recupere después de quedarse sin aliento llega a ser una experiencia rejuvenecedora en la que los sistemas de tu cuerpo trabajan juntos; es una coordinación de fortalecimiento, estiramiento, hidratación, nutrición y confianza. También ayuda a desarrollar movimientos funcionales y la capacidad de mejorar tus actividades diarias, reduciendo el dolor y la incomodidad. El resultado final es mayor habilidad para disfrutar una caminata, para llevar a cabo movimientos específicos y completos en un deporte, como jugar tenis, jugar con un niño o entrar y salir de un coche con más facilidad.

P: ¿Tengo que buscar un programa de ejercicio o un entrenador, o debo hacer ejercicio por mi cuenta?

David Appell: Los programas de ejercicio funcionan mejor con un entrenador. Un buen adiestrador puede asegurarse de que tengas las técnicas apropiadas para evitar lesiones. También puede crear un plan personal para que desarrolles un cuerpo funcional. Tu programa debe consistir en ejercicios correctivos, ejercicios preventivos, ejercicios para el acondicionamiento básico, fuerza y equilibrio, y ejercicios de propiocepción (para ejercitar los músculos que te ayudan a conservar el equilibrio, como los músculos de las rodillas y los pies) y ejercicios para trabajar con el sistema de energía y regeneración. Puedes encontrar muchos de los mejores entrenadores en las clínicas locales de terapia física y deporte. Busca un entrenador personal certificado, un entrenador físico certificado o un entrenador atlético certificado.

La cualidad más importante para encontrar el entrenador adecuado para ti es el "movimiento". ¡Se trata de hacer que te muevas y te mantengas en movimiento! Cuando te reúnas con un entrenador para una consulta, busca a la persona que te motive. Después de todo, quieres divertirte haciendo ejercicio. Es importante señalar que la apariencia física (buena o mala) y la edad no son un buen indicador de la destreza de una persona como entrenador. Sin importar cuál sea su aspecto, si alguien ayuda a motivarte para que hagas ejercicio tres o más veces a la semana, podría ser el entrenador adecuado para ti.

P: ¿Cuánto tiempo debería yo permanecer en un programa de ejercicio?

David Appell: En cuanto tengas un programa que funcione para ti, un programa que ponga a prueba tu sistema y permita que tu cuerpo disfrute la experiencia rejuvenecedora de lograr que todos los sistemas de tu cuerpo trabajen juntos, nunca querrás dejarlo. En este punto, conservar la buena salud, la buena postura y la energía llegarán a ser un hábito para toda la vida; un hábito que puedes continuar por siempre, utilizando ciclos de seis a ocho semanas para modificar tu condicionamiento. Algunos ciclos pueden centrarse más en prepararte para la temporada de *ski* (mucho ejercicio con las piernas y mucho equilibrio) y otros pueden concentrarse en prepararte para ir a la playa.

VISUALIZACIÓN Y MEDITACIÓN

La práctica de la visualización puede darte cierta ventaja y mejorar todas las demás prácticas que he presentado hasta ahora. Mantén tu práctica simple; dos minutos diarios. Si haces un poco más, está bien. Al despertar, mientras todavía estás en una modalidad de estar a la deriva, visualiza lo que la vida sería para ti si no tuvieras una dependencia a sustancias o a comportamientos adictivos. Visualízate en tus actividades diarias en este estado de estar libre de dependencias.

La meditación también apoya la curación, y es diferente de la visualización. Sugiero que medites cinco minutos diarios. Cuando despiertes y hayas terminado con la visualización, busca una postura cómoda, estando sentado. Cierra los ojos y concéntrate en tu respiración. Síguela a medida que el aire entra y sale de tu cuerpo durante cinco minutos. Si ves que empiezas a pensar en algo que no sea simplemente la respiración durante esos cinco minutos, suavemente concéntrate de nuevo en tu respiración. Hacia dentro, hacia fuera, hacia dentro, hacia fuera, hacia dentro, hacia fuera. Usa un reloj. Si lo haces durante más de cinco minutos, está bien.

Según Gert Basson, la visualización actúa como una brújula para tus esfuerzos para recuperarte, y la meditación aporta una sabiduría que supera a la mente racional. Gert es maestro de meditación, adiestrador de la vida y escritor. Es Director de Actividades en el Centro Passages, donde enseña meditación y visualización. En la siguiente sección, explica por qué estas técnicas son tan eficaces como ayuda para lograr una cura.

Preguntas y Respuestas con Gert Basson

P: ¿Por qué la visualización es esencial para mi recuperación?

Gert Basson: Porque ahí es donde empieza todo, incluyendo la recuperación. La mayoría de las antiguas enseñanzas espirituales y esotéricas están de acuerdo en la potencia de la visualización. Una visión que se mantiene firme en la mente, se convierte en una "forma de pensamiento", el plano para que se manifiesten las energías universales en el ámbito físico.

La visualización también actúa como una brújula para tus esfuerzos internos y externos hacia la recuperación.

Claro que el simple hecho de visualizar no es suficiente para lograr la recuperación. También es importante hacer lo que sea necesario en el ámbito físico. Podría ser simplemente no pasar por la sección del supermercado donde se venden bebidas, o salir a correr en lugar de ver una película en la que se promueve el comportamiento adictivo. En el proceso de recuperación existe un equilibrio sutil entre el trabajo interno y externo que se requiere. La acción de visualizarte como una persona sana y alegre le presenta al universo la visión más alta de ti mismo. Esto proporciona ayuda y dirección a los esfuerzos que haces en el ámbito físico y que están de acuerdo con el plan divino para ti.

P: ¿Por qué la meditación es importante para mi recuperación?

Gert Basson: Al principio, un estudiante nuevo de meditación sólo se esforzará para lograr que una mente parlanchina guarde silencio. Eso en sí es un logro muy satisfactorio. Al continuar con la práctica, se te abren las puertas hacia un mundo de sabiduría y experiencia que está más allá de las capacidades del pensamiento racional. Incluso para la mente más cuerda y lógica es imposible considerar el número infinito de variables cuando intenta planificar el trayecto de una persona hacia la salud y la felicidad. La meditación pasa por alto a la mente y te conecta con el Ser Superior (el Alma), que es el conducto hacia la vasta sabiduría y perspectiva que viene de Todo lo que Existe y que recibe numerosos nombres. Cuanto más tiempo dediques a conversar con el Ser Superior, más difícil es que la personalidad tolere el comportamiento adictivo o cualquier otro comportamiento derrotista que sea contrario a la naturaleza divina.

P: ¿Cuál es la diferencia entre la visualización y la meditación?

Gert Basson: La visualización y la meditación son diferentes, pero complementarias. La meditación es el arte y la práctica de escuchar y observar. La visualización es el divino arte y la práctica de crear. Hoy en día es un hecho científico que nuestros pensamientos y expectativas afectan al dominio cuántico; "aquello" que constituye el mundo físico. Cuando visualizas, reavivas la ley universal y todos sus elementos para que produzcan lo que deseas. Con la práctica de la meditación, llegas a entender y saber quién eres en realidad y lo que en verdad deseas.

P: ¿Cómo el hecho de meditar en mi respiración me ayudará a lograr una cura?

Gert Basson: Existen muchas técnicas de meditación. Vale la pena investigar y experimentar con aquellas a las que te sientas atraído intuitivamente. Concentrar tu atención en tu respiración es sólo una de las numerosas técnicas que ayudan a tu mente a liberar el constante desfile de pensamientos que marchan en tu cabeza. Con el tiempo, los "espacios de silencio" entre los pensamientos se vuelven evidentes y proporcionan espacio para una comunicación más sutil y para las influencias que provienen de ámbitos superiores.

P: ¿Podría comentar un ejemplo de la forma en que la meditación ayudó a alguien a recuperarse?

Gert Basson: Esta historia muestra cómo un paciente con el que trabajé usó la meditación para romper el ciclo de la dependencia. Al principio, este muchacho no podía pasar más de unos minutos sentado meditando. Además de la agitación física que sentía cuando trataba de mantener su cuerpo inmóvil, tenía mucho miedo de encontrarse con su verdadero Yo y estaba renuente a hacerlo. A pesar de sus muchos talentos, tenía una autoestima muy baja y sufría de insomnio crónico. Le expliqué que un meditador principiante puede ser como alguien que quiere ser corredor y que se da por vencido antes de experimentar la energía que siente un corredor que está en buena forma, y sólo siente la incomodidad y el cansancio que acompañan a los primeros intentos.

Entendió que llegaría un momento, que tal vez al principio sólo duraría unos segundos, en que "superaría esas primeras dificultades" y vislumbraría lo que podría suceder si seguía practicando la meditación.

Así que persistió, y al paso del tiempo estableció una rutina. Dijo que aunque su práctica de la meditación a veces era esporádica, era responsable de que él hubiera podido lograr un mayor sentido de su valía personal y pudiera superar el insomnio.

Más de un año después lo volví a encontrar y me habló de un gran avance que había tenido. Me dijo que un día sintió una severa tensión emocional. Había observado la vida de su madre. Ella antes había sido una persona de éxito, pero su vida se estaba haciendo pedazos a causa del alcoholismo. Los sentimientos de culpa y la incapacidad de "salvar" a su madre lo estaban llevando al límite, y estaba a punto de reincidir en su antiguo mecanismo para enfrentar la vida que era usar drogas.

Su novia (a la que él había introducido a la práctica de la meditación) lo convenció para que la acompañara a una sesión corta antes de optar por las drogas. Gracias a la experiencia que había tenido antes con la meditación, pudo sentarse en calma, tranquilizar su mente y ver un panorama más amplio desde la perspectiva del alma. Mientras estaba en meditación, pudo ver con toda claridad sus opciones y sus resultados finales. Al instante, su sentimiento de culpa desapareció y su deseo de usar drogas se evaporó en minutos. No sólo eso, sino que su madre finalmente se inscribió en un centro de rehabilitación. Su recuperación recibió un gran apoyo gracias a la vida estable de su hijo y a su evidente felicidad.

TERAPIA ESPIRITUAL

"La felicidad es una destreza que se aprende. La salud es una opción de peso. El amor es una fuerza que sana", dice Audrey Hope, consejera espiritual, anfitriona y creadora de *Real Women [Mujeres reales],* un programa de entrevistas en la televisión, al que se le han otorgado premios. El programa se concentra en perspectivas que alteran la vida. Audrey es Directora Espiritual en Passages. Al responder a las siguientes preguntas, Audrey describe cómo la recuperación de la dependencia involucra también una recuperación espiritual. Explora las dinámicas internas de la curación y comenta algunas herramientas que puedes usar para fomentar tu propia salud y curación espiritual.

Preguntas y Respuestas con Audrey Hope

P: ¿Qué tan importante es la terapia espiritual en un programa de recuperación?

Audrey Hope: La espiritualidad es el camino hacia el amor a uno mismo, la autoestima y el gobierno de uno mismo, que es un elemento central en cualquier programa de sanación. Como darle aire a una persona que necesita respirar, la asesoría espiritual es el poder, el fundamento y la raíz a partir de la cual brota toda sanación. Tratar de ayudar a alguien sin un contexto espiritual es como tratar de educar a un niño sin amor. Me asombra la cantidad de programas de tratamiento que no toman en cuenta la asesoría espiritual. Una paciente había estado en dieciséis centros de tratamiento y se seguía sintiendo avergonzada y culpable debido a sus problemas de alcoholismo. No mostraba ningún amor a sí misma, que es lo que más necesitaba. Ésta fue la pieza faltante que ella recibió en Passages.

P: ¿Qué es la asesoría espiritual?

Audrey Hope: Debemos empezar a definir la asesoría espiritual diciendo lo que no es. La espiritualidad no es una religión, una doctrina, una fe o un sistema de reglas para la vida. La espiritualidad debe redefinirse como regresar a nuestra conciencia superior de amor. El destino hacia donde te lleva la espiritualidad es el amor incondicional. Las diferentes rutas que uno puede seguir para llegar ahí no son importantes. Todas las rutas espirituales llevan al mismo hogar.

La asesoría espiritual es un poderoso paradigma de sanación que va más allá de los cinco sentidos y entra a lo profundo del alma, donde ocurre la verdadera sanación. Es un proceso dinámico que te inspira a seguir a tu propio corazón y tu propio camino. La asesoría espiritual te ordena: "sé fiel a ti mismo y ama". En un nivel más alto, sabemos quiénes somos y lo que podemos llegar a ser. En una ley más alta, se nos eleva por encima de la mediocridad y se nos lleva a la poderosa verdad de que somos seres espirituales con la capacidad de sanarnos y de sanar a otros.

La asesoría espiritual es una profunda modalidad de sanación que tiene que ver con la libertad del alma. Es diferente a la psicología porque te invita a ir más allá de la mente racional, a entrar a la vibración del amor y la paz. Ésta es la base de las antiguas enseñanzas espirituales y de la sabiduría de las eras pasadas.

P: ¿Por qué la asesoría espiritual ayuda a que ocurra la curación?

Audrey Hope: Einstein dijo: "No puedes resolver un problema con la misma manera de pensar que lo creó". La curación no se lleva a cabo en la mente racional. Algunas personas han estado en terapia durante años y podrían escribir una tesis sobre sus problemas, pero no sanan. La curación debe ocurrir en un nivel profundo de energía, en el interior del alma. Necesitamos a un alquimista, a un transformador, a alguien que sepa cómo mirar hacia el interior de la cueva, hacia el laberinto, y resolver el enigma del alma. Un sanador talentoso tiene un radar que puede leer el interior de tu alma, tiene ojos que saben dónde mirar; tiene sabiduría para hacer las preguntas adecuadas.

La asesoría espiritual trata de clarificar los problemas en un nivel profundo. Funciona porque responde preguntas relacionadas con lo que realmente nos hace sufrir como seres humanos. Todos sentimos dolor debido a heridas que no se procesaron, a verdades que no se dijeron, a ira que no se expresó, debido a creencias inconscientes que asesinan, a baja autoestima, al abandono de uno mismo y a un deseo de tener paz interior.

La asesoría espiritual busca respuestas en los sistemas de creencias dañinos, en la pérdida del poder personal, en los bloqueos de energía, en los procesos de pensamiento, en las actitudes, en el propósito de la vida, en las elecciones, en los límites, y el compromiso con la verdad y la integridad. Se nos pide que asumamos el control de nuestra propia sanación, que tomemos decisiones conscientes, activas y positivas, que pongamos límites, que tomemos responsabilidad, que acabemos con la actitud de víctimas y que surjamos hacia nuestra verdadera identidad.

P: ¿Cómo puedo usar la terapia espiritual y la asesoría espiritual para lograr la recuperación?

Audrey Hope:

1. Empieza viendo el alcoholismo o la adicción, lo que en Passages llamamos dependencia, como un llamado de alerta que te envía la divinidad. La dependencia nunca se relaciona sólo con el alcohol, las drogas o los comportamientos adictivos. En un contexto espiritual más alto, estas sustancias o comportamientos son una señal, un poste guía, que nos muestra dónde necesitamos ver para encontrar el dolor y una joya potencial. Ayudan a trazar la historia, la herida, el grito no expresado del alma. La dependencia es un llamado a la transformación, como dice Joseph Campbell: "Donde te tropieces, ahí está tu tesoro".
2. Sana la herida del alma. La asesoría espiritual trata de sanar la herida antigua que ahora aflora en la vida cotidiana para que se le pueda sanar. Es el dolor, o el problema central profundo que se reforzó en la primera infancia. Si ese profundo dolor del alma no aflora, seguirás con los mismos patrones una y otra vez. Girarás en un círculo interminable y te encontrarás con los mismos personajes en una obra teatral divina. La vida y las relaciones siempre forman patrones y temas. Podemos activar la visión espiritual, aprendiendo a ver la vida como un espejo que refleja para nosotros las lecciones que necesitamos saber.
3. Comprende la energía. Cuando se percibe la energía, necesitamos analizar la energía invisible que nos roba la fuerza vital. Necesitamos saber a quién le dimos nuestro poder y también quién nos quitó nuestro poder. Debemos reclamar nuestro poder, eliminando los

ganchos, las cadenas y las cuerdas que nos atan a otros.

La asesoría espiritual nos ayuda a localizar los puntos que han invadido nuestros límites y a identificar la energía negativa que hace que estemos cansados, enojados, confusos y llenos de dudas. Luego aprendemos a protegernos de todo tipo de fugas de energía y a usar herramientas espirituales como una armadura de protección.

Aprende a escuchar y a interpretar tu memoria celular. La gente lleva el dolor en su cuerpo y el pasado en sus células.

4. Si sabemos escuchar, el alma nos dará mensajes para mostrarnos algo sobre este dolor. El alma hablará como un niño, a través de colores e imágenes simples. Por ejemplo, un cliente podría decir: "Siento como si tuviera ganchos en la espalda", "siento como si un monstruo viviera en mi estómago" o "una mano me está apretando el cuello". El lenguaje está lleno de información que puede enseñarnos lo que está oculto en nuestro ser interior. Aprender a escuchar e interpretar estos mensajes sagrados del alma puede llevarnos a una transformación y ahorrarnos años de terapia.

Investiga los sistemas inconscientes de creencias que matan. El principio espiritual más poderoso es que "el pensamiento crea realidades". Cuando estamos sanando una dependencia, las creencias culturales, familiares y religiosas inconscientes necesitan una atención especial. En los años que he trabajado como asesora, me he asombrado ante el dolor que las personas pueden llevar consigo debido a las "reglas ocultas" con las que viven. Sus ideas inconscientes sobre el pecado y el castigo producen culpa y vergüenza y destruyen el alma. Al descubrir las creencias oscuras y sacarlas a la luz, puedes empezar a sanar de inmediato.

5. Trabaja con tu niño interior. Las personas nos lastiman. Podríamos trabajar con nuestro dolor y nuestro enojo durante años, y tal vez cese, pero lo más dañino es la forma en que nos abandonamos. Todos tenemos un niño interior. Lo que más necesita tu niña o niño interior eres tú y tu aprobación. ¡Tu niño interior te está esperando!

6. Encuentra el momento revelador en la sanación. En este momento de transformación "del ahora", podemos encontrar el punto profundo donde empezó el dolor. Si sabes cómo viajar a ese lugar sagrado, tienes una oportunidad de lograr un cambio real. Alguien tiene que saber cómo llevarte ahí, y tú debes tener el valor para pasar a través de él y llegar al otro extremo. En ese momento yo digo: "Toquen la campana", ha llegado el momento de celebrar.

7. Date cuenta de que sanar no es complicado. La sanación espiritual requiere que veas la verdad a la luz del día. El momento más profundo llega después de explorar y reconocer el problema. Entonces, con el poder espiritual, puedes decretar: "¡Ahora me estoy desprendiendo de eso!". Al final, toda sanación se convierte en una orden y en una elección; en una decisión consciente y activa para cambiar.

P: ¿Cuál es el problema espiritual más importante que usted encuentra cuando trabaja con personas dependientes del alcohol y las drogas?

Audrey Hope: Todo es energía y nosotros somos seres de energía. En realidad, todo el trabajo espiritual se relaciona con elevar el nivel de energía o la frecuencia de vibración del cuerpo. En el camino hacia la realización personal, enfrentamos los retos de las fuerzas negativas que tratan de reducir la frecuencia de estas vibraciones. La negatividad se magnetiza a una vibración baja de miedo y de dudas sobre uno mismo, y tu abandono abre los portales para que la energía negativa invada la mente y el cuerpo. Todos los grandes sanadores están conscientes de esta verdad. *No existen aperturas más grandes para estas energías que las drogas y el alcohol.*

La energía negativa es peligrosa. Puede presentarse en forma de cansancio, mareos, odio hacia uno mismo, confusión, depresión, ansiedad, y en forma extrema, en el deseo de cometer un crimen, dañar a otros o dañarnos a nosotros mismos.

Lo que nos hace vulnerables a esta energía es lo que yo llamo nuestro "talón de Aquiles", nuestra herida más profunda, que es el punto que activa nuestros mayores miedos. Todos tenemos una herida así. Es la parte de nosotros mismos que nos ha lastimado desde la infancia, todavía duele, y por lo tanto, está llena de miedo y es vulnerable. Es nuestro "yo sombra" que nos sigue y nos acosa donde quiera que vayamos. Nos esforzamos mucho por ocultar nuestra sombra y nuestras debilidades ante nosotros mismos y ante otros.

La asesoría espiritual puede ayudarte a descubrir tu "talón de Aquiles", a cerrar el portal para impedir que entren fuerzas negativas y a liberarte de los elementos negativos que hayan podido entrar a tu mundo. Una forma en que puedes liberarte de energías negativas indeseadas es simplemente conocer y declarar tu poder espiritual. Puedes decir con voz de mando: *"¡En nombre de la luz pura y blanca de Dios, ahora le ordeno a toda la energía negativa que me deje de inmediato!".* Cuando abordamos la sanación desde este nivel de energía positiva y negativa, ocurren milagros.

P: ¿Dónde puedo encontrar a alguien que pueda ser un asesor espiritual apropiado?

Audrey Hope: Sería maravilloso que encontraras un buen asesor espiritual en tu zona. Esto no siempre es una tarea fácil. Investiga a fondo las revistas y las librerías espirituales, y pregunta a los asesores profesionales.

Asegúrate de buscar un asesor que sea cariñoso y sabio, y que tenga la eminente meta de guiarte hacia lo mejor de ti mismo. Los asesores espirituales no deben imponerte doctrinas, ni sistemas de creencias. Definitivamente, no deben convertirte a ninguna forma de religión.

P: ¿Puedo crear mi propia sanación espiritual?

Audrey Hope: Siempre tienes la opción de organizar un programa espiritual para ti mismo. El programa debe incluir los elementos de apoyo, inspiración, positivismo, esperanza para el futuro e intención para hacer que tus sueños se hagan realidad. Puedes usar estos pasos para diseñar un programa espiritual para ti mismo:

1. Busca recursos en las revistas de espiritualidad. Lee la parte trasera de las revistas para encontrar maestros, clases, grupos y otros recursos en tu área.
2. Lee libros de espiritualidad o escucha grabaciones de esos libros. La información sagrada que antes estaba oculta al público ahora está ampliamente disponible en las librerías, en las bibliotecas y en Internet.
3. Lleva a cabo prácticas en casa. Compra o crea tu propio curso de estudio en casa, utilizando libros y revistas como guía.
4. Usa las grabaciones, videos o DVDs de los grandes maestros del pasado y del presente.
5. Únete a un grupo de apoyo. Si no encuentras un grupo que te convenga, créalo. Reúnanse una vez a la semana para hablar de temas nuevos y verificar su progreso.

6. Asiste a eventos. Infórmate sobre quién llegará a la ciudad, asiste a eventos especiales o a retiros de fin de semana, o toma clases.
7. Disfruta del arte, la música y el teatro. Son maravillosos para el alma y para la inspiración.
8. Trabaja con un buen asesor en persona o mediante llamadas telefónicas de larga distancia.
9. Únete a un grupo que esté en contacto con la naturaleza. Estar en la naturaleza te pondrá en contacto con tu Fuente.
10. Viaja. Busca un viaje a un sitio sagrado en Estados Unidos, India, Egipto, Inglaterra o en otras partes del mundo.

P: ¿Qué puedo hacer para empezar esta sanación espiritual?

Audrey Hope: Puedes empezar una travesía espiritual murmurando tus intenciones al viento, a tu fuente espiritual. Dices: "Quiero vivir una vida grandiosa, auténtica. Muéstrame el camino". El universo escucha este llamado. Las puertas se abrirán.

Puedes empezar tu travesía espiritual en este momento haciéndote preguntas profundas como éstas:

- ¿Cuál es el propósito de mi vida?
- ¿Por qué estoy aquí en la tierra?
- ¿Qué es lo que realmente me hace feliz?
- ¿Qué es lo que más me enorgullece de mí?
- ¿Qué es lo que menos me enorgullece de mí?
- ¿Estoy viviendo de acuerdo a mis propias reglas o de acuerdo a las reglas de otros?
- ¿Qué haría si sólo me quedara un año de vida?
- ¿Qué quiero que la gente diga de mí cuando me vaya de este planeta?

- ¿Soy sincero conmigo mismo y con otros?
- ¿Tengo remordimientos, vergüenza, culpa o miedos?
- ¿A quién necesito perdonar?
- ¿Creo en los milagros?
- ¿Quién o qué es Dios?
- ¿Dónde puedo empezar a averiguarlo?

P: ¿Puede usted compartir un ejemplo de la forma en que el trabajo espiritual ayudó a alguien a liberarse de la adicción?

Audrey Hope: Trabajé con una clienta de Passages cuyo avance más significativo ocurrió cuando pudo descubrir la verdadera fuente de su dolor a través de un trabajo profundo del alma. Susan estaba felizmente casada, tenía tres hijos hermosos y una carrera de éxito en el campo de las artes. Todo parecía estar bien, pero Susan quería morir. Tenía impulsos suicidas cuando se acercó a nosotros y era adicta a los fármacos. Había estado en terapia durante muchos años, pero nada ayudaba a resolver su depresión.

Lo que más le preocupaba a Susan era su relación con su socio de negocios. Ese socio era controlador y crítico, y Susan estaba inquieta porque pensaba que esa relación era la causa de que ella tomara decisiones erróneas con su familia. Su pérdida de poder en esta situación era insoportable y Susan no podía entender por qué estaba tan obsesionada con la idea de agradar a su socio.

A través del trabajo espiritual, Susan descubrió un patrón de heridas profundas que explicaba los problemas que estaban en el fondo de esta relación dañina. En un proceso llamado "re-encuadrar", Susan revivió el momento en que empezó ese dolor. Ella cambió, o "re-encuadró", la forma en que eso había sucedido. Pudo decir lo que no había podido decir en el pasado para liberar su enojo, su frustración y su miedo. Este profundo nivel de exploración y expresión resultó ser la salvación de Susan. En cuanto entendió la fuente de su obsesión, todo tuvo sentido finalmente. Pudo desprenderse del dolor y al hacerlo dejó de depender de las drogas, pues esa dependencia había sido su forma de enfrentar esa situación.

CREAR UN CÍRCULO SANO DE AMIGOS

El entorno es otro factor clave en el éxito de tu programa y de tu recuperación permanente. Así como una persona que antes era adicta debe olvidarse del alcohol y las drogas, pues si no lo hace corre el riesgo de volver a caer en la adicción, el hecho de conservarse sobrio depende de acabar con las relaciones dañinas y crear relaciones sanas con personas que comparten tus intenciones y tu nuevo estilo de vida. Las personas que aceptes en el círculo de tu vida, marcarán la diferencia en la calidad de tu vida.

En la opinión de Mary Van Lent, no es suficiente hacer cambios profundos en tu vida si luego vuelves al mismo entorno. Mary es asesora certificada en el área del abuso de alcohol y de drogas, y es dueña y directora de una residencia de transición. Trabaja en Passages, en el área de asesoría, en los programas de recuperación después del tratamiento. En sus respuestas a las siguientes preguntas, ella muestra por qué la elección de amigos es crucial y por qué los antiguos compañeros con quienes uno bebía y usaba drogas podrían llevar a la reincidencia.

Preguntas y Respuestas con Mary Van Lent

P: Después de recuperarme, ¿puedo ver a mis amigos que siguen bebiendo o usando drogas?

Mary Van Lent: No puedo enfatizar lo suficiente el papel esencial que tienen los amigos para la persona que está empezando su proceso de recuperación. Muy a menudo, el círculo de amigos de la persona en recuperación puede marcar la diferencia entre el fracaso y el éxito. La antigua frase "dime con quién andas y te diré quién eres" describe a la perfección lo que puede sucederle a una persona que acaba se salir de rehabilitación. Por eso los grupos de apoyo que trabajan con doce pasos sugieren que el recién llegado "frecuente a los triunfadores".

Para hacerse realidad, tus deseos, tus intenciones y tus acciones deben alinearse. Si quieres ser músico, no te rodearías de personas que aborrecen la música. De la misma manera, si deseas llevar una vida libre de drogas y alcohol, no tiene sentido que frecuentes a personas que beben alcohol y usan drogas.

P: ¿Es verdad que los amigos influyen mucho en mi recuperación? ¿No se basa la sobriedad en mi propia fuerza de voluntad?

Mary Van Lent: Los compañeros que beben alcohol y usan drogas son "disparadores". Un disparador es una señal o un estímulo que crea un reflejo condicionado. En el caso de una persona que solía depender del alcohol o las drogas, esta respuesta es un impulso por beber o usar drogas: un deseo irresistible. Los estudios han demostrado que incluso siete años después de abstenerse de la cocaína, el cerebro de una persona se sigue "encendiendo" cuando se le expone a estímulos, o a disparadores, relacionados con el uso de cocaína en el pasado. Entonces el cuerpo experimenta una respuesta fisiológica: fuertes latidos del corazón, palmas sudorosas, seguidas de deseos irresistibles de usar la droga.

Hablando como alguien que antes solía tener dependencia al alcohol y a las drogas, no fue suficiente que yo cambiara y luego regresara al mismo entorno. Debido a esa única razón, reincidí muchas veces antes de reconocer el problema. No pude mantenerme sobria hasta que estuve dispuesta a iniciar un nuevo camino, con nuevos amigos y un nuevo entorno. En pocas palabras, tuve que encontrar compañeros de viaje que tenían la misma mentalidad y el mismo espíritu que yo tenía y que avanzaban en la misma dirección.

◆ ◆ ◆

Recuerda que debes pedirles a todos los profesionistas que formen parte de tu equipo personalizado de recuperación que lean este libro para que tengan las mismas metas y entiendan cómo alcanzarlas.

◆ ◆ ◆

¿Puedo alguna vez volver a beber o a usar drogas adictivas?

Ahora que has explorado cada una de las terapias que te ayudarán a lograr una curación, debo añadir un elemento final y esencial para el éxito de tu programa de recuperación. Las dos preguntas más comunes que me hacen sobre las curas son: "Si me curo, ¿eso significa que puedo volver a beber?" y "Si me curo, ¿eso significa que puedo volver a usar drogas adictivas?".

La respuesta es: "No, nunca puedes volver a usar drogas adictivas o alcohol". Eso significa: ni siquiera un traguito de vino, ni siquiera un ápice de cocaína, ni siquiera un toque de mariguana, ni siquiera una pastilla para el dolor; *nada*. Por supuesto, si te sometes a una operación o tienes una emergencia médica y necesitas medicamentos para el dolor, debes tomarlos, pero debes descontinuarlos de inmediato cuando el dolor llegue a un nivel que puedas tolerar. Si tu médico te prescribe un fármaco adictivo para una enfermedad y sientes que es apropiado, tómalo, pero debes descontinuarlo en cuanto superes esa enfermedad.

Estar curado significa que han sanado las causas subyacentes que te llevaron a beber o a usar drogas adictivas en primer lugar, y ya no sientes un deseo irresistible de usar esas sustancias para aliviar esas causas subyacentes. Eso significa que tu dependencia a drogas adictivas o alcohol ha terminado. Estar curado significa que puedes sentirte bien en los aspectos físico y mental, sin usar drogas adictivas o alcohol. Puedes llevar una vida feliz, satisfactoria y libre de sustancias, sin el diario temor paralizante de reincidir.

Estar curado no significa que puedes volver a usar drogas adictivas o alcohol, ni siquiera en un futuro distante. Si empiezas a creer que puedes beber socialmente, o que tal vez sólo puedes tomar una copa de vino con la cena, o usar cocaína o mariguana una noche, vas de regreso a la dependencia. No conozco a nadie que antes haya tenido una dependencia al alcohol o a las drogas adictivas y que haya logrado volver a usarlas con moderación. Todos los que lo han intentado han vuelto a caer en la dependencia de inmediato.

La razón de la abstinencia total de las drogas adictivas y el alcohol es muy clara y sencilla: Esas sustancias son adictivas, en especial para ti. Hay muchas personas que pueden beber alcohol o usar drogas adictivas por recreación. Tú no eres una de ellas. Ya has demostrado que cuando usas drogas adictivas o alcohol, te vuelves dependiente a ellas. Te estoy mostrando la forma de curar tu dependencia, pero no puedo mostrarte cómo quitarles lo adictivo a las drogas y al alcohol. De cualquier modo, ¿por qué querrías usar drogas adictivas o alcohol? Son destructivas para la vida, y la vida es mucho mejor sin ellas que con ellas.

No dependas de sustancias externas para manejar la vida. Sólo acarrean más problemas intrínsecos a ellas. Complican la vida; no la resuelven. Es como tratar de aliviar la comezón que causa la hiedra venenosa rascándose; eso sólo hace que la comezón empeore.

Desde el principio puede saberse cuál será el final

Otra forma de mirar esto es el hecho de que llegar a ser dependiente de drogas adictivas o alcohol no es como enfermarse de sarampión, de paperas o de viruela, que son enfermedades que sólo se tienen una vez. Las veces que pasas a través de los síntomas de la abstinencia de una droga adictiva o del alcohol antes de empezar a usarlas de nuevo, te dice cuántas veces puedes volver a ser dependiente.

Louise es un ejemplo perfecto. Cuando Louise vino a nosotros para recibir tratamiento, había sido alcohólica durante más de treinta y cinco años. Trabajaba como camarera en una taberna, y cuando entró por la puerta de Passages, dijo: "Muchachos, no estoy aquí para dejar de beber. Yo bebo, mi esposo bebe, nuestros amigos beben. Trabajo en una taberna y mi vida gira alrededor de la bebida. No hay forma de que yo deje de beber. Mamá murió y me dejó algo de dinero, y estoy aquí para desintoxicarme, sentirme saludable y obtener los beneficios de su programa, pero después voy a regresar a casa y a seguir bebiendo".

En Passages hay una gran veranda techada desde donde se puede ver un jardín Zen, el césped y el océano Pacífico. Después de la cena, un grupo de seis mujeres de diversas partes del mundo, entre ellas Louise, que estaban en tratamiento, se sentaban a platicar en unas sillas de playa de color azul oscuro. Se desarrolló un fuerte vínculo entre ellas, y empezaron a conocerse como "El club de las sillas Azules".

Una noche, aproximadamente tres semanas después de que Louise empezara el programa, ella estaba sentada afuera, hablando con sus amigas cuando de pronto pudo entender algo que yo le había dicho el día anterior, y empezó a llorar. Yo le había dicho que ella literalmente estaba tratando de matarse con la bebida. Pudo comprenderlo, entró al edificio, me buscó y me dijo: "Nunca volveré a beber". Terminó el programa, se graduó, salió resplandeciente y se fue a casa. Me llamaba regularmente y me decía que estaba maravillosamente feliz, que había descubierto que podía divertirse tanto sin beber como se había divertido bebiendo, que había logrado que su esposo sólo bebiera una copa de vino al día, que ella bebía jugo de arándano en el bar y que se sentía de maravilla. Durante un poco más de un año, se mantuvo completamente sobria.

Luego sus amigos la convencieron de que podía beber una copa de vino al día y mantenerse sobria. Desde el principio puede saberse cuál será el final; después de varias semanas, ya era alcohólica de nuevo. Después de seis meses bebiendo, regresó a Passages para recibir tratamiento y ahora está sobria una vez más.

La historia de Louise nos recuerda que una vez que termina la dependencia, debe terminar por siempre. Una vez que se cura, debes recordar la regla de "nunca más", y también deben recordarla todas las personas que estén en tu red de apoyo. Si alguien te dice que tomes una copa, que "una copa no te hará mal", no te engañes. Sólo se necesita una copa para activar la química del cerebro.

Ocurre el mismo círculo vicioso con todas las sustancias adictivas. Durante diecisiete años fui adicto a la nicotina, que tiene el primer lugar en la lista de las sustancias más adictivas del mundo. Dejar de fumar cigarrillos fue tal vez la tarea más difícil que he tenido que enfrentar. Cada día, durante cinco años, fue una lucha para mantenerme libre de nicotina.

Me esforzaba constantemente. Durante esos cinco años de un trabajo brutal y concentrado, reincidí en tres ocasiones. Pasó otro año antes de que mi deseo irresistible cesara y pudiera decir que había superado mi adicción.

No he fumado un cigarrillo desde hace más de treinta años. Ya no soy adicto a la nicotina. Estoy curado. Pero aunque aborrezco la idea de volver a fumar, si volviera a hacerlo, volvería a ser adicto a la nicotina. ¿Por qué? Porque la nicotina es adictiva. Cuando la introduzco en mi cuerpo, mi cuerpo desarrolla un apetito por ella; y cuando privo a mi cuerpo de ella, mi cuerpo lucha. La exige. Eso es lo que te pasará si vuelves a usar alcohol o drogas adictivas.

Otra advertencia: No puedes pensar que puedes usar alcohol si antes tuviste una dependencia a las drogas, porque el alcohol es una droga (etanol). Tampoco puedes usar drogas si antes tuviste una dependencia al alcohol, por la misma razón. He escuchado a mucha gente decir: "Puedo beber. El alcohol no fue la droga que yo usaba". Eso siempre lleva directamente a la dependencia. Una vez que termina, debe terminar por siempre.

Tu cerebro puede jugarte bromas

Otro aspecto de la dependencia y la reincidencia que deberías entender es que cuando usas drogas o alcohol tu cerebro te jugará bromas, haciendo que tomes decisiones que se oponen por completo a tus mejores intereses. En el centro de la frente, unos dos centímetros y medio detrás de ella, se encuentra la parte del cerebro que se conoce como corteza prefrontal ventral media. Es la parte del cerebro que recibe información, la clasifica y decide qué acción debes llevar a cabo. Es la parte del cerebro que se encarga de la toma de decisiones. Casi siempre funciona bien; evalúas cada nueva situación, decides qué es necesario hacer y luego llevas a cabo la acción adecuada para alcanzar tu meta.

No obstante, los estudios clínicos han demostrado que los pacientes con daños en la corteza prefrontal ventral media muestran comportamientos en que corren riesgos excesivos, un desapego poco usual ante sus problemas y dificultad para persistir y llevar a cabo sus planes. Con cada adicción, sin excepción, esa parte del cerebro de pronto sufre cambios descabellados y presenta decisiones que son completamente opuestas a lo que deberían ser. En lugar de proporcionarte la conclusión de que no deberías hacer cosas que te dañan, te dice que está bien hacerlas. Por ejemplo, te dirá que está bien fumar cigarrillos, que está bien usar drogas adictivas, que está bien beber alcohol, que está bien conducir a 200 kilómetros por hora. Sabes que estas cosas son dañinas, que acabarán por matarte y que en el proceso harán que tu vida se convierta en un verdadero desastre. Has leído sobre ellas, has escuchado hablar de ellas, y en tu corazón sabes que no te reportan ningún bien. Sin embargo, esta parte de tu cerebro te está diciendo que las hagas de todos modos.

Esto proviene de una disfunción de la corteza prefrontal ventral media del cerebro. Es como una enfermedad autoinmune que le dice a tu sistema inmune que ataque las partes saludables de tu cuerpo, en lugar de atacar sólo a los elementos invasores. Es una traición de tu propia mente, y sólo hay una forma de corregirla: absteniéndote del alcohol y las drogas adictivas. Cuando has estado alejado del alcohol y las drogas adictivas durante cierto tiempo (que es un tiempo diferente en el caso de cada persona), la corteza prefrontal ventral media empieza a funcionar adecuadamente y te protege de tomar malas decisiones en lo relacionado con las drogas y el alcohol.

Ahora que sabes que ingerir alcohol y drogas adictivas causa disfunciones en la corteza prefrontal ventral media del cerebro y hace que tomes decisiones que son dañinas para ti, también deberías saber que el solo hecho de tener esta información no va a impedir que uses alcohol o drogas adictivas, ya que la corteza prefrontal ventral media del cerebro te dirá que no tiene nada de malo seguirlas usando. Sin embargo, al menos ahora entenderás *por qué* estás tomando decisiones tan absurdas y potencialmente fatales. Sé que tal vez esto no es muy consolador, pero al leer este libro estás dando el primer paso importante para revertir esta tendencia.

Capítulo 8

Tu filosofía personal

UNA DE LAS MAYORES CAUSAS de la dependencia se relaciona con tu filosofía personal, lo que crees sobre la vida y cómo funciona. En los primeros capítulos leíste que lo que crees, lo que piensas y lo que sientes de hecho determina la constitución de tu cuerpo a nivel celular. Ahora ha llegado el momento de aprender la *forma* de pensar y sentir de tal manera que *lo que piensas y sientes* cree felicidad y buenas vibraciones en tu vida y no tristeza y abatimiento.

El Paso 3 de tu trayecto hacia una recuperación total se concentra en este aspecto crucial de tu vida. Este paso es tan importante como los otros dos pasos. Te llevará a librarte de la dependencia y más allá. *En mi propia vida, ésta es la información más importante que alguna vez he descubierto.*

Paso 3:   Adopta una filosofía basada en lo que es verdad en el universo

Es indiscutible que tienes una filosofía personal; todos la tenemos. Aunque tal vez nunca te hayas sentado a definir cuál es tu filosofía, siempre está vigente y activa en tu vida. Se relaciona con lo que crees sobre el mundo en el que vives, sobre la gente y los sucesos, sobre la forma en que te afectan los sucesos y las circunstancias, y sobre la forma en que tú los afectas.

Si alguien te preguntara cuál es tu filosofía de la vida en general, tal vez dirías: "La vida es maravillosa, me pasan cosas buenas, soy una persona afortunada y creo que el mundo es un lugar maravilloso con gente maravillosa". O tal vez digas exactamente lo contrario: "Soy desafortunado, me pasan cosas horribles, mi mundo no es un lugar muy agradable, la gente se aprovecha de mí, y sólo les interesa lo que me puedan sacar". Quizás creas que está vigente esta "ley de Murphy": "Si algo puede salir mal, seguramente saldrá mal". Independientemente de cuál sea tu filosofía personal, esta filosofía determina la forma en que tú respondes a lo que sucede en tu vida. Es totalmente responsable de tu estado de felicidad y bienestar.

Tal vez el futuro te parezca algo que no puede conocerse, algo indeterminado, quizás algo aterrador o desesperado, como si estuvieras sentado en un carro tirado por caballos muy fogosos a los que no sabes cómo controlar. No sabes si esos caballos harán que tu carro caiga y te tire al suelo, se lance por un desfiladero, se pierda o te lleve al destino al que deseas llegar. Como no sabes cómo controlar, dirigir o detener a esos caballos, es posible que te sientas aterrado. Pero en cuanto aprendes a usar las riendas para controlarlos, ellos seguirán tus instrucciones y te llevarán a donde quieres ir. Te relajarás y estarás cómodo porque tendrás tu viaje bajo control. La vida es así cuando tu filosofía personal se basa en lo que es verdad en el universo; sabes qué acciones llevar a cabo para crear las circunstancias que deseas, y no te sientes desilusionado.

Si te parece que este capítulo se aleja de los temas que normalmente se tratan, es natural. Tal vez parezca que estoy metiendo la mano en una caja de sorpresas llena de conceptos extraños y estoy sacando algunos que son bastante inusuales. Por otra parte, tal vez descubras que lo que se presenta a continuación no es inusual en absoluto. En todo caso, si utilizas estos conceptos, funcionarán para ti y en esa forma cambiarán tu vida por completo. Estos conceptos han estado en uso durante miles de años y han sobrevivido debido a los inmensos beneficios que aportan a la gente en todas partes del mundo. He estado enseñando estos conceptos a personas de todas las edades y he visto que las que los aceptan alcanzan grandes triunfos en la vida. El éxito de tu curación y tu felicidad futura dependerán en gran medida de la forma en que puedas aplicar estos conceptos a tu vida.

Alinear tus creencias con lo que es verdad

La mejor manera de mostrar lo que quiero decir cuando digo "adoptar una filosofía que se base en lo que es verdad en el universo", es con un ejemplo ridículo: Si creyeras que la forma de librarte de un dolor de cabeza sería golpearte la cabeza con un martillo una y otra vez, pronto descubrirías que lo que crees no es la forma en que opera el universo.

Como tu creencia se basaba en una suposición que no estaba de acuerdo con la ley universal, no sólo fracasarían tus esfuerzos, sino que también sufrirías lesiones adicionales que complicarían la situación en lugar de resolverla. Lo mismo pasa cuando creemos que usar alcohol, drogas o tener comportamientos adictivos mejorará nuestra vida; simplemente no lo hará y sólo nos dañamos cada vez más al recurrir a ellos. Al final, la verdad se dará a conocer mediante las consecuencias que experimentas.

Existen leyes universales que estaban vigentes y en total operación antes de que tú nacieras, y lo seguirán estando a lo largo de tu vida y mucho tiempo después. Una de esas leyes universales es la ley de la gravedad. Esa ley, expuesta por Sir Isaac Newton, dice que cada partícula en el universo atrae a todas las demás partículas con una fuerza que tiene una proporción directa con el producto de su masa y una proporción inversa con el cuadrado de la distancia entre las partículas. Otra ley universal es la ley de causa y efecto. Ya la he mencionado antes. Dice que cada acción produce un resultado, y que el resultado está exactamente de acuerdo con la acción. Si siembras una bellota, tendrás un roble, no un sauce. Si comes demasiado, engordas. Si eres cruel, no tendrás amigos. Si no te nutres, te enfermas.

Conocer las leyes del universo evitará que cometas costosos errores de juicio. Si tu filosofía personal está de acuerdo con lo que es verdad en el universo, tus acciones serán exitosas como consecuencia de una ley natural, y tus esfuerzos producirán los resultados que deseas. Si tu filosofía personal no está de acuerdo con la ley universal, lo único que podría pasar es que fracases en tus esfuerzos de ser feliz, de tener éxito, de ser saludable o de liberarte de una dependencia. Así como no podrás alcanzar una meta si intentas lograrlo en forma equivocada, tampoco podrás librarte de una dependencia si intentas hacerlo en forma equivocada.

No te preocupes si nunca antes has estado consciente de estas leyes. Una vez que empieces a incorporar a tu vida una filosofía que esté de acuerdo con la ley universal, tu vida te producirá tanta alegría que te sorprenderá y sentirás deseos de reír. Será como si te hubieras pasado la vida conduciendo un coche en reversa y de pronto descubrieras que hay palancas que hacen que avance hacia el frente ¡y rápido!

De cara en el fango

Una filosofía personal que se base en lo que es verdad en el universo te sostendrá a través de cada suceso que la vida te presente. Hará más brillantes incluso tus mejores días y te ahorrará incontables horas de desdicha y de sufrimiento innecesario. Te ayudará a ver que los sucesos que podrías haber lamentado durante semanas, meses o incluso años, resultan ser los mejores que pudieron haberte ocurrido.

En 1993, Pax y yo salimos a buscar rocas para un proyecto de jardinería. Viajábamos en una camioneta por un cañón en Malibu cuando pude ver algo que parecía ser una roca interesante que sobresalía de 20 a 23 centímetros en la orilla de un barranco. Salí de la camioneta, me asomé por el barranco y pude ver que la roca tenía unos 50 centímetros de largo y estaba incrustada en el costado del barranco, el cual tenía aproximadamente diez metros y medio de profundidad. Me agarré de la roca, descendí al barranco y perforé un punto de apoyo para mis pies en el muro de tierra del barranco para poder colocarme bajo la roca y empujarla hacia arriba. Llevaba zapatos para *tai chi* que tienen suelas suaves de algodón, y la tierra del barranco todavía estaba húmeda por el rocío de la mañana.

La roca pesaba más de 45 kilos, pero pude desprenderla. Luego la levanté y la empujé hasta encontrar su punto de equilibrio. Estaba listo para lanzarla hacia la carretera cuando mis pies se resbalaron, me deslicé hasta el fondo del barranco, aún conservando una posición vertical, pero sosteniéndome contra el costado del barranco con las manos extendidas. Lo que yo no sabía era que la roca no había caído en la carretera, sino que estaba cayendo hacia el barranco, rebotando en el aire debido a su forma triangular. La parte plana de la roca me golpeó directamente en la parte superior de la cabeza. Caí al suelo con tal fuerza que se fracturaron dos huesos de mi mano izquierda y me lastimé las rodillas a causa de la fuerza con la cual caí. Quedé boca abajo en el fango, no podía respirar, ni podía moverme porque todas mis vértebras se habían comprimido y yo estaba paralizado.

¿Qué crees que pasaba por mi mente mientras estaba en el fango, paralizado, sin poder respirar? Antes de decírtelo, tengo que regresar en el tiempo para que mi respuesta tenga significado para ti y para que puedas empezar a entender a qué me refiero cuando hablo de una filosofía que se basa en "lo que es verdad en el universo".

En mi adolescencia y hasta que tuve veintitantos años, no tuve un código moral en absoluto. Mi madre, Bea, nació en Nueva York en 1900 en una familia pobre que había llegado de Alemania. A los quince años fue violada y quedó embarazada. Obligaron al hombre, que era mucho mayor, a casarse con ella, y así empezó una vida de infierno. Mi madre odiaba a este hombre por lo que le había hecho, y él la odiaba porque de inmediato se volvió tan ruda e implacable como fue necesario para defenderse de él. Durante los dos primeros años de matrimonio, ella trabajaba cosiendo botones en camisas para ganar unos centavos. Después de tres años, se divorció de él, pero para entonces ella se había vuelto ruda y cínica, y acabó dedicándose a una vida criminal. Pocos años después, dirigía una banda de ladrones de coches en Nueva Jersey y tenía un grupo de artistas del engaño que trabajaban para ella en Nueva York. Cuando empezó la época de la prohibición, se volvió contrabandista y surtía *whisky* a los clubes de la localidad.

Más tarde, cuando yo nací, me educó en la única forma que ella sabía: me educó para que yo fuera como ella. Siempre insistió en que la llamara Bea, nunca mamá o madre. La primera regla que me enseñó, cuando tenía unos tres años y medio, fue: "Nunca digas la verdad". Decía: "Sólo los tontos dicen la verdad. Si lo haces, eso sólo te meterá en dificultades". Su lema era: "Nunca digas la verdad cuando una buena mentira sea suficiente". Así que yo mentía, engañaba y robaba, y ella me alababa mucho cuando lo hacía.

Me enseñó a robar en las tiendas cuando tenía cuatro años. Ése era uno de sus juegos favoritos. También me dijo que no se podía confiar en nadie, especialmente en las mujeres, y me enseñó a no respetar a la autoridad. En lo que concierne a las reglas, me explicó que la regla principal era que no había reglas; excepto la regla de oro, que era: "Los que tienen oro hacen las reglas". Cuando crecí mis tratos de negocios siempre eran turbios.

Por fortuna, fui un lector insaciable, y en los numerosos libros que leí, percibí una forma diferente de vivir. Cuando cumplí veinticinco años, empecé a darme cuanta, gracias a los libros que había yo leído, que Bea, esa mujer maravillosa que amaba con toda el alma, me había programado ciento ochenta grados en la dirección errónea. Estaba siguiendo un camino que sin lugar a dudas me llevaría a una vida desdichada a mí y a todos los que estuvieran a mi alrededor. Al principio me fue difícil verlo, porque mi madre era una mujer muy exitosa y se había convertido en una especie de poder político. Yo también estaba teniendo éxito, aunque lo había logrado con engaños.

Así que decidí cambiar mi manera de ser. Entendí que no podía hacerlo viviendo cerca de Bea, de modo que en 1965 empaqué mis maletas y me fui a California. Estaba decidido a cambiar mi vida. Mi primera resolución fue que siempre diría la verdad. Mi segunda resolución fue que nunca me aprovecharía de nadie. Eso no fue fácil al principio, pues hasta ese momento toda mi vida había vivido mintiendo y sin tener un código moral, así que tuve que crear uno sobre la marcha.

Entender las leyes universales

Al paso de los años, logré progresar. Si le mentía a alguien, me obligaba a buscar a esa persona y decirle la verdad. Regresé a Nueva Jersey para tratar de reparar el daño que había causado a otros, siendo injusto con ellos o engañándolos. Eso fue muy difícil, pero fui persistente y seguí adelante hasta que pude ver a todas las personas que recordaba haber dañado de una u otra forma.

Cuando tenía unos treinta y tres años, encontré un antiguo libro chino llamado el *I Ching*. Cuando la escritura llegó a China hace cinco mil años, en el año 3000 a. C., lo primero que se escribió fue el *I Ching*. Antes, había pasado de generación en generación como una tradición oral a lo largo de miles de años. Es posible que el *I Ching* sea la sabiduría más antigua que se conozca en el mundo. Sobrevivió todos esos años porque fue muy valiosa para la gente. Yo la estudié, no sólo por su sabiduría, sino porque contenía muchas leyes universales. Como el *I Ching* se escribió hace tantos años, gran parte de su lenguaje y su significado no eran claros para mí, y yo anhelaba saber lo que significaban esas frases. Estaba seguro de que encerraban algunos de los secretos del universo.

Al paso de los años, aumentó mi comprensión de las leyes universales, como la de causa y efecto, y me volví cada vez más cuidadoso con mis palabras y mis acciones. Empecé a desarrollar mi carácter. Aprendí que el carácter es el arco con el que lanzamos las flechas del futuro. Durante todos esos años, dediqué varias horas diarias a estudiar el *I Ching*, y todavía dedico algunos minutos al día a leerlo.

Llegué a ver que la ley universal lo gobierna todo. En cuanto entendí eso, pude percibir y entender muchos otros aspectos del mundo en que vivimos. Por ejemplo, supe que *todas las leyes del universo favorecen la persistencia del universo*. ¿Cómo sé que eso es cierto? Porque el universo persiste. Esa verdad es evidente por sí misma. Los astrónomos y los científicos nos dicen que el universo ha existido en el estado que tiene ahora a lo largo de 13.7 miles de millones de años. Si sólo existiera una ley que favoreciera el hecho de que el universo no continuara, seguramente eso ya habría ocurrido. Como el universo persiste, siento que estoy en lo correcto al creer que todas las leyes favorecen su persistencia.

Llevando adelante esta idea, supuse que *el universo es perfecto*. Si crees que Dios o un Ser Supremo, sin importar qué nombre se le dé, es la causa de todo, y si crees en el concepto popular de un Ser Supremo que todo lo sabe y es todopoderoso, es obvio que todo lo que proviene de ese Ser Supremo, como el universo en sí, también debe ser perfecto. (Por cierto, si consideras que todo lo que ocurre es "perfecto", estás en sintonía con el Ser Supremo que crees es su causa. Si crees en Dios, pero crees que vives en un universo imperfecto, entonces necesariamente el Dios en quien crees también debe ser imperfecto.)

El siguiente paso en mi proceso de reflexión me llevó a entender que las cosas que ocurren son las mejores que podían haber ocurrido. Si pudiera pasar algo que en realidad fuera malo, algo que fuera imperfecto, también podrían pasar tres, cuatro, cinco o más cosas imperfectas o malas, lo que posiblemente llevaría a la destrucción. Pero eso no ocurre. El universo sigue siendo perfecto a cada momento y nunca permite que ocurra ni siquiera el primer suceso imperfecto. Las cosas que pasan van de lo perfecto, a lo perfecto, a lo perfecto, interminablemente.

Llevando esta idea aún más lejos, llegué a creer que *yo era parte del universo, una parte integral, inseparable de él, y por lo tanto, todo lo que pudiera pasarme sería para mi total beneficio.* Aunque un incidente me lastime o me quite algo, siempre será para mi beneficio, pues el universo no permitirá que me pase nada que sea dañino para él, y yo soy parte de "él".

Llegué a ver a todo el universo como una entidad viva, consciente, que palpita y respira y percibe; que es una conciencia. Por eso capitalizo la palabra *Universo*. Aquello que otros llaman Dios, Alá, Jehovah, Buda, o con cualquiera de los miles de nombres que la gente usa para referirse a una entidad suprema, yo simplemente lo llamo "El Universo", una vasta fuente de energía y de conciencia. Al paso de las décadas, seguí viviendo con mi filosofía y su validez se confirmó en cada circunstancia de mi vida, incluso cuando aquello en lo que yo creía se ponía a prueba, en ocasiones día tras día.

Ahora que conoces la actitud mental que yo tenía cuando la roca me golpeó y me lanzó al suelo ese día, te pregunto de nuevo: ¿Qué crees que estaba pasando por mi mente cuando yacía en el fango, paralizado y sin poder respirar? Supongo que ya te he dado demasiadas pistas para que tengas cierta idea de lo que estaba pensando en esos momentos: Me preguntaba qué ventaja iba a resultar de eso.

¿Qué ventaja va a resultar de esto?

Pax había visto que la roca desaparecía al lado de la colina. Corrió hacia el barranco, miró hacia abajo y me vio tirado en el fango. Se deslizó hacia abajo, me volteó y me preguntó si estaba bien. Pude hablar, ya que mi parálisis era del cuello hacia abajo, y le dije que no lo sabía. Estando ahí, empecé a sentir un cosquilleo por todo el cuerpo, como se siente cuando se te duerme un pie o cuando te golpeas el hueso del codo. Mis vértebras empezaron a descomprimirse y lentamente empecé a recuperar el movimiento. No quería levantar la mano y examinar mi cabeza porque tenía miedo de que mi mano atravesara el hoyo que yo estaba seguro que tenía ahí y que pudiera yo morir. Cuando esa roca me golpeó en la cabeza, escuché un sonido que era como si alguien hubiera roto un bate de béisbol sobre mi cabeza. Yo no creía que alguien pudiera recibir un golpe tan fuerte y sobrevivir.

Una semana después, mientras estaba yo en cama recuperándome, tomé el *I Ching* y pude comprender algunos pasajes que antes me habían desconcertado. En cierta forma, ese golpe en la cabeza había abierto conductos que me permitieron percibir los significados de cosas que antes habían sido incomprensibles. A partir de entonces, he escrito diez libros sobre el *I Ching*, incluyendo mi propia versión popular con el título *El I Ching: El libro de las respuestas*, escrito bajo mi seudónimo chino, Wu Wei. Todo eso fue el resultado del golpe de esa piedra contra mi cabeza.

Podemos especular por siempre, tratando de comprender si el que esa roca cayera sobre mi cabeza fue un incidente de intervención divina o si fue un accidente carente de significado, pero el beneficio que yo recibí fue incalculable. Mi estudio primordial hasta ese momento de mi vida había sido intentar comprender la información que encerraba este antiguo libro chino, ¡y de pronto pude entenderlo! Por ese tipo de don, estaría yo dispuesto a recibir muchos golpes en la cabeza.

Como el punto central de mi filosofía personal es que todo lo que pasa nos beneficia, también evité la futilidad de maldecir mi mala suerte, lamentando lo sucedido o sintiendo que era yo una víctima. Nunca, ni por un instante, entonces o ahora, pensé en otra cosa, excepto que este supuesto accidente había sido para mi beneficio total y completo. Aunque parezca extraño, hasta el día de hoy no he tenido dolores en el cuello, ni he perdido nada de movilidad, e incluso pude darle un buen uso a ese golpe, al escribir sobre él después de tantos años.

La razón por la cual pude beneficiarme de mi accidente fue la forma en que miré el hecho. Si no lo hubiera visto desde un punto de vista positivo, habría estado buscando todos los resultados negativos, y al hacerlo, en realidad me habría creado problemas. El estrés que sentí como resultado de lo que pasó pudo causarme una enfermedad y mayores complicaciones en mi cuello. Pude haberme deprimido y maldecir mi mala suerte. Pero no sucedió nada de eso.

Quiero darte otro ejemplo de cómo el hecho de ver lo que pasa desde un punto de vista positivo puede crear resultados positivos. Hace veinticuatro años compré un coche nuevo y lo estacioné en un callejón cerca de mi casa. Salí de la casa justo a tiempo para ver que una vieja camioneta VW raspaba la defensa delantera de mi coche. El conductor salió, tiró su sombrero al suelo, luego se llevó las manos a la cabeza y se agachó. Era obvio que no tenía dinero para pagar por el daño que le había causado a mi coche y estaba a punto de llorar. Su esposa estaba en la camioneta y su hijo estaba llorando en el asiento trasero. Cuando vio que yo me acercaba, su aspecto empeoró. Me acerqué al coche, miré al hombre y le dije: "Perfecto. Eso es exactamente lo que necesitaba mi coche".

Él no podía creer lo que estaba escuchando. Le dije que tuviera un buen día y que no se preocupara por el raspón, que ahora ya no me preocuparía por que mi coche tuviera un raspón. Empezó a llorar de felicidad y me dio un abrazo. Bailó un poco y corrió a ver a su esposa y la abrazó. Le pidió a ella y a su hijo que bajaran del coche y me los presentó. Me dijo que acababa de llegar a la ciudad, que era carpintero y que estaban buscando un lugar donde quedarse hasta que él pudiera encontrar trabajo. Le di el número telefónico de un amigo mío que estaba en el negocio de la construcción y al día siguiente empezó a trabajar para él.

Tres semanas después, este hombre se presentó en mi casa para darme doscientos dólares para reparar el raspón. Le dije que los conservara, que me gustaba el raspón, pues me recordaba lo maravilloso que era el universo. Desde mi punto de vista, el daño causado al coche valía por lo feliz que se había sentido este hombre cuando le dije que había sido un hecho perfecto. Hasta la fecha sigo pensando en esto y me sigue haciendo feliz.

Nunca reparé el daño. Cuando la gente me preguntaba cómo había ocurrido ese raspón, yo decía: "Es un regalo del universo". Cuando me pedían que explicara lo que quería decir con eso, yo les hablaba de mi filosofía, y pude guiar a muchas personas hacia una nueva comprensión de las cosas que les hizo mucho bien. En varias ocasiones, las personas con quienes he hablado me han dicho que han llegado a ver sucesos aparentemente malos en su vida como "un raspón en la defensa".

Supongamos que yo no hubiera reaccionado como lo hice cuando mi coche recibió ese raspón. Supongamos que hubiera golpeado al conductor de la camioneta VW y después de una violenta pelea ambos hubiéramos ido a parar a la cárcel. Supongamos que hubiera sido víctima de acoso sexual en la cárcel, que me hubiera metido en otra pelea, que le hubiera causado lesiones graves a alguien y me hubieran condenado a veinte años de prisión. Todo lo que pasa en la vida nos ofrece dos formas básicas de afrontar los hechos. Podemos clasificarlos como "buenos para nosotros" o como "malos para nosotros". La forma en que tratemos esos sucesos determina el resultado. El hecho sólo es un hecho. La forma en que lo tratamos es lo que determina su resultado en nuestra vida.

He aprendido que simplemente no suceden hechos negativos. Pax me dice que lo más importante que alguna vez he hecho por él fue transmitirle esta filosofía, ya que impide que se sienta mal cuando suceden cosas que parecen malas. Él de inmediato dice: "Esto es por mi beneficio y lo usaré como un trampolín para alcanzar mayores éxitos". Esa filosofía fue de gran beneficio para ambos durante el periodo de su dependencia.

Una filosofía fuerte nos ayuda a superar tiempos difíciles

Antes mencioné los seminarios que impartí de 1984 a 1986 para personas que querían cambiar su vida. Esos seminarios me mostraron una vez más lo importante que es tener una fuerte filosofía personal que pueda apoyarnos a través de lo que la vida ponga en nuestro camino, sin importar qué sea. Quienes participaban en estos seminarios, tenían que seguir dos reglas; tenían que asistir a cada sesión y tenían que llegar a tiempo. Si alguien no estaba ahí cuando se cerraba la puerta, quedaba fuera del seminario, sin excepciones. Aproximadamente el 40% de los participantes tenían que dejar el seminario porque faltaban a una sesión o llegaban tarde.

Después de una o dos semanas, quienes seguían en el seminario estaban logrando cambios tan extraordinarios en su vida que algunos salían de su casa muy temprano para poder llegar al seminario caminando, y no correr el riesgo de que su coche tuviera problemas en el camino. Los seminarios tuvieron un éxito extraordinario pues los participantes hacían cambios en su estilo de vida y lograban hazañas que antes habían considerado muy superiores a sus capacidades. Avanzaban en el campo de trabajo que habían elegido, dejaban de rentar apartamentos y se mudaban a las casas que habían comprado, superaban miedos que habían tenido toda la vida, acababan con relaciones de dependencia con miembros de su familia o amigos, alcanzaban metas que habían tenido toda la vida, lograban ser felices y liberarse de malos hábitos, descubrían lo que los apasionaba en la vida y encontraban la paz.

Como los seminarios tuvieron tanto éxito, recibí una invitación para presentar varios programas de radio y televisión. La respuesta fue maravillosa, hubo miles de solicitudes, tantas que no me fue posible encontrar lugar para todos los que querían participar, pues la asistencia estaba limitada a treinta y cinco personas. Decidí descontinuar los seminarios para escribir un libro que respondiera a las necesidades de un gran número de personas, y no sólo de unas cuantas. Incorporaría los principios en que se basaban los extraordinarios cambios que las personas que asistían a los seminarios habían logrado en su vida, pero primero tenía yo que descubrir cuáles eran esos principios.

Todas las sesiones de los seminarios se habían grabado y se transcribieron en diez gruesos tomos. Vendí mi negocio, vendí el edificio donde había impartido los seminarios y dediqué los siguientes dos años y medio a estudiar las transcripciones para descubrir lo que estaba detrás de los extraordinarios logros de los participantes. Los principios no surgieron en forma inmediata, pero yo persistí y poco a poco fueron apareciendo con toda claridad.

Aprendí la importancia de vivir de acuerdo a una filosofía personal que nos fortaleciera, una estrella polar, un faro que nos guiara a través de los tiempos difíciles que regularmente parecen llegarnos a todos; momentos en que nos agobian la desesperación, las dificultades, el pesar y el desaliento. Pude ver con toda claridad que quienes llevaban vidas satisfactorias habían adoptado una filosofía que había cambiado sus sentimientos de abatimiento en sentimientos de alegría, y que había dibujado una sonrisa en sus rostros; una sonrisa que era mucho más que una mera careta superficial ante la adversidad.

Entendí que una filosofía fuerte, basada en lo que es verdad en el Universo, es poderosa, nos da alegría, es un apoyo para nuestra felicidad y se mantiene firme ante todos los rigores y pruebas del tiempo. Además, llegué a comprender que una filosofía débil equivale a un estilo de vida débil. Pude ver que la causa de los fracasos que habían asolado a quienes participaban en mis seminarios, siempre había sido una filosofía débil o mal encaminada. En cuanto adoptaban una nueva filosofía y la ponían en acción, su vida tomaba un sorprendente giro positivo. Al cambiar su punto de vista, cambiaban todas las circunstancias de su vida.

Así como esto fue verdad para quienes participaban en los seminarios, también es verdad para ti: la forma en que te conduces a lo largo del sendero que es tu vida, determina la forma en que se desarrolla tu vida. Ésa es una ley básica del universo. Imagina que estuvieras enojado la mayor parte del tiempo. Tu enojo afectaría todo lo que te rodea, incluyendo a las personas. La gente no querría estar cerca de ti. El enojo también produciría en tu cuerpo una reacción negativa que poco a poco te destruiría. Ese enojo tendría influencia en tu manera de pensar y no podrías tener la calma necesaria para pensar con claridad y en forma racional. Tendrías pocos amigos, si acaso. No disfrutarías la comida, ni las actividades recreativas. Tu vida no tendría armonía. No podrías sentirte feliz, y quizás te sería difícil dormir bien por la noche. Te sería difícil tener éxito en los negocios, o tal vez nunca podrías ser exitoso en ellos. Si trabajaras para otros, te sería difícil conservar tu trabajo. Tú, y solo tú, eres quien determina cómo será tu mundo. Tú eres la puerta a través de la cual se desarrolla tu vida.

Tú determinas cómo se desarrolla tu vida

La ruta que te ha llevado a tu condición y situación actual no se trazó en unos cuantos días o meses, más bien es un sendero difícil y escabroso que ha existido durante muchos años. De hecho, te ha llevado todo el tiempo que has estado en este planeta para llegar a ser quien eres. También has tardado lo mismo para lograr lo que has logrado, para poseer lo que posees, para llegar a tu condición actual. La vida que tienes hoy es el resultado de una serie de decisiones que tomaste y que hicieron que llegaras a donde estás.

Si lo que eres y lo que tienes es lo que deseas, si estás satisfecho con las condiciones de tu vida, felicidades; sigue haciendo lo que has estado haciendo y tendrás más de lo que ya tienes. Pero si lo que eres, lo que deseas, lo que tienes y tus condiciones actuales son menos de lo que quieres, o son diferentes a lo que quieres, tienes que hacer algunos cambios; cambios básicos, cambios internos.

Cada uno de nosotros ha sufrido en la vida. Nos han mentido, nos han traicionado y nos han engañado; se han aprovechado de nosotros. Muchos de nosotros, tal vez tú, hemos sufrido golpes, violaciones y malos tratos; se nos ha obligado a hacer cosas contra nuestra voluntad, o hemos sido víctimas de acoso sexual por parte de nuestros padres, de nuestros hermanos o de extraños. Nos han destrozado el corazón, hemos sufrido grandes pérdidas financieras, espirituales y físicas. Hemos lamentado la pérdida de seres queridos o nacimos con deformidades físicas o mentales. La forma de enfrentar estos traumas u otros similares, determinará nuestra felicidad hoy, o en lo que a esto concierne, la felicidad en cualquier día de nuestra vida.

Hace algunos años, Peter, un atleta de veinticinco años, llegó a Passages. Había estado usando mariguana. Estaba interesado principalmente en mis sesiones semanales de metafísica. Le encantaba la porción filosófica de esos grupos y la tomaba muy en serio. Él y yo también tuvimos varias sesiones individuales. En esas sesiones, aprendió lo que tú estás aprendiendo aquí. Al final de su estancia de treinta y un días, su adicción a la mariguana había desaparecido. Varios meses después de salir de Passages, Peter tuvo un accidente y quedó paralizado de la cintura para abajo y confinado a una silla de ruedas.

Dos días después del accidente fui a verlo al hospital. Cuando entré a su habitación, sus ojos se iluminaron y me dijo suavemente: "No te preocupes, sé que esto es lo mejor que pudo haberme pasado". Hoy lo sigue creyendo. Hablamos de vez en cuando y me dice lo mucho que se ha elevado su nivel de iluminación. Dice que su crecimiento espiritual nunca habría podido alcanzar las alturas que ha alcanzado en tan poco tiempo si ese accidente no hubiera ocurrido. Él es una inspiración para todos los que lo conocen y en ocasiones nos visita y habla en las reuniones de exalumnos de Passages.

¿Cómo te sentiste ante la respuesta de Peter cuando entré a su habitación en el hospital y él dijo: "Esto es lo mejor que pudo haberme pasado"? ¿Te dijiste en tono sarcástico: "¡Sí cómo no!", como si nada pudiera estar más lejos de la verdad? En la medida en que hayas reaccionado de esa forma, tu filosofía personal es diferente a la que sostiene a Peter y le inspira esa sensación de paz, a pesar de estar en una silla de ruedas. Eso significa que probablemente consideras que todos los sucesos que parecen desafortunados en realidad son desafortunados. Pero es precisamente debido a esa manera de pensar que tus circunstancias actuales son como son.

Una filosofía fuerte que se basa en lo que es verdad en el universo nos salva de representar el papel de víctima: una persona que ha sufrido abusos, que ha tenido mala suerte; una persona cuya vida está llena de desaliento y desdicha. Una filosofía fuerte, nos sostiene a través de la adversidad porque sabemos que el misterio se revelará y llegará a un final feliz y perfecto. ¿Crees que podrías mantener la actitud alegre de Peter si quedaras paralítico? Si no tienes una filosofía personal que te brinde apoyo en los momentos difíciles, en las tragedias, y en la desesperación que todos llegamos a experimentar, no es muy probable que pudieras hacerlo.

Estar libre de la tiranía de los sucesos

Una filosofía personal que se basa en lo que es verdad en el universo no sólo nos sostiene durante las tragedias de la vida. También nos apoya día a día en todo lo que pensamos y hacemos. Nos da optimismo y esperanza. Nos libera de la tiranía de los sucesos. Ésta es una historia tomada de los seminarios que yo solía dar y que nos muestra la sensación de libertad que podemos experimentar al estar libres de los sucesos que tocan a nuestra puerta. (Se parece un poco al relato que presenté antes sobre mi coche, pero tiene un giro ligeramente distinto que muestra cómo esta filosofía puede ayudarte a elevar tu ánimo en muchas formas.)

Doris era mesera en una cafetería. Asistió al seminario porque su hijo había asistido hacía un mes y los resultados que había experimentado la dejaron asombrada. Un día, después de que ella había asistido al seminario durante aproximadamente tres semanas, vi que quince o veinte de las personas que estaban participando en el seminario estaban en el estacionamiento viendo un coche. Se reían y hablaban emocionados. Cuando entraron al salón, les pregunté por qué estaban tan animados y todos se rieron.

Doris había comprado un coche nuevo el día anterior, y esa mañana, cuando fue a la cochera del complejo de condominios donde vivía, se dio cuenta de que su coche nuevo tenía un raspón en la defensa. Doris dijo que normalmente habría llorado, habría regresado a su apartamento, se habría metido en la cama, se habría tapado con las cobijas y se habría quedado ahí todo el día, para no arriesgarse a seguir teniendo mala suerte.

Sin embargo, recordó lo que había aprendido en el seminario y miró al coche con nuevos ojos. La defensa abollada ya no tenía el poder de arruinarle el día. Dijo que había experimentado uno de los mejores días de su vida porque ya no estaba atada a lo que ella llamó "la tiranía de los sucesos", esos incidentes que todos experimentamos: perdemos un reloj, nos roban la cartera, llegamos tarde y no podemos tomar un autobús o abordar un avión. Ella estaba libre, y todos los que habían salido a ver la defensa abollada y vieron su reacción, disfrutaron su libertad y la suya propia. Doris dijo que tal vez ni siquiera mandaría reparar su coche, porque esa defensa abollada tenía un gran significado para ella.

¿Alguna vez te ha pasado algo que te pareció terrible en ese momento, pero que después resultó ser benéfico? Todas las personas a quienes les he hecho esa pregunta han podido recordar varios sucesos de ese tipo. Ha llegado el momento de ver *todos* los sucesos a la luz de esa información.

No empieces con lo más difícil, la muerte de un niño, la trágica pérdida de un ser querido, Hitler o el ataque del 11 de septiembre en Nueva York. Empieza con algo pequeño como un golpe en el dedo del pie.

Dices: "Gracias por el golpe en mi dedo del pie. En ese sitio hay un punto de acupuntura que necesitaba liberarse. ¡Ahora tendré más energía!". Si te pegas en la cabeza, dices: "¡Ay, me pegué en la cabeza! Tengo que recordar que debo estar atento y vivir en el momento presente. Gracias por recordármelo". Al menos podrás reírte de lo que te pasó. Practica con cosas pequeñas, y lo que parecía imposible pronto será muy fácil. Si sientes que estoy exagerando, quédate conmigo un poco más y te mostraré a qué me refiero cuando digo que las cosas que parecen negativas resultan benéficas.

Los traumas se encierran en nuestro subconsciente

Pax me dice que me estoy arriesgando al incluir el siguiente caso, la historia de Sally. Él cree que para la mayoría de las mujeres y también para muchos hombres, puede ser demasiado difícil incluir estos conceptos en su recién adquirida filosofía en la que todo se clasifica como "bueno" y "benéfico". Se preocupa de que sea "demasiado y demasiado pronto".

Su preocupación es válida. Cuando he tratado temas como éste en mis grupos de metafísica en Passages, a veces una mujer o un hombre que han sido víctimas de una violación reaccionan como si yo estuviera loco al sugerir que lo que les pasó debió haber sido para su beneficio o que algo bueno pudiera resultar de ello.

Una mujer de cuarenta y tantos años que había sido violada por un tío dijo que lo que yo estaba diciendo era "lo más estúpido y ridículo que había escuchado en su vida". Algunas personas se ponen de pie y se salen de la sala después de escuchar mi punto de vista según el cual todos los sucesos nos benefician de una u otra forma.

Sin embargo, antes de terminar su estancia en Passages, después de entender el razonamiento en que se basan mis afirmaciones, esas mismas personas invariablemente captan el concepto. Entienden que si quieren llegar a ser completamente felices, deben conciliarse con ese incidente dañino de su vida. El verdadero cambio de actitud se presenta cuando una de las mujeres dice iracunda: "¡No dirías eso si a ti te hubieran violado!". Entonces les digo: "Me violaron cuando estaba en el sexto grado". Entonces todos guardan silencio. Espero mientras absorben la información y luego añado: "Pero no soy tan tonto como para permitir que ese hecho arruine mi vida".

Claro que es difícil vivir con eso, claro que es vergonzoso, claro que es degradante, claro que estamos llenos de imágenes de lo que quisiéramos hacerle a la persona que nos violó. Pero al final de cuentas, lo mejor es aprender a enfrentarlo, si no queremos que sea lo primero que invada nuestra mente al despertar cada mañana.

Una mujer que había sido violada, y que todavía estaba llena de ira, dolor, humillación e indignación a causa de lo que le había sucedido, ni siquiera podía descargar su ira en una persona física porque el hombre que la había violado murió varios años después de atacarla. Le dije que si se amaba a sí misma, hiciera lo necesario para tratarse y para aliviar todo ese dolor y resentimiento. Me dijo: "Si pudieras hacer eso por mí te lo agradecería por siempre". Sólo necesitamos una conversación más, ella y yo solos, para que ella lograra esa meta.

Así que decidí correr el riesgo de incluir la historia de Sally porque si alguna vez quieres sentirte pleno, libre y sin temores, un día debes, como lo hizo Sally, desprenderte de la filosofía débil que te hace creer que los sucesos te han lastimado, que te han quitado algo, que te han avergonzado o que en alguna forma te han disminuido. Lee con cuidado, permanece abierto a las palabras y a los conceptos, y también podrás vivir feliz y libre de dolores.

Hace varios años, Sally llegó a Passages para recibir tratamiento. Tenía cincuenta años de edad y tenía una fuerte dependencia al alcohol. Había estado bebiendo durante muchos años y su situación era tal que su esposo ya no estaba dispuesto a tolerarla. Su forma de beber había trastornado a toda la familia y sus cuatro hijos se estaban portando mal a causa de las borracheras de su mamá. Nadie conocía la fuente de su dependencia al alcohol, ni siquiera ella.

Durante las dos primeras semanas que Sally estuvo en Passages, no pudimos descubrir la causa de su dependencia. Finalmente, en una sesión de hipnoterapia en la que ella llegó a niveles muy profundos, Sally pudo recordar que a los cinco años de edad su vecino se la había llevado, la había amarrado al poste de una cama y la había violado. Le dijo que si ella les decía algo a sus padres, los mataría y también la mataría a ella. Durante los tres años siguientes, Sally vivió aterrorizada porque su vecino constantemente la agredía, se la llevaba a su casa y la violaba. Cuando Sally tenía ocho años, las violaciones llegaron a su fin. Después de eso vivió aterrorizada varios años más, y luego bloqueó de su memoria todo lo que había pasado.

Cuando sufrimos un trauma de ese tipo, o incluso un trauma menos severo, no queremos recordarlo porque nos resulta muy doloroso. Una de las pocas defensas que tiene un niño es olvidar. Siempre que el recuerdo aflora, lo bloqueamos para no sentir el dolor, el miedo y la vergüenza. Después de hacerlo varias veces, logramos bloquearlo por completo. En ese momento, ya no podemos recordar lo que ocurrió, aunque alguien nos pregunte de manera específica si algo así nos ocurrió alguna vez, pero sigue acechando en nuestra mente subconsciente. Eso es lo que pasó en el caso de Sally.

Siempre que vivimos un trauma, también grabamos muchas sensaciones: el canto de las aves, el sonido de una sirena, el olor de pollo frito, un tono brillante de color rojo, o tal vez un día lluvioso.

También hacemos grabaciones de las sensaciones físicas que experimentamos cuando se nos obliga a hacer algo horrible contra nuestra voluntad. Al paso de los años, aunque hayamos logrado bloquear el recuerdo, lo que grabamos mientras ocurría el trauma sigue encerrado en nuestra mente. Cuando escuchamos el sonido de una sirena, vemos ese tono de rojo o percibimos el olor a pollo frito, nos sentimos intranquilos y asustados, y necesitamos hacer algo para aliviar nuestro temor y nuestras sensaciones incómodas. Muchas veces recurrimos a drogas adictivas o al alcohol para aliviar esas sensaciones. También nos rebelamos con fuerza si alguien trata de obligarnos a hacer algo que no queremos hacer. Incluso podríamos actuar con más violencia de la que requiere la situación.

Los peores momentos pueden llevar a los mejores momentos

Cuando Sally recordó las violaciones, activó una enorme agitación emocional. Lloró durante varios días y empezó a tener pesadillas horribles. Tenía miedo de estar sola. Todos los terapeutas hablaron con ella sobre su trágica infancia, y cada uno de ellos la abordó desde una perspectiva diferente. En mis grupos de metafísica, hablé sobre llevar las heridas del pasado hacia el futuro. Le dije al grupo que cada onza de tristeza, dolor o terror que un incidente del pasado nos cause hoy sólo es posible porque nosotros le hemos dado el poder de dañarnos. El incidente ya ocurrió, eso es algo que no podemos cambiar, pero sí *podemos* cambiar la forma en que vemos y relatamos el incidente. Una vez que nos damos cuenta de que nosotros somos quienes le estamos dando al incidente el poder de lastimarnos, podemos quitarle ese poder. Si damos algo, podemos retirarlo.

Pero esto es lo que podría ser más difícil para ti; te preguntarás cómo un trauma tan terrible podría verse bajo una luz que no fuera negativa. Sin embargo, con la ayuda de sus terapeutas, Sally llegó a un punto en su reflexión en que aprendió a ver las violaciones desde una nueva perspectiva, una perspectiva que ya no la llenaba de terror. En cierta forma incluso se sentía agradecida por los hechos, pues le dieron fortaleza, comprensión y percepción. Le ayudaron a desarrollar una nueva filosofía que la ha fortalecido; una filosofía que ella ahora puede enseñar a sus propios hijos.

Sally aprendió a ser feliz, no a pesar de lo que le había pasado, sino debido a lo que pasó. Entendió que todo era parte del trayecto de su alma, que los hechos estaban en el pasado, y que ella no podía hacer nada para revertirlos. Se enfrentó a la misma opción que tú enfrentas en relación con los sucesos de tu pasado; ella podía elegir si seguir sufriendo a causa de ellos o usarlos como escalones hacia la felicidad. Sally optó por la felicidad.

Eso fue hace casi cuatro años. Actualmente, Sally está completamente sobria. Aplica su nueva filosofía a todo en su vida. Su matrimonio es más feliz que nunca y su familia está bien integrada. Su esposo la recuperó como esposa, sus hijos recuperaron a su madre, y Sally recuperó su felicidad, una felicidad que había estado perdida durante cuarenta y cinco años. Es lo que hacemos mejor en Passages. Recuperamos.

No todos tienen que vivir experiencias tan severas como las que vivió Sally, pero si éstas se presentan, sufrirás mucho y sufrirás innecesariamente si no tienes una filosofía que te apoye y te ayude a pasar a través de los días difíciles, si no puedes entender el significado interno de los sucesos. Si no has crecido con una filosofía que te ayude a poner los sucesos en una perspectiva apropiada, es comprensible que recurras a drogas adictivas o al alcohol para aliviar tu dolor y tu sufrimiento. Cuando estas cosas les pasan a los niños, no podemos esperar que entiendan una filosofía de este tipo. Pero cuando lleguen a una edad en que puedan hacerlo, alguien debe guiarlos hacia una comprensión correcta y ayudarles a poner los sucesos del pasado en una perspectiva en la que no sólo puedan vivir con ellos, sino que puedan desarrollarse a partir de ellos, como lo hizo Sally y como puedes hacerlo tú.

La historia de Pax, que ya leíste, es otro ejemplo excelente de cómo pueden surgir cosas buenas de los tiempos difíciles. Si le preguntaras a Pax cómo ve los diez años de su adicción; las golpizas, la degradación, la humillación, la pérdida de amigos, la pérdida de sus años universitarios, la pérdida de respeto, los años perdidos, él te diría que ésa fue la experiencia más terrible de su vida, pero también la más extraordinaria. Te diría que esos diez años lo llevaron a lo que sería el trabajo de su vida; que sin esos años, nunca habría tenido la idea o el impulso para crear Passages, y que el universo lo estaba preparando para un futuro brillante en el que podría salvar la vida de muchas personas. Además te diría, y yo lo he escuchado decirlo, que si tuviera que volver a vivirlo todo para lograr lo que ahora ha logrado, lo viviría. Fue la peor época, pero lo llevó a la mejor época.

Todo lo que pasa te beneficia

Es posible aprender a vivir con traumas, y a vivir felizmente, incluso con un trauma tan terrible como el de Sally, si tienes una filosofía personal sólida que se base en lo que es verdad en el universo. Y es cierto que todo lo que pasa te beneficia. Aunque los sucesos puedan lastimarte, quitarte algo o causarte dolor, ocurren para tu crecimiento, para tu comprensión y para tu beneficio total y completo.

Otra clienta, Samantha, aprendió esto con tal fuerza que, al igual Pax, ahora está usando las experiencias de su vida para ayudar a aquellos que tienen dependencias químicas. Ella nació y creció en Nob Hill, una de las zonas de mayor opulencia en San Francisco. Era una niña de extraordinaria belleza, con un brillante cabello castaño y ojos azules; una niña que podría hacer feliz a cualquier padre de familia. Tenía una personalidad chispeante y una risa contagiosa, pero tenía una deformación en la espalda que le produjo una joroba. No era una joroba grande, pero ahí estaba.

Es probable que para otros niños, la vida opulenta de Samantha pareciera perfecta porque ella tenía todo lo que desean la mayoría de los niños: una casa bonita, todos los juguetes que ella quería, viajes a lugares de nombres maravillosos, afiliaciones a clubes y todo lo que la riqueza puede comprar. Pero para Samantha, su vida no era perfecta. Su padre y su madre eran alcohólicos y ella fue testigo de abusos físicos entre ellos, que más tarde también la involucraron a ella. Desde muy temprana edad, otros niños se burlaban de su deformidad. En su clase leyeron la historia del *Jorobado de Nuestra Señora de París*, la novela de Víctor Hugo. Después de eso, sus compañeros le decían "Modo", por Quasimodo, el jorobado de esta historia. Los niños pueden ser crueles. Por otra parte, sus padres ignoraban por completo su deformidad, como si no existiera, lo que hacía que ella se sintiera avergonzada y muy acomplejada.

Samantha ocultaba sus sentimientos de inferioridad mediante una feroz determinación por llegar a ser la mejor en todo, mientras que al mismo tiempo deseaba ser invisible. Cuando Samantha tenía diez años, sus padres se divorciaron y su mundo se volvió incluso más horrible y lleno de abusos. Su madre tuvo muchos amigos y novios alcohólicos y drogadictos que se quedaban en su casa. En varias ocasiones, abusaron sexualmente de Samantha. Su madre parecía no darse cuenta, pero Samanta sabía que su madre estaba enterada de lo que estaba pasando. Sospechaba que ésa era una de las formas en que su madre conservaba el interés de sus amigos. Para llenar su vacío interior, Samantha se concentró en destacar en la escuela y en ser "perfecta" en sus logros.

A los catorce años, los días de Samantha empezaban y terminaban con mariguana. En la preparatoria el alcohol y la mariguana fueron suficientes para insensibilizar su dolor interno. Cuando estaba en la universidad, añadió otras drogas adictivas. Esa "solución" continuó durante varios años, hasta que ella tuvo una crisis mental y se vio obligada a dejar sus estudios. Recibió terapia, pero no fue suficiente para mantener alejados a sus demonios, y ella siguió bebiendo y usando drogas adictivas.

Samantha regresó a la universidad y se graduó. Cuando se enamoró, se casó y tuvo una hija, pensó que había encontrado la verdadera solución a su problema. Adoraba a su niña, pero su esposo abusaba de Samantha y acabó en la cárcel por asalto y posesión de drogas. Samantha se divorció e inició una relación con otro hombre, pero él también abusó de ella en forma brutal. Ella sentía que su joroba les daba permiso para despreciarla y para abusar de ella física y mentalmente.

A la larga, su uso de drogas y alcohol llegó al punto en que perdió su casa, perdió a su hija y perdió su trabajo. Al paso de los años, su espiral descendente continuó. Su madre, que era una mujer adinerada, la mandó a numerosos centros de tratamiento diferentes, pero ella reincidía pocos días después de salir de ellos. Su madre también se encargaba de cuidar a su hija y Samantha se sentía agonizar, sabiendo que su hija estaría expuesta al mismo tipo de entorno sexual en el que ella había vivido.

Justo antes de que Samantha viniera a Passages, estaba viviendo en su coche, fumaba las colillas de cigarro que tiraba la gente y bebía vino barato que robaba. Lo bebía vaciándolo directamente de la botella a su boca, pues la parte superior de la botella estaba destrozada porque ella la golpeaba para abrirla. Los narcotraficantes acuchillaron las llantas de su coche estando ella dentro y se llevaron su única posesión, una maleta pequeña. Tenía los dos ojos morados y la nariz fracturada, resultado de otra confrontación con su último novio. Recientemente había estado en seis diferentes centros de tratamiento de prestigio que no habían podido hacer nada para ayudarla a salir de la profunda depresión que había sido la causa de que ella acabara varias veces en el pabellón de vigilancia por riesgo de suicidio.

Luego Samantha vino a Passages. Durante su primer mes, se abrió a la posibilidad de curar las experiencias dolorosas que le estaban causando tanta angustia. Al final de ese primer mes, todos sus terapeutas estaban seguros de que era necesario trabajar más con ella, pero ella se fue y reincidió en unos cuantos días. Regresó varias semanas después y en esa ocasión se quedó dos meses. Pudimos ayudarle a entrar a lo profundo de su torturada psique para que pudiera liberar los terribles recuerdos que la estaban destruyendo, pudimos reparar su dañada autoimagen y devolverle la vida. Samantha salió de Passages completamente curada.

Mientras estuvo en Passages, decía que después de cada una de sus sesiones individuales con nuestros diferentes terapeutas, salía sintiéndose un poco más segura de sí misma y un poco menos dañada, hasta que finalmente pudo conectarse consigo misma y también con otras personas. Samantha empezó a sentir que ella era una parte importante del universo, que tenía derecho a estar aquí, que su existencia no era un error. Sus sentimientos de vergüenza y de indignidad estaban desapareciendo. Samanta estaba aprendiendo a ver su deformidad física bajo una nueva luz. Supo que para ser felices hoy, tenemos que dejar atrás el pasado y vernos como lo que somos en realidad: hijos dorados de un universo indestructible.

Han pasado varios años. Ahora Samantha es una terapeuta calificada que trabaja en el campo de las adicciones. Tiene una casa muy bonita y su hija está con ella todo el tiempo. Su éxito externo es simplemente un reflejo de sus sentimientos internos de bienestar y paz interior. Ella es una inspiración para todos los que la conocen. Como podrías imaginar, con sus antecedentes y experiencias, es una experta y una asesora talentosa.

El universo no comete errores

Lo que salvó a Samantha, a Peter y a Sally, fue el hecho de adoptar una forma nueva de ver la vida y los sucesos. Lo que ellos vivieron no es poco común. Cada paciente nuevo que llega a Passages tiene lo que una vez tuvieron estas personas: una filosofía personal inadecuada que no pudo sostenerlos a través de los rigores y traumas de la vida. Quienes han cambiado su filosofía, han cambiado su vida. Han podido ver que el universo no es un lugar en el que uno es víctima de bromas pesadas y vive sucesos al azar.

Tal vez todavía te estés preguntando si el universo no comete errores, ¿por qué a la gente buena le suceden cosas que parecen malas? Como has estado leyendo, la respuesta es negativa. Las cosas suceden y nosotros las clasificamos como malas. Muchas personas ven la muerte como algo malo y así la clasifican cuando muere alguien cercano a ellas. Se deprimen y usan eso como un pretexto para beber. Sin embargo, no hay nada más natural que la muerte. Morir, separarse del cuerpo y volver a ser parte del universo, es parte del plan del universo. Recuerdo que cuando murió mi madre, celebré su muerte con una agradable cena, sabiendo que ella había dejado su cuerpo viejo y cansado, y se había ido a casa.

El universo no comete errores. Todo está ocurriendo como debería ocurrir. Lo único que nos causa angustia y provoca las dificultades que vivimos, es la forma en que percibimos las dificultades. Además, cuando clasificamos los sucesos como "malos", no recibimos el beneficio que nos está esperando.

En una ocasión conocí a un hombre que perdió su trabajo, maldijo su mala suerte y empezó a beber alcohol y a aspirar cocaína. Pasó tres meses hundido en estos excesos. Un día, casi al final de esos tres meses de excesos, recibió una llamada telefónica de una empresa para la que siempre había querido trabajar. Se habían enterado de que él estaba disponible y querían que empezara a trabajar con ellos de inmediato. Pero antes de hacerlo, le pidieron que se sometiera a una prueba de drogas.

Los resultados de la prueba no fueron favorables, así que él nunca consiguió ese trabajo. Pero la verdadera razón por la que no consiguió el trabajo es que había perdido la fe en el universo, al maldecir su "mala fortuna" por haber perdido el trabajo en lugar de esperar que el universo tuviera algo mejor para él. En realidad, cuando perdió su antiguo trabajo, eso no fue un error, ni fue mala suerte, sino un suceso que tenía un propósito. Era como un diploma de graduación que le permitiría avanzar hacia algo mejor. Él simplemente no lo sabía.

Si tú y yo estuviéramos viviendo en un universo que no estuviera vivo, que no fuera consciente y que no pudiera percibirnos, podría ser que "las cosas simplemente sucedieran". Pero somos parte integral de un universo que está completamente vivo, totalmente consciente, que nos percibe plenamente y que nos proporciona exactamente lo que necesitamos para desarrollar todo nuestro potencial.

Así como tenemos la tendencia a clasificar los sucesos como "malos", también tenemos la tendencia a clasificar las dificultades como algo externo a nosotros, y eso hace que sintamos que no podemos hacer nada con respecto a esas dificultades. Por ejemplo, la historia de Max. Él tenía una próspera tienda de sándwiches. Casi siempre había gente esperando en línea para comer un sándwich en su tiendita. Les regalaba pepinillos, papas a la francesa y a veces refrescos, y sus sándwiches eran famosos porque estaban muy bien servidos.

Un día vino a visitarlo su hijo, que vivía en una ciudad distante. Disfrutaron la visita, pero cuando su hijo estaba a punto de irse, le dijo a su padre: "Desde que llegué, he estado observando cómo administras tu tienda de sándwiches, y debo decirte que estás cometiendo un gran error al regalar todas esas cosas extra. La economía del país está en mala forma. La gente está desempleada y tiene menos dinero para gastar. Si no reduces los detalles gratuitos o el tamaño de las porciones, también acabarás mal".

Cuando el hijo se fue, el padre siguió su consejo. Dejó de dar cosas gratuitas y redujo sus generosas porciones en los sándwiches. Poco después, cuando muchos clientes desilusionados dejaron de ir a la tienda, él le escribió a su hijo: "¡Tenías razón! La economía del país anda mal y estoy experimentando los resultados en este momento, ¡aquí en mi tienda de sándwiches!".

Los problemas económicos que percibía el hijo de este hombre eran reales. Pero a pesar de la crisis económica, el padre había estado administrando una exitosa tienda de sándwiches. No se había dado cuenta de que había problemas económicos, que muchas personas estaban desempleadas, y que el dinero era escaso. Estaba tratando a todos con mucha abundancia y estaba cosechando la recompensa que siempre traen esas acciones. Pero después de que su hijo le habló sobre la "crisis" que estaba viviendo el país, empezó a actuar como si eso fuera una realidad, y eso produjo el único resultado posible: una experiencia de vida que fue negativa, basada en el temor, poco generosa; una experiencia que él creía que "existía en el mundo exterior". ¿Realmente "existía"?

En realidad, todo comportamiento adictivo es una búsqueda de alivio y de respuestas en el exterior de uno mismo, pero las respuestas nunca se encuentran "en el exterior". *Todas las respuestas están en el "interior", esperando ser descubiertas. Lo que has estado haciendo con las drogas, con el alcohol o con cualquier otro comportamiento adictivo, es acabar con tu propia capacidad de superar las dificultades que te rodean.*

La angustia brota de imaginar el futuro

A menudo lo que causa tus angustias hoy son simplemente los sucesos futuros que imaginas. Para que sientas angustia, miedo o ansiedad en relación con un suceso futuro, debes usar tu mente para imaginar sus resultados. Si no usas tu imaginación, es imposible que sientas miedo o tensión. Esta información debería darte mucha tranquilidad, ya que tu imaginación está totalmente bajo tu control. Es igual de fácil imaginar un buen resultado. Éste es un ejemplo que te mostrará lo que quiero decir.

Digamos que tú y yo vivimos en una casa que está hipotecada. No hemos pagado la hipoteca durante seis meses, el banco ha tomado posesión de la casa y ha fijado la fecha de su venta para dentro de un mes. Después de la venta, tendremos que mudarnos y no tenemos a donde ir. En los últimos meses, sentimos miedo y angustia, lloramos y nos lamentamos. La causa de toda la incomodidad que estamos sintiendo ahora es el hecho de haber imaginado un resultado negativo.

Ahora, supongamos que nosotros no lo sabemos, pero tía Ágata murió hace un año y nos dejó una casa de campo totalmente pagada y suficiente dinero para vivir cómodamente por el resto de nuestra vida. Cuando nos enteramos de la herencia de tía Ágata, de pronto usamos nuestra imaginación para crearnos un futuro maravilloso: una vida de tranquilidad en el campo. Ya no nos preocuparíamos por la hipoteca que dejamos de pagar. Salimos y celebramos durante varios días.

Nos llama el abogado de tía Ágata y nos dice que hubo un error. Tía Ágata no nos dejó su casa a nosotros, se la dejó a nuestra hermana. Ahora estamos de nuevo donde estábamos al principio, imaginando un resultado negativo. Además, lamentamos haber perdido la casa de tía Ágata.

Durante una semana, imaginamos todas las cosas malas que nos pasarán cuando nos echen a la calle y no tengamos un lugar a donde ir. Entonces nos vuelve a llamar el abogado. Nuestra hermana, que odiaba a tía Ágata, no quiere aceptar la casa. Quiere que nosotros nos quedemos con ella, y también con todo el dinero.

Ahora volvemos a estar felices y a imaginar un resultado positivo. Nos mudamos de la casa hipotecada a la casa de campo, pero descubrimos que es inhabitable y está en un vecindario que no es seguro. Nos vuelve a llamar el abogado. Hay un problema técnico en el testamento, y el dinero será retenido indefinidamente. Nos sentimos muy mal y empezamos a imaginar las dificultades que enfrentaremos. Al día siguiente, recibimos una oferta de un promotor inmobiliario que quiere desarrollar toda esa zona. Nos ofrece una fuerte suma de dinero por la casa. Estamos felices, imaginando que nuestras dificultades finalmente han terminado

Bueno, ésa es la situación. ¿Cuál era la causa de nuestra tristeza y de nuestro gozo? ¡Nosotros!, al usar nuestra imaginación. Hemos estado flotando y hundiéndonos como corchos en el océano, elevándonos y cayendo conforme los sucesos subían y bajaban. Sólo por un momento, imagina lo que habría pasado en la historia que imaginamos si *desde el primer momento* hubiéramos sabido que todo resultaría ser maravilloso para nosotros. *Eso es lo que pasa cuando tu filosofía se basa en lo que es verdad en el universo.*

Oportunidades para crecer y fortalecerse

Una de las razones por las que hay obstáculos en tu vida es que puedas crecer y fortalecerte a partir de ellos. Conoces el antiguo refrán que dice que una cadena es tan fuerte como su eslabón más débil. Bueno, tú eres tan fuerte como el área en la que eres más débil.

Siempre puedes ver estos principios en acción en la naturaleza. Un ave empuja a sus polluelos hacia fuera del nido para que puedan aprender a volar. Deja de darles alimento para que tengan que aventurarse al exterior. Los cachorros de león se atacan jugando, aunque el cachorro que está siendo atacado no quiera pelear. Así aprenden a luchar por una hembra cuando lleguen a la madurez. En el mundo animal, la supervivencia del más apto es la ley. Los animales que se rezagan o que son débiles acaban abandonados o muertos. Sólo los machos más fuertes consiguen una hembra. La vida en el mundo animal es ruda, y eso es lo que hace que los animales sean tan fuertes y capaces. Todos los seres que están vivos hoy, lo están porque sus ancestros fueron capaces de sobrevivir.

Una de las razones por las cuales las circunstancias de tu vida a veces sean tan dolorosas, tan devastadoras y tan difíciles, es que *el universo siempre golpea tu punto más débil porque ése es el punto que necesita fortalecerse.*

De hecho, recibimos nuestros retos de manos de un universo amoroso que desea fortalecernos. Para obtener el beneficio de los obstáculos, debemos enfrentarlos y superarlos, no alejarnos de ellos y darnos por vencidos. El momento en que extiendes la mano para tomar un vaso de alcohol o una droga adictiva, es de hecho la señal de que una de tus áreas débiles ha sido atacada, pero en lugar de enfrentar el reto y superarlo, lo que te daría una fuerza adicional, estás sucumbiendo ante él y permitiendo que te aplaste como si estuvieras tirado en medio de un camino, esperando que un camión te pase encima.

Éste es un ejemplo: Una de las causas más comunes de ansiedad es hablar frente a grupos de personas o reunirse con personas que uno no conoce. Esta ansiedad brota del hecho de que usamos la imaginación para ver un resultado negativo. Muchas personas, entre ellas algunos actores, han venido a Passages diciendo que necesitan tomar Valium para poder hablar frente a grupos de personas, para presentarse en reuniones a las que asistirán mucha gente o para actuar en un escenario, y que se han vuelto adictos al Valium.

Ellos no necesitan Valium, droga a la que ahora son adictos, aunque eso sea lo que les dijo el médico. Lo que necesitan es trabajar y fortalecer la debilidad interna que hace que imaginen un resultado negativo y sientan ansiedad. Quizás simplemente necesitan superar el miedo, haciendo prácticas de oratoria para mejorar su desempeño al hablar en público y tener más confianza. Sin embargo, en lugar de manejar las verdaderas razones de la ansiedad, recurren a las drogas para eliminarla. Al usar drogas, se están privando de la oportunidad de llegar a ser grandes oradores.

Entonces, ¿cómo deberías enfrentar los retos en tu vida? En primer lugar, debes reconocer que la situación o el hecho tienen un propósito y se presentan con el fin de ser benéficos para ti. Tal vez las circunstancias se vean como dificultades, tal vez sientas que son problemas o parezcan problemas, pero ése es sólo uno de los puntos de vista posibles. Cuando aprendas a ver tus problemas como "situaciones de entrenamiento", los verás en otra forma. Los llamo "situaciones de entrenamiento" porque eso es lo que son: situaciones con las que debes entrenarte para que puedas aumentar tu fuerza y tu comprensión. Después de hacerlo, la circunstancia ya no te es útil y desaparece de tu vida. Claro que el alivio y las respuestas no llegarán a ti sin esfuerzo de tu parte, ya que abriéndote camino a través de los problemas es como adquirirás fuerza, sabiduría y conocimiento.

También debes entender que las metas que tratas de alcanzar, no son la razón de ser de tu vida, aunque tal vez pienses que sí lo son. La verdadera razón de ser en tu vida es el trayecto en sí. El hecho de tratar de alcanzar tus metas y buscar respuestas y alivio es lo que te lleva por el camino que has elegido en esta vida. El camino en sí es donde se encuentra la verdad, es donde se manifiesta tu destino y es donde está tu felicidad. En este momento, te ha guiado hasta este libro. Te ha guiado hacia una fórmula de recuperación que te ayudará a fortalecer tus puntos más débiles y a dar los siguientes pasos en tu camino.

Necesitas todo tu poder

La Tierra es un lugar de descubrimientos y de experiencia. Eso debe ser muy claro para ti. No es un accidente que estés aquí. No es un accidente que estés leyendo esto. Eres una criatura espiritual que está aquí en la Tierra para perfeccionarse. Tus problemas y lo que has sufrido estuvieron presentes en tu vida con ese propósito. Si te vas del planeta sin haber descubierto ese dato de vital importancia, tu vida habrá sido como conducir 1 600 kilómetros para disfrutar del Gran Cañón y luego pasarte todas tus vacaciones en un cuarto de hotel. Si crees que tu existencia es sólo vivir y morir, y que todo lo que sucede entre la vida y la muerte es una lucha, tu vida no tendrá la magia que le daría vitalidad, la haría asombrosa y trascendente.

Sabiendo eso, en realidad no podrías desviarte del camino hacia la iluminación, hacia darte cuenta de que eres una parte integral y vital del universo. La iluminación es como un océano y nuestras rutas hacia la iluminación son como ríos. Cada río es diferente, pero al final todos desembocan en el océano. Independientemente de lo que estemos haciendo, de cuándo lo hagamos, o de si nos lleva a la felicidad o al remordimiento, a ganar o a perder, todos estamos en nuestra ruta individual hacia la iluminación. Aunque estemos haciendo algo que consideremos erróneo, seguimos en nuestra ruta hacia la iluminación.

El progreso que logremos en nuestro camino puede ser rápido o lento, dependiendo de nuestro nivel de conciencia. Si estamos borrachos, tirados en la cuneta, lo más probable es que nuestro progreso sea lento. Si nuestra intención es buscar la iluminación, y esa intención se manifiesta como un deseo de descubrir nuestra relación con el Universo, usaremos nuestros supuestos problemas para aprender, progresaremos rápido y disfrutaremos las recompensas de la paz, el éxito, la abundancia, la buena fortuna y el bienestar.

Usar drogas y alcohol sólo complica el propósito por el cual estás aquí en la Tierra. Usar drogas y alcohol es darse por vencido, abandonar la búsqueda. Usar drogas y alcohol es el camino que te lleva a perder los derechos que tienes por el hecho de haber nacido. Necesitas toda tu capacidad mental, todo tu poder, toda tu imaginación, todo tu impulso y todas tus facultades para seguir tu camino hacia la realización y la iluminación.

Yo disfruto mucho estar aquí. Estoy enamorado de nuestra Tierra, de nuestras puestas de sol, de ver salir la luna, de nuestras criaturas, de nuestra gente maravillosa. Cuando veo las personas destrozadas y sin esperanza que llegan a Passages, y luego veo como recuperan la luz de su mirada, se me llenan los ojos de lágrimas. Lo que los trajo a Passages fueron las drogas, el alcohol u otros comportamientos adictivos, pero lo que reciben va mucho más allá de liberarlos de una dependencia. Aprenden a enfrentar los problemas que están detrás de su dependencia y a no ser víctima de esos problemas, y en el proceso aprenden a llevar vidas felices.

He recibido muchas cartas de los graduados de Passages en las que me dicen lo importante que fue para ellos el haber adoptado una fuerte filosofía personal mientras estuvieron en Passages. Fue la clave para que pudieran crear una vida feliz, próspera y libre de adicciones. Una graduada de Passages escribió: "Lo que aprendí sobre la vida y sobre cómo vivirla, significa tanto para mí como mi sobriedad. Sólo han pasado seis meses, pero sé que esto durará. No tengo deseos irresistibles en absoluto. Ya ni siquiera pienso en tomar alcohol o en usar cocaína. Mi matrimonio se salvó, mi relación con mis hijos es sólida y me encanta ser como soy, algo que no había sentido durante veinte años o más mientras usaba drogas y alcohol. La vida es mucho mejor sin ellos. Es exactamente como tú dijiste que sería. Gracias, gracias y gracias".

Otra carta que recibí decía: "Cuando entré por esa puerta de cuatro metros y medio de Passages, apoyado a ambos lados por dos miembros del personal, no tenía esperanza. Ya había estado en seis centros y en el último me habían dicho que seguramente me volverían a ver en dos años. ¿Te puedes imaginar eso? Supongo que sí, después de ver todo lo que has visto. Bueno, yo nunca volveré a ver el interior de un centro de rehabilitación, excepto cuando vaya a visitarlos a Passages. Estoy curado. No he usado drogas, ni alcohol en un año, y sé que nunca los volveré a usar. ¡Bendito sea Dios! ¡Benditos sean todos ustedes en Passages! Esperé un año para escribirles esta carta, sólo para estar seguro, pero ahora estoy seguro. Eso se acabó para mí Es difícil vivir solo en Nueva York, pero ahora ya no tengo miedo. Vivo en un lugar seguro en mi interior; un lugar hacia el que ustedes me guiaron. Tengo esperanza y tengo fe en mí mismo después de muchos, muchos años de desesperanza. Logré esto y recibí muchos otros do-

nes del espíritu gracias a ustedes y a su personal. Que Dios
los bendiga a todos".

No es mi intención minimizar tu lucha por vencer tu dependencia, pero como ya debes haberte dado cuenta, superar
la adicción a las drogas y al alcohol es relativamente fácil.
Después de unas cuantas semanas lejos de ellas, los síntomas
de abstinencia habrán desaparecido. Lo que queda, y lo que
es más difícil sanar, son los problemas que te llevaron a las
drogas y al alcohol en primer lugar. Son los eslabones débiles
de tu cadena. Si no sanas las condiciones subyacentes que
crearon tu dependencia y la mantuvieron en pie, esos problemas te llevarán de vuelta a las drogas, al alcohol y al comportamiento adictivo, una y otra vez.

La forma de llevar a cabo una curación profunda es el elemento central de los tres pasos para lograr una recuperación
total que he estado describiendo en este libro: (1) Cree que
una cura es posible para ti, (2) Descubre y sana las causas
subyacentes con un programa holístico de recuperación, (3)
Adopta una filosofía basada en lo que es verdad en el universo. Haciendo tuyos esos tres pasos, puedes lograr tu tarea. En
cuanto hayas eliminado los problemas centrales, la sobriedad
será fácil.

Capítulo 9

El nuevo capítulo de tu vida

AL SER TESTIGO, EN OCASIONES todos los días, de historias triunfantes de la vida real como las que has estado leyendo aquí, me pregunto una y otra vez: ¿Por qué en los centros de tratamiento alrededor del mundo y todo tipo de médicos, psiquiatras, psicólogos, terapeutas de drogas y alcohol y especialistas en adicciones, por lo regular tratan a las personas por "alcoholismo" y "drogadicción" cuando el uso del alcohol y las drogas sólo es un medio de enfrentar una condición subyacente? ¿Por qué tratan los síntomas y no las causas?

¿No es obvio que las personas que han caído en una dependencia al alcohol o a las drogas adictivas están usando esas sustancias para aliviar un dolor crónico, para insensibilizar las imágenes traumáticas del pasado que siguen acosándolos, para aliviar sus ansiedades, para poder dormir en la noche, para escapar del estrés de la vida diaria, para que les ayuden a enfrentar una realidad insoportable?

A lo largo de este libro he señalado que la palabra *alcoholismo* es un término erróneo. Es una palabra inventada que hemos llegado a aceptar, pero esa aceptación tiene varios efectos colaterales en el aspecto psicológico. Me sorprende que alguien no haya empezado a usar la palabra *adiccionismo* como se usa *alcoholismo*. Como ya lo he mostrado, lo que se ha etiquetado como "alcoholismo", como una "enfermedad", y como algo "incurable", sólo es una dependencia.

Tomando en cuenta que yo ni siquiera creo en la palabra alcoholismo, y espero que tú tampoco creas en ella, tal vez te preguntes por qué elegí el título *La cura para el alcoholismo y las adicciones*. Lo elegí porque es lo que la gente está acostumbrada a oír y a leer. Espero con ansia el día, en un futuro muy cercano, en que haya ocurrido un cambio de paradigma y dejemos de hablar de "alcoholismo". Lo importante es que ahora tú puedas ver la diferencia. Este libro, y la oportunidad que tienes ante ti, se relaciona con curarte de tu dependencia al alcohol, a las drogas adictivas y a los comportamientos adictivos, no se relaciona con curarte del alcoholismo o la adicción.

En estas páginas también he explicado que, sin estar conscientes de ello, lo que todas las personas que tienen una dependencia a las drogas o al alcohol están tratando de hacer es ajustar el desequilibrio químico que hay en su cerebro para poder sentir calma, armonía y bienestar, en lugar de sentir ansiedad, estrés y dolor. He dicho que cuando descubres lo que en realidad está haciendo que recurras al alcohol o a las drogas (una de las cuatro causas que se presentan en el Capítulo Cinco) y das los pasos necesarios para sanar esas causas, te curarás y terminará tu dependencia.

He dicho que *el instrumento de curación más valioso que tienes a tu alcance es tu propio cuerpo. Y dentro de tu cuerpo, el factor más poderoso para activar esa curación es tu mente.* Lo que pensamos y sentimos activa nuestro proceso de curación. Si crees que sigues estando más o menos igual, día tras día, año tras año, y sólo te haces más viejo, eso se debe ante todo a que día tras día, año tras año, no cambias lo que piensas y lo que sientes. Sigues adelante, cabizbajo, sin saber que tú eres un maravilloso instrumento de sanación, que eres capaz de llevar a cabo los cambios más milagrosos en ti mismo, cambios que pueden hacer de ti una persona totalmente nueva, una persona sana, feliz y permanentemente libre de alcohol, drogas adictivas y comportamientos adictivos. Tú *eres* un milagro ambulante. Al poner en acción los tres pasos para la recuperación que se describen en este libro, estás activando la parte de ti que es capaz de hacer milagros.

¿Puedes permanecer limpio y sobrio por siempre una vez que tu dependencia se cura? Sí. ¿Estás dispuesto a hacerlo? La respuesta a esta pregunta tiene mucho que ver con tu carácter y con tu fuerza de voluntad. ¿Alguien que ha ingerido estricnina y se ha curado, podría volver a ingerirla? Sí, pero tomando en cuenta las consecuencias negativas de hacerlo, ¿lo haría?

Ya lo he dicho antes, pero vale la pena repetirlo: Después de tu recuperación, no podrás ser un bebedor casual o usar drogas en forma casual. Lo único que tienes que hacer para reactivar tu dependencia es volver a usar alcohol o drogas adictivas. Nunca he sabido de alguien que pudiera seguir siendo un "bebedor moderado" o "usar drogas con moderación" una vez que haya tenido una dependencia al alcohol y a las drogas adictivas. Incluso después de eliminar las causas subyacentes que te llevaron a la adicción, las sustancias adictivas tienen propiedades adictivas inherentemente, en especial para ti, pues tienes un historial de dependencia química. Siempre que uses estas sustancias, desarrollarás una dependencia a ellas.

Una reunión vibrante

Cuando estaba terminando las últimas páginas de este libro, tuvimos nuestra primera reunión para graduados en Passages. Vinieron de muchos lugares de Estados Unidos y de otros países. Cuando los saludé, los abracé, estreché sus manos, me reí y hablé con ellos, pensé en lo maravilloso que sería que tú pudieras estar aquí para verlos y escucharlos; para mirar sus ojos y ver la alegría y la felicidad que literalmente fluían de ellos. Casi todas las personas que he mencionado en este libro estuvieron presentes. Se veían como la gente que aparece en los anuncios de las revistas sobre salud y sobre estar en buena forma.

Todos estaban ansiosos de compartir sus historias, sus éxitos y sus logros, incluyendo los obstáculos que habían superado y los retos que habían enfrentado y que habían usado como escalones para fortalecerse y alcanzar mayor comprensión. Estaban llenos de entusiasmo. Fue como si nuestros hijos hubieran regresado a casa, y de hecho lo hicieron.

Su mayor sentimiento era el amor. En realidad nos amamos mucho. Muchos de los graduados lloraron por la alegría de reunirse con las personas que les habían ayudado a liberarse del sufrimiento de sus terribles dependencias. Hasta los hombres lloraron. La frase más común que escuché fue: "Todo fue como ustedes y el equipo de tratamiento dijeron". Todos en Passages, incluyendo a aquellos de entre nosotros que ya lo esperábamos, estábamos asombrados ante el nivel de vibración que se percibía en el aire.

Esta vibración es lo que yo quiero para ti. Quiero que llegues a tener esa sensación de grandes logros, esa sensación de alegría que brota de saber que nunca más estarás atrapado en las garras de la dependencia, de saber que estarás libre por siempre.

Sé cuánto deseas regresar a una vida saludable y al bienestar, libre de toda dependencia. Me gustaría conocerte, hablar contigo, estrechar tu mano, mirarte a los ojos y comunicarte el amor que yo siento por ti. Somos seres espirituales que compartimos este momento mágico y maravilloso en el planeta Tierra. Somos compañeros como seres humanos. Yo quisiera estar ahí contigo para guiarte a cada paso del camino, para animarte y recordarte que cuando te enfrentes a un reto, ese reto sólo está en tu vida para ayudarte a ser fuerte y persistente. Como no puedo estar contigo, hice lo mejor que pude hacer: escribí un libro. Pax y yo, con la ayuda de nuestros terapeutas, hemos creado un sitio web para ayudarte y para ayudar a tu equipo de tratamiento en tu desintoxicación y en tu esfuerzo por permanecer sobrio. Puedes visitarnos en www.passagesmalibu.com.

Ofrezco esta información que puede transformarte con la esperanza de que se traduzca en el poder que te llevará hacia el éxito que te espera en el futuro. Quiero darte las gracias por haber leído este libro. Eres un ser espiritual puro y virtuoso. Mereces amor, mereces felicidad, mereces el éxito, mereces todo lo bueno, y ante todo, mereces quedar libre de la dependencia por siempre. Como solían decir los sabios chinos: ¡deseo que te eleves hacia los cielos del éxito como si volaras sobre las alas de seis dragones!

◆ ◆ ◆

CARTAS DE PERSONAS QUE VIAJARON POR EL PASAJE HACIA LA RECUPERACIÓN

A lo largo de *La cura para el alcoholismo y las adicciones* he contado historias sobre nuestros clientes en Passages y he incluido algunas de las cartas que nos escribieron para que puedas ver que no estás solo en lo relacionado con las cosas que te llevaron a un comportamiento adictivo. Lo hago para que el éxito de otras personas pueda inspirarte esperanza, y para que sientas confianza al seguir esta ruta hacia tu curación. Te aseguro que sin importar lo malas que sean tus circunstancias, muchas personas cuyas circunstancias eran peores que las tuyas, se curaron usando este programa y este enfoque holístico.

Quiero terminar este libro con unos cuantos mensajes más, son correos electrónicos y cartas que hemos recibido de nuestros graduados de Passages y de miembros de sus familias. Quiero que escuches, en sus propias palabras, lo que han logrado, y quiero que sepas lo que puedes esperar cuando adoptes de todo corazón y hagas tuyos los tres pasos para la recuperación total que son parte del programa de Passages.

Estimados Chris, Pax y personal de Passages:

Simplemente no existen las palabras que podría yo usar para darles las gracias por salvarme la vida. Mi trayecto empezó el 22 de septiembre de 2003, cuando llegué a Passages. En ese momento estaba muy mal en lo mental y en lo físico. Me sentía como un muerto viviente. El personal y los técnicos de Passages fueron amables y comprensivos, y me cuidaron de tal manera que nunca en mi vida olvidaré. El demonio contra el que yo estaba luchando literalmente se estaba apoderando de mi cuerpo. La compasión humana y la dignidad con que me trataron fueron asombrosas. Nunca en mi vida me habían cuidado tantas personas en un nivel tan extraordinario. En realidad, fue una muestra maravillosa de trabajo en equipo por parte de muchas personas.

Me admitieron para una estancia de treinta días. Al término de este periodo, el equipo de tratamiento recomendó que me quedara otros treinta días más. Al principio me opuse porque quería volver a casa, Pero por primera vez en mi vida escuché los consejos de los médicos. Nunca lo había hecho antes. Ellos estaban en lo correcto.

Los siguientes treinta días fueron una bendición en muchas formas. La experiencia de sanación que viví en Passages, al nivel de mi mente, mi cuerpo y mi alma, fue en realidad un don, el mejor don que alguien pudiera recibir alguna vez. Cuando una persona entra a Passages, se da cuenta de que no se parece a ningún otro centro de tratamiento en el mundo. Todos nosotros nos sentimos derrotados, y en Passages, desde el momento en que entramos, nos dan ánimo, nos dan los instrumentos necesarios para encarar la realidad de la vida. Los instrumentos que se nos proporcionan son de hecho los ingredientes esenciales, los ingredientes clave para luchar con el demonio o demonios contra los que nos enfrentamos, sin importar cuáles sean. Muchas veces he pensado en esto. Es difícil darle las gracias a alguien por haberte devuelto la vida.

De nuevo, quiero decirle a Chris, a Pax y a cada miembro del personal: "Gracias por su compasión y comprensión". Estoy profunda y eternamente agradecido con Passages por mostrarme una vida mejor. Desde el fondo de mi corazón: "¡Gracias!".

Estimados Chris y Pax:

Año tras año, reincidí debido a mi nerviosismo. Yo no podía funcionar. Las recetas médicas prescribiendo Valium y Xanax me mantenían en el ciclo de la drogadicción y el alcoholismo. Necesitaba encontrar una "cura". A lo largo de seis reincidencias y de dieciséis años en AA, luché contra mis deseos incontrolables y fracasé, fracasé y fracasé. Yo era un manojo de nervios. Mi presión arterial estaba fuera de control, y estaba tan nerviosa y llena de ansiedad como podía estarlo y todavía funcionar, al menos en ocasiones.

Llegar a Passages fue como el último hurra. Me dijeron que podría liberarme del deseo irresistible de usar drogas y de la compulsión por el alcohol. Yo no lo creía. Después de dieciséis años de adición y alcoholismo, había perdido la esperanza.

Al principio, aunque Passages tenía una belleza increíble y el personal me trataba con cariño y calidez, yo sentía que sólo era otro centro de tratamiento.

Después me administraron lo que resultó ser el medicamento adecuado para mí. Mi presión arterial se normalizó y mi nerviosismo desapareció milagrosamente. El primer día en que tomé los nuevos medicamentos, estuve sonriendo todo el día y no podía entender por qué. No era algo invasivo, no era adictivo, y me llenó de una sensación de paz y bienestar neutral, de una sensación de amor y calidez. Y luego experimenté el milagro de su fabuloso equipo de tratamiento. Debieron seleccionarlos en el cielo. Fue el tratamiento que yo requería y deseaba. Necesitaba este equilibrio en mi vida, y ocurrió, realmente ocurrió, y fue tal y como dice el folleto de Passages. El milagro soy yo. He llegado a ser yo misma, mi verdadero yo, mi mejor yo.

Estimados Chris y Pax:

Durante el mes que mi hijo estuvo en Passages, hablé con él varias veces. En cada conversación pude escuchar cómo la esperanza regresaba a su voz y a su actitud. Volvió a casa con una evaluación exacta de su pasado, con una perspectiva de compromiso en relación con su presente y con un punto de vista positivo sobre el futuro. Todos ustedes en Passages jugaron un papel importante para salvar la vida de mi hijo. No puedo agradecerles lo suficiente. Dios los bendiga en su buen trabajo constante.

Estimados Chris y Pax:

Mi viaje a Passages empezó con un gigantesco salto de fe que, honestamente, sólo pude dar con los ojos fuertemente cerrados y sintiendo miedo y ansiedad. Llegué buscando una solución a un problema de larga duración: una adicción diaria al alcohol.

Lo que encontré en Passages fue mucho más que una solución. Lo que descubrí y acepté fue una intensa comprensión, un despertar que logré gracias a los conocimientos que encontré en los fundamentos básicos del universo y en la fe en un poder superior que reúne todas las cosas.

Yo creía que mi trayecto había empezado con un vuelo de costa a costa y un viaje de cuarenta minutos a lo largo de la Autopista de la Costa del Pacífico. En realidad empezó en el momento que crucé el umbral de mármol de la puerta principal de Passages. En unas cuantas horas, mis ojos y mi mente se abrieron y pude darme cuenta de que me proporcionarían virtualmente todo lo que yo necesitaba para recuperarme, en un entorno que me nutriría. Rara vez en mi vida, he sentido una gratitud tan profunda como la que siento por Passages, por las personas especiales que me recibieron ahí y que fueron tan importantes para mi recuperación, y por el milagro que resultó y que ha llenado mi vida de la paz y el poder que tengo hoy en día. Passages no es sólo un lugar para sanar y recuperarse, en realidad es una puerta que abre infinitas posibilidades para la vida y para la persona en quien estamos destinados a convertirnos.

Estimados Chris y Pax:

Sólo quería tomar un momento para darles las gracias por todo lo que hicieron por mí. Realmente disfruté mi estancia en Passages y aprendí mucho sobre mí mismo y sobre la búsqueda de la felicidad. Tienen un personal increíble en Passages. Cada persona, cada terapeuta, cada técnico, aporta mucho al panorama general y al tratamiento que se ofrece en el centro. Para quienes lo desean, hay mucho que ganar en su institución. Yo sé que personalmente gané mucho. Tengo grandes deseos de visitarlos. Espero hacerlo muy pronto. Fue difícil volver a casa, pero confío en que todo estará bien.

Sin embargo, extraño Malibú, ¿quién no? Sigan adelante con su maravilloso trabajo. Si alguna vez quieren que yo hable con algunos posibles pacientes, me dará muchísimo gusto hacerlo. Todo lo que tengo que decir sobre ustedes y el personal de Passages es maravilloso. De nuevo, muchas gracias por todo. Lo digo desde el fondo de mi corazón. Mis mejores deseos.

Estimados Chris y Pax:

Si todo sucede por alguna razón, entonces estoy contento de que Dios haya hecho que esto sucediera. Después de sólo treinta días, un mes, puedo decir que he crecido más que nunca antes en Passages. He logrado un cambio en lo personal, en lo mental y en lo espiritual, y puedo decir que tengo una libertad que nunca antes había tenido. He aprendido mucho aquí y he dado un paso más hacia la persona que soy en realidad.

En mi interior estoy agradecido, no sólo por haber estado en Passages, sino por haberlos conocido a todos ustedes y por haber llegado a ser parte de una familia en la que hay tantas personas diferentes a las que no se les da el nombre de madre, padre, hermano o hermana; sólo son amigos que se unen para formar un grupo unificado de personas bajo el mismo techo. Es una hermandad de hombres y mujeres, y es increíble. La lealtad que desarrollamos entre nosotros es asombrosa, y sin importar qué problema se presentara, cada uno de nosotros, a nuestro modo, tenía una respuesta y una forma de superar el obstáculo que enfrentábamos.

Yo superé muchos obstáculos estando en Passages, uno fue mi adicción que ha desaparecido por completo. Ya no tengo una dependencia a las drogas. El otro fue el problema de mi enojo. Mientras estuve en Passages nunca me enojé en realidad, no al punto de que fuera un problema. El hecho de que yo gritara en la cancha de tenis fue una cosa, pero lo considero normal. Aunque el enojo es una sensación natural, con agresividad y expresiones verbales de ira, ya nadie me volverá a ver perder mis casillas.

Me emociona mucho volver a la vida normal, pero también es un momento de tristeza que me atemoriza. Me siento triste porque debo dejar a la nueva familia que acabo de descubrir, pero estaré en contacto con cada persona de aquí porque deseo mantener vivo este sentimiento, como espero que todos ustedes lo hagan. La parte que me atemoriza es que debo volver a la normalidad y darme cuenta de que tengo una vida fuera de Passages, pero también necesito entender hacia donde voy con esa vida y cómo debo seguir mi camino en el futuro.

Pero puedo decir una cosa: Ir a la universidad dentro de unos meses ya no será tan difícil para mí porque aquí aprendí mucho, entre otras cosas, lo importante que es la independencia. Aprendí a salir adelante por mí mismo y a no depender de otros para que hagan las cosas por mí. También entendí la importancia de la comunicación. Si surgía un problema, yo hablaba con diferentes personas en cada ocasión y les preguntaba qué pensaban que yo debería hacer.

Aquí también aprendí lecciones difíciles. Aprendí a manejar dos de los problemas más complicados, que se relacionan con la confianza y la traición por parte de mi familia y a enfrentar esa situación. Hay mucho que decir sobre Passages y sobre lo que aprendí, pero sólo quiero darles las gracias, ya que sin Passages, yo probablemente todavía estaría librando una batalla campal contra mucha gente, entre ellos mis padres. Siento mucha gratitud por haber venido aquí y les deseo a todos lo mejor en el futuro. Gracias por darme este tiempo y esta graduación. Con todo mi amor.

Hola Chris:

Soy una de tus graduadas de Montana. Empecé a extrañarte y visité tu sitio web. Espero que todos estén bien. Me dio gusto ver en el sitio la foto de Audrey, una de las terapeutas. Hasta la fecha, ella sigue siendo una de mis personas favoritas, y siempre lo será. ¡Cuánta alegría tiene y cuánta alegría da! Estoy viva, estoy feliz y tengo un buen patrón de recuperación. Asisto a cuatro reuniones de doce pasos a la semana, y siento que finalmente estoy aprendiendo las destrezas para vivir mi propia verdad en este mundo. Mi esposo y mis dos hijos son maravillosos. Los dos últimos años, desde que me gradué de Passages, han sido muy ricos en experiencias. No han sido fáciles, pero ciertamente he llagado a ser una estudiante en el tema de la recuperación.

Quiero que todos (Gert, Anna, Ranjit, Pax, el resto del personal, y tú, Chris) sepan que considero que mi tiempo en Passages es irremplazable. Estando ahí, descubrí que deseaba seguir viva y que había un lugar para mí en este mundo. Mi espiritualidad ha crecido hasta convertirse en el fundamento, en la base que tengo ahora, y mi intuición, mi empatía y mi comprensión hacia los demás y hacia mí misma, es un verdadero don del que ahora disfruto. Me ayuda a sentir gozo, en lugar de sentirme herida. Gracias desde el fondo de mi corazón.

Sigan con sus buenas obras. Creo que volveré a visitarlos algún día. Si pueden compartir esta carta con Audrey, ¡por favor díganle que me siento cerca de ella desde acá! Con todo mi cariño y gratitud.

Estimado Chris:

Encontrar Passages fue una de las mejores cosas que me han ocurrido. La opción de querer vivir el resto de mi vida sobrio fue lo mejor. Al darme cuenta de que era necesario encontrar ayuda para lograrlo, empecé a buscar un centro de rehabilitación que respondiera a mis necesidades físicas y espirituales. Chris, tú y el personal de Passages, son un grupo de personas talentosas y capaces de apoyar a otros, que tratan las causas al igual que sus efectos. Para mí, ésta es una "isla mágica de recuperación asistida". Yo le diría a cualquier persona que quisiera iniciar una nueva vida de sobriedad que no espere, que reserve su lugar en Passages hoy mismo. Será el mejor regalo que podrá darse a sí misma o a un ser amado que lo necesite. Muchas gracias.

Estimado Chris:

¡Dios mío! ¡Qué gran tesoro es Passages y que gran tesoro son ustedes! Aprendí más sobre mí misma en treinta días que en todo el resto de mi vida antes de Passages. Yo creía que era una persona enferma, un alcohólico condenado a una vida bebiendo; al menos eso era lo que todo mundo me había dicho en los cuatro centros de rehabilitación en los que estuve antes de llegar con ustedes, pero ahora sé que me lo dijeron porque no sabían cómo curarme.

Ojalá todos pudieran ir a Passages a aprender sobre la vida, el amor, la espiritualidad, la compasión, la sanación, y la verdad sobre las drogas y el alcohol, pero esos no son los demonios. Nuestros propios demonios son los que realmente nos está impulsando a usar esas sustancias. Estoy curado para siempre, lo sé en mi corazón. Mi relación con mi familia ha sanado, mi autoimagen se ha restaurado, y una vez más estoy viviendo un sueño. No sé como podré recompensarlos por todo esto.

Tú, Pax y todo su personal están entre las personas más maravillosas que he conocido. Ustedes y su personal no juzgaron lo que yo había hecho en el pasado, y sus grupos de metafísica me ayudaron a usar todas mis experiencias del pasado para bien. Siempre estaré agradecido.

¡Hola Chris!

¡Ya regresé a la universidad, amigo! Mi padre me adora, mi madre me adora, mi hermana me adora, mi hermano Dan todavía cree que soy un asco, pero por todos los diablos, ¡no puedes ganártelos a todos! Tres de cuatro es una buena ganancia. Después de lo que les hice durante tantos años, estoy agradecido de haberme ganado a tres.

Es más, tengo una nueva oportunidad en la vida. Voy a ser psicólogo y voy a ayudar a la gente como ustedes me ayudaron a mí. ¡Claro que sí! Mi novia también me adora, ¡lo que da un total de cuatro personas que me quieren! Cuando llegué a Passages nadie me quería, ¡en especial yo mismo! Tengo que darte las gracias, Chris. Tus clases de metafísica me salvaron la vida. Por primera vez estoy feliz de ser yo mismo. ¡Te quiero, hermano!

Estimado Passages:

Gracias, gracias y gracias. Es un "gracias" por cada año de sobriedad que he vivido. Nunca pensé que la vida pudiera ser tan maravillosa. Mi novio también quiere darles las gracias, y también mi mamá y mi papá. Los recuerdo a todos. Siempre tengo cerca de mí el angelito que me dieron el día de mi graduación. Los quiero a todos.

Estimados Chris y Pax:

He estado en casa cuarenta y dos días. Mi ansiedad y mi nerviosismo son cosa del pasado. No he tenido ningún ataque de pánico y mis migrañas han desaparecido. Es un milagro. Los extraño mucho a todos. Son la familia que nunca tuve. Fue la primera vez que sentí que alguien me quería de verdad. Los recuerdo a todos en mis oraciones y pronto los iré a visitar.

El libro que terminé antes de ir a Passages es un gran éxito, y estoy trabajando en otro. Quiero expresarles mi agradecimiento a ustedes y al personal por haber creado una vida nueva para mí. Quisiera tenerlos a todos conmigo.

Estimados Chris, Pax y todo el fabuloso personal de Passages:

Acabo de celebrar mi tercer aniversario de sobriedad. Brindé (con jugo de uva) por ustedes y por Passages, pues me salvaron la vida. Lo que aprendí en Passages no sólo me dio sobriedad, por la cual estoy agradecido, sino que también me devolvió la vida, pero ahora es mejor de lo que había sido antes, y casi tengo setenta y cinco años, que son bastantes.

Lo único que siento es no haberlos encontrado antes. Dios los bendiga a todos. Éste es un mundo hermoso cuando lo veo a través de los "nuevos ojos" que ustedes me dieron en los grupos de metafísica.

Notas

Capítulo 2

1. El Centro Nacional de Adicciones y Abuso de Sustancias [Center on Addiction and Substance Abuse (CASA)] Under de Counter: The Diversion and Abuse of Controlled Prescription Drugs in the U.S. (2005), ii

2. Ibid., ii, iii.

3. P. R. Barker, J. F. Epstein, L. L. Hourani, J. Gfroerer, A. M. Clinton-Sherrod, N. West y W. Shai, W., *Patterns of Mental Health Service Utilization and Substance Use among Adults, 200 and 2001*, DHHS Publication, No. SMA 04-3901, Analytic Series A-22 (Rockville, Md.: Substance Abuse and Mental Health Services Administration, Office of Applied Studies, 2004).

4. Center for Substance Abuse Prevention, Substance Abuse and Mental Health Services Administration, "Trouble in the Medicine Chest (1): Rx Drug Abuse Growing." *Prevention Alert* 6, no. 4 (March 7, 2003).

5. National Institute on Drug Abuse, U.S. Department of Health and Human Services, National Institute of Health, *Prescription Drugs: Abuse and Addiction*. No. 01-4881 (2001), p. 10.

6. Pharmaceutical Research and Manufacturers of America, *Pharmaceutical Marketing and Promotion: Tough Questions, Straight Answers* (Fall 2004), p. 4.

7. Alan Sager and Deborah Socolar, "Drug Marketing Staff Soars" (Boston, Mass.; Boston University School of Public Health, 2001).

Capítulo 4

1. Substance Abuse and Mental Health Services Administration, Office of Applied Studies, *Treatment Episode Data Set (TEDS): 1994-1999, National Admissions to Substance Abuse Treatment Services,* DASIS Series: S-14. DHHS Publication No. (SMA) 01-3550 (2001).

2. Substance Abuse and Mental Health Services Administration, Office of Applied Studies, *Service Research Outcomes Study* (1998).

Capítulo 6

1. Andrew Weil, *Spontaneous Healing: How to Discover and Enhance Your Body's Natural Ability to Maintain and Heal Itself* (New York: Ballantine Books, 1995), p. 6.

2. Candance B. Pert, *The Molecules of Emotion: Why You Feel the Way You Feel* (New York: Touchstone, 1997) p. 21.

3. Ibid., 21, 22. pp.

4. Ibid., p. 24.

5. Ibid.

6. Ibid., p. 25.

7. Ibid., p. 27.

8. Para leer más de la obra de Norman Cousins, ver sus libros *Anatomy of an Illness as Perceived by the Patient* y *Head First: The Biology of Hope and the Healing Power of the Human Spirit.*

9. G. Ganis, W. L. Thompson, and S. M. Kosslyn, "Brain Areas Underlying Visual Mental Imagery and Visual Perception: An fMRI Study," *Cognitive Brain Research* 20, no. 2 (2004), 226-41 pp.

Capítulo 7

1. La información sobre los sistemas de los órganos del cuerpo se tomó del excelente resumen de Anthony Carpi, John Jay College, *Basic Anatomy: Tissues and Organs* (1999), http://web.jjay.cuny.edu/-acarpi/NSC/14-anatomy.htm.

2 Andrew Weil, *Spontaneous Healing: How to Discover and Enhance Your Body's Natural Ability to Maintain and Heal Itself* (New York: Ballantine Books, 1995), p. 250.

3 Genova Diagnostics trabaja con médicos alrededor del mundo pro-
porcionándoles información sobre el uso de pruebas diagnósticas con
tecnología de vanguardia. Se les puede contactar en www.gdx.net o en
(800)522-4762.

4 M. A. Stewart, "Effective Physician-Patient Communication and
Health Outcomes: A Review," Canadian Medical Association Journal 152, no. 9 (1955), 1423-33 pp; Emil Lesho, D.O., "When the
Spirit Hurts: A Approach to the Suffering Patient," Archives of Inter-
nal Medicine 163, no. 20 (2003), 2429-32 pp. M. R. McVay, "Medicine and Spirituality. A simple Path to Restore Compassion in
Medicine," South Dakota Journal of Medicine 55, no. 11 (2002),
487-91 pp.

5 Nancy Waring, "Mindfulness Meditation: Studies Show Awareness
Promotes Healing." *Hippocrates*, July 2000; Jon Kabat-Zinn, *Wherever
You Go There You Are: Mindfulness Meditation in Everyday Life* (New
York: Hyperion, 1995).

6 Ver Pert, *The Molecules of Emotion*.

7 *Destructive Emotions: How Can We Overcome Them? A Scientific Dialogue with the Dalai Lama* narrated by Daniel Goleman (New York: Ban-
tam, 2003). El diálogo científico con el Dalai Lama fue en marzo de
2000 en Dharamsala, India, con la contribución de Richard Davidson, Paul Ekman, Mark Greenberg, Owen Flannigan, Matthieu Ri-
card, Jeanne Tsai, El Venerable Somchai Kusalacitto, Francisco J.
Varela, B. Alan Wallace y Geshe Thupten Jinpa.

8 R. Davidson, D. Jackson, and N. Kalin, "Emotion, Plasticity, Context,
and Regulation: Perspectives from Affective Neuroscience," *Psycholo-
gical Bulletin*, 126, no. 6 (2000): 890-909; R. Davidson, "Affective
Style, Psychopathology, and Resilience: Brain Mechanisms and Plasticity," *American Psychologist* 55 (2000), 1196-1214 pp; R. Davidson
and W. Irwin, "The Functional Neuroanatomy of Emotion and Affective Style," *Trends in Cognitive Science* 3 (1999), 11-21 pp; R. Davidson, J. Kabat-Zinn, J. Schumacher, et al., "Alterations in Brain and
Immune Function Produced by Midnfulness Meditation," *Psychoso-
matic Medicine* 65, no. 4 (2003), 564-70 pp.

9. "The Downsides of Prozac: Worse Living through Chemistry," *Harvard Magazine* 102, no. 5 (May-June 2000).

10. E. H. Turner, A. M. Matthews, E. Linardatos, et al. "Selective Publication of Antidepressant Trials and Its Influence on Apparent Efficacy," *New England Journal of Medicine* 358, no. 3 (2008), 252-60 pp.

11. Sanesco International, Inc., 1200 Ridgefield Blvd., Suite 200, Asheville, NC 28806, 866-670-5705; NeuroScience, Inc., 373 280th St., Osceola, W1 54020, 888-342-7272.

Índice

Cʜʀɪs Pʀᴇɴᴛɪss ʏ sᴜ ʜɪᴊᴏ Pax son cofundadores y codirectores del Centro Passages para la Curación de Adicciones en Malibú, California. Chris se involucró en el campo del tratamiento del alcoholismo y la drogadicción para salvarle la vida a su hijo que fue adicto a la heroína, a la cocaína y al alcohol a lo largo de diez años. Después de estar en un gran número de centros de rehabilitación y de consultar a muchos terapeutas sin éxito, ellos finalmente crearon su propio programa holístico de tratamiento que ahora ha llegado a ser la base del centro para el tratamiento de adicciones más efectivo del mundo. Juntos, padre e hijo, fundaron el Centro Passages para la Curación de Adicciones en 2001 para ayudar a otros a liberarse de las dependencias.

Chris Prentiss también es autor de una docena de libros sobre desarrollo personal y ha impartido talleres de fortalecimiento personal en el sur de California. Los exitosos principios que evolucionaron a partir de estos seminarios son fundamentales en el revolucionario programa que se usa en Passages. Chris Prentiss también escribió, produjo y dirigió una película. Para obtener más información sobre los libros de Chris Prentiss, visita www.PowerPressPublishing.com. Si deseas más información para apoyar el proceso de recuperación, visita el sitio web del Centro Passages para la Curación de Adicciones, en www.passagesmalibu.com.

Impreso en los talleres de
MUJICA IMPRESOR, S.A. DE C.V.
Calle Camelia No. 4 Col. El Manto
Deleg. Iztapalapa, México, D.F.
Tels: 5686-3101.